智慧交通论丛

U0649416

智慧公路

发展战略研究

（上册）

傅志寰　翁孟勇　主编

项目报告	智慧公路发展战略研究总报告
课题报告 1	数字化公路基础设施研究
课题报告 2	车路协同自动驾驶系统研究
课题报告 3	新一代公路智能税费征收系统研究

人民交通出版社
北 京

内 容 提 要

本书是中国工程院 2022 年重大战略研究与咨询项目"智慧公路发展战略研究"成果，由上、下两册组成。

本书为《智慧公路发展战略研究（上册）》，包括项目报告和 3 个课题报告。《智慧公路发展战略研究总报告》以全局性、前瞻性视角，提出了我国智慧公路发展的顶层设计和路径规划，包括内涵架构、发展目标、推进路线、分级分类、重点任务和政策建议等，为规范和推动我国智慧公路健康可持续发展提出咨询建议。课题报告 1《数字化公路基础设施研究》提出了数字化公路基础设施的发展目标、技术架构和重点任务。课题报告 2《车路协同自动驾驶系统研究》指出了车路云一体化的自动驾驶发展路径，并提出相应的发展目标、技术架构和路线图。课题报告 3《新一代公路智能税费征收系统研究》基于传统燃油税覆盖率急速降低的现状，提出了基于北斗卫星导航系统研发公路里程税征收系统，论证了系统的技术可行性和应用优势。

本书可为政府部门、交通运输企业和科研机构中从事智慧公路行业政策制定、管理决策、咨询研究的人员提供参考，也可供高等院校相关专业师生及其他对公路行业感兴趣的读者阅读使用。

图书在版编目（CIP）数据

智慧公路发展战略研究. 上册／傅志寰，翁孟勇主编. — 北京 ：人民交通出版社股份有限公司，2024.1
ISBN 978-7-114-19521-1

Ⅰ.①智…　Ⅱ.①傅…　②翁…　Ⅲ.①电子公路—道路建设—研究—中国　Ⅳ.①U412.36

中国国家版本馆 CIP 数据核字（2024）第 088252 号

Zhihui Gonglu Fazhan Zhanlüe Yanjiu
书　　名：**智慧公路发展战略研究**（上册）
著 作 者：傅志寰　翁孟勇
责任编辑：齐黄柏盈　郭晓旭
责任校对：赵媛媛　魏佳宁
责任印制：刘高彤
出版发行：人民交通出版社
地　　址：(100011)北京市朝阳区安定门外外馆斜街 3 号
网　　址：http://www.ccpcl.com.cn
销售电话：(010)59757973
总 经 销：人民交通出版社发行部
经　　销：各地新华书店
印　　刷：北京印匠彩色印刷有限公司
开　　本：787×1092　1/16
印　　张：19
字　　数：392 千
版　　次：2024 年 1 月　第 1 版
印　　次：2024 年 1 月　第 1 次印刷
书　　号：ISBN 978-7-114-19521-1
定　　价：186.00 元
（有印刷、装订质量问题的图书，由本社负责调换）

编写委员会
Editorial Committee

主任委员

傅志寰　翁孟勇

副主任委员

周　伟　吴春耕　陆化普　李兴华

编委会成员

卢春房　聂建国　郑健龙　张喜刚　杨长风　王云鹏　林　鸣

李克强　刘加平　朱合华　周海涛　徐亚华　周荣峰　徐文强

高战军　王　太　林　强　聂淑琴　王恒斌　张劲泉　李　斌

蒋振雄　王其峰　顾德军　邢桂伟　杨文银　巨荣云　王大鹏

王　刚　刘　建　陈山枝　崔玉萍　左志武　杨卫东　冉　斌

施雪松　孙虎成

总报告主要执笔人

孙虎成　张晓璇　付振茹　孙　静　杨　超

课题报告主要执笔人(按报告编号顺序)

李　斌　李法雄　芮一康　李林恒　孙　静　李　晶　虞明远

姜宏维　张艳红　刘传雷　马　健　吴洲豪　王　益　徐志远

陈　琨

项目办公室

孙虎成　高金金　毕　鑫　张晓璇　江　媛　黄德刚

前言
Preface

公路网是综合运输体系的基础和骨干,在国家安全和发展中发挥着基础性、引导性、支撑性和战略性作用。我国公路的规模里程、承担运输量都位居世界前列,但发展面临安全问题突出、通行效率和服务水平不高、环境土地要素约束等诸多问题和挑战。发展智慧公路,有利于提升公路网运行安全、通行效率和服务能力,促进公路绿色转型发展,带动智能制造、智能网联汽车、通信信息、能源、新材料等相关产业,并促进数字经济发展,在未来交通技术发展中确立全球领先地位,意义重大。围绕国家新型基础设施建设、数字中国建设、交通强国建设等决策部署,发展智慧公路成为公路交通高质量发展的必由之路,《交通强国建设纲要》《国家综合立体交通网规划纲要》也对发展智慧交通、推进交通基础设施数字化作出了明确部署。

在交通运输主管部门的大力引导下,各地探索推进智慧公路的建设与发展,取得了一些成果和经验,但仍面临诸多问题和挑战。由于我国智慧公路发展缺乏统一明确的发展目标、体系设计,各地在发展中主要为自行摸索,全国智慧公路建设各成体系、模式多样、标准规范不一,影响路网整体协同效应的发挥,不利于智慧公路健康有序发展。

针对以上问题,2022年3月,中国工程院启动了中国工程院重大战略研究与咨询项目"智慧公路发展战略研究"。项目成员包括中国工程院的11位院士以及来自中国公路学会、中国工程院战略咨询中心、清华大学、交通运输部公路科学研究院、交通运输部规划研究院、同济大学、东南大学、中国公路工程咨询集团等单位的100多位研究人员。

研究工作得到了交通运输部尤其是部公路局的高度重视和支持,交通运输部领导对"智慧公路发展战略研究"项目的推进做了重要指导。项目研究始终坚持广泛调研,得到了中国卫星导航系统管理办公室、交通运输部路网监测与应急处置中心、中国交通通信信息中心、北京理工大学电动车辆国家工程研究中心等单位的研究支持,听取了来自新加坡、美国等国家交通专家的意见,向江苏、山东、浙江、四川、广东、湖北、河北、北京、宁夏9个省(自治区、直辖市)有关政府部门、研究机构和公路企业调研需求并征求意见,得到了江苏省交通工程建设局、山东高速集团、中国银行、华设设计集团、腾讯等单位的参与支持。项目研究周期为一年半，其间组织了现场调研、座谈调研、专家咨询、学术讲座、学术论坛、专题研讨等研究交流活动30余次，其中在2023世界交通运输大会上举办的"智慧公路工程科技论坛"参与人数众多，该活动受到行业广泛关注。项目研究坚持从行业中来、到行业中去，广泛听取各方面意见，充分凝聚行业的智慧和力量，这为项目成果落地创造了有利条件。

项目组坚持理论联系实际，以全局性、前瞻性视角，对智慧公路的内涵特征、总体架构、发展目标、推进路线、分级分类、重点任务等问题提出了咨询建议，并撰写了《智慧公路发展战略研究总报告》和7份课题报告。

《智慧公路发展战略研究总报告》首次从战略层面谋划了我国智慧公路发展的顶层设计，系统回答了"为什么要建设智慧公路""建设什么样的智慧公路""怎样建设智慧公路"三个智慧公路发展的核心问题，回应了行业关切，对指导我国智慧公路健康有序高质量发展具有重要意义。研究报告分析梳理了智慧公路的提出背景、国内外实践情况，系统阐述了智慧公路的内涵特征和总体架构，制定了我国智慧公路两阶段发展目标、三步走推进路线、分级分类框架，并提出了智能建造、数字化公路基础设施、车路协同自动驾驶系统、新一代公路智能税费征收系统、智慧化养护、智慧服务区、伴随式出行服务、智慧公路安全应急保障、"四网融合"系统九大重点建设内容以及相关政策建议。

在工作方法上，项目组既坚持独立研究，又与行业主管部门密切配合。在研究过程中，部分研究成果被2023年9月交通运输部印发的《关于推进公路数字化转型加快智慧公路建设发展的意见》(交公路发〔2023〕131号)吸收。

本书系统、全面地总结了"智慧公路发展战略研究"项目成果，积极宣传普及智慧公路发展的理念、重要意义、战略目标、推进路线、技术架构、重点应用场景等，凝聚行业共识，助力指导智慧公路健康有序发展，助推我国智慧公路发展迈上新台阶，为加快建设交通强国提供有力支撑，为全球智慧公路发展贡献中国智慧、中国方案。

最后，在《智慧公路发展战略研究》即将付梓之际，深切期望本书能够为政府部门决策、企业经营、科研院所研究等相关工作提供有益的参考，同时也敬请读者对不足之处予以指正。

主　编
2023年11月

目录
Contents

课题报告 1
数字化公路基础设施研究

课题报告 2
车路协同自动驾驶系统研究

课题报告 3
新一代公路智能税费征收系统研究

● 中国工程院重大战略研究与咨询项目

项目报告

智慧公路发展战略研究
总报告

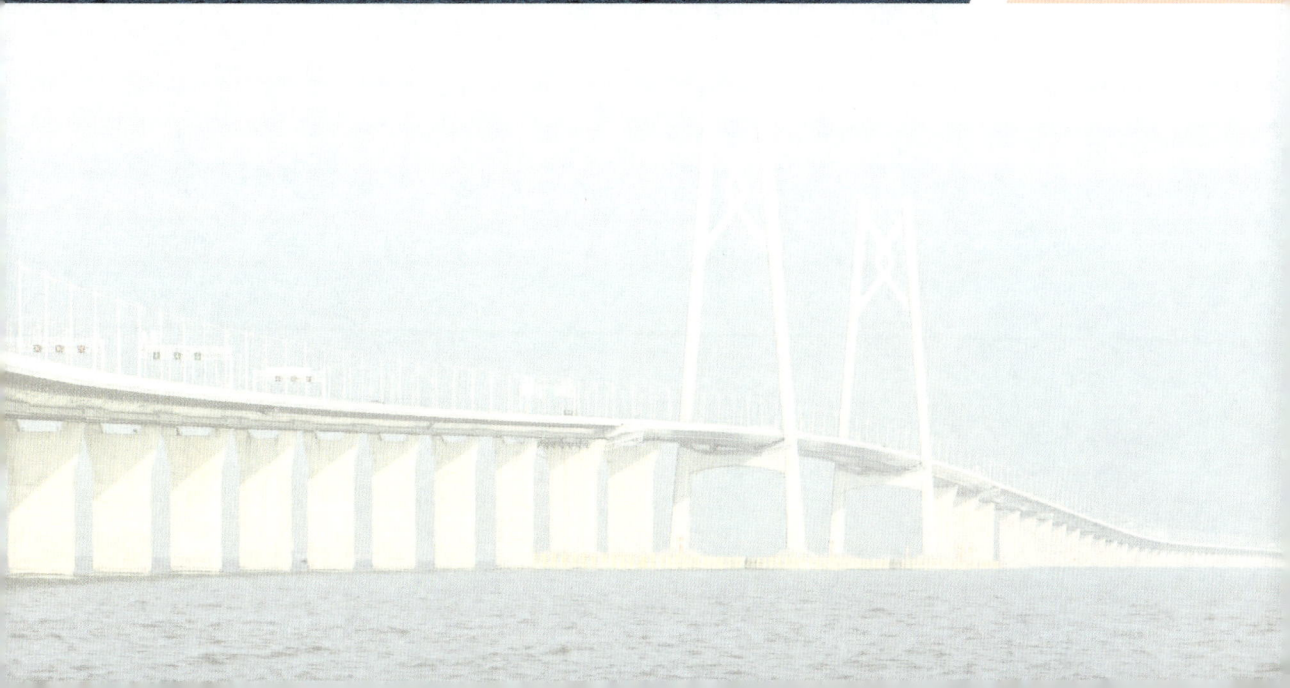

内容摘要 Abstract

我国公路网虽然建设规模世界领先,但在交通安全、运行效率、服务水平、管理能力等方面仍面临诸多问题和挑战。相关研究和国际经验表明,智慧公路是应对上述问题和挑战,提升道路安全保障、运行效率、服务管理能力和绿色发展水平的有效途径。围绕新型基础设施建设、数字中国建设等重大部署,发展智慧公路成为公路交通高质量发展的必由之路。针对当前我国智慧公路建设热潮下面临的地方各成体系、发展不协同的问题,报告以全局性、前瞻性视角,提出了我国智慧公路发展的顶层设计和路径规划,包括内涵架构、发展目标、推进路线、分级分类、重点任务和政策建议等。通过借鉴国外智慧公路建设经验,并分析当前我国智慧公路发展现状和面临问题,研究提出了智慧公路的内涵特征和总体架构,指出了我国智慧公路"两阶段三步走"的发展目标设想,即:近五年(到2027年),完善顶层设计,建立完善标准体系,拓展推进示范应用,逐步化解当前路网运行中的"三重一突出"问题;到2035年,基本建成智慧公路网体系,智慧化水平达到国际一流水平;到2050年,全面建成智慧公路网体系,发展水平位居世界前列。同时,研究提出了分级分类推进智慧公路建设的实施框架,并阐述了支撑智慧公路发展的九大重点任务,包括智能建造、数字化公路基础设施、车路协同自动驾驶系统、新一代公路智能税费征收系统、智慧化养护、智慧服务区、伴随式出行服务、智慧公路安全应急保障、"四网融合"系统。最后,报告建议出台指导文件、加快研制标准规范、建立健全协同推进机制、研究公路里程税改革、实施相关产业政策和举措,为促进我国智慧公路健康可持续发展提供政策保障。

第一章
发展要求与经验借鉴

第一节　智慧公路重要意义

一、公路的重要地位与作用

公路是我国经济社会发展的重要基础,是综合运输体系的重要组成部分,是各种运输方式衔接的纽带。截至 2022 年底,我国公路网规模已达 535.48 万 km,其中高速公路达 17.73 万 km,公路网占综合交通运输网的比重约 95%。2022 年,公路全年完成营业性货运量 371.19 亿 t,占全社会货运量的比重为 73.3%。公路出行是最普遍的出行方式,提高公路运输服务水平,可以提升人们出行的体验感、获得感。

二、突出问题与挑战

当前,我国公路网在安全保障、运行效率、服务水平等方面存在突出问题,与人们对交通美好出行的向往和交通强国建设目标的要求还有较大差距。道路交通事故频发,伤亡人数居高不下,据国家统计局数据,2022 年全国发生约 25.6 万起道路交通事故,死亡人数 60676 人;通行效率不高,受气候和不当养护影响,高速公路限制通行时常发生;服务水平亟须提升,用户出行体验欠佳,公路收费站出入口拥堵现象屡见不鲜;绿色发展面临新挑战,道路运输碳排放占全交通运输行业碳排放的比重较高;资金来源短缺,发展不可持续,2021 年收费公路总支出为 12909.3 亿元,而通行费收入仅为 6630.5 亿元,收支缺口巨大。

三、发展新要求

党的十九大报告首次提出建设交通强国,党的二十大报告强调加快建设交通强国。

《交通强国建设纲要》提出，"构建安全、便捷、高效、绿色、经济的现代化综合交通体系，打造一流设施、一流技术、一流管理、一流服务，建成人民满意、保障有力、世界前列的交通强国"，明确要求大力发展智慧交通。《国家综合立体交通网规划纲要》提出，"到2035年，基本建成便捷顺畅、经济高效、绿色集约、智能先进、安全可靠的现代化高质量国家综合立体交通网"，明确要求推进智慧发展、提升智慧发展水平。《中华人民共和国国民经济和社会发展第十四个五年规划和2035年远景目标纲要》在建设现代化基础设施体系、加快推动数字产业化、全面提高公共安全保障能力、加快发展方式绿色转型等方面对交通发展提出了新的任务。

四、智慧公路是推动公路交通高质量发展的有效途径

1. 有利于实现我国公路网安全运行，提升服务能力

研究表明，智慧公路通过科技手段实现智慧扩容、安全预警监控、快速自由收费、精准养护作业，能够有效提升公路的安全保障能力、运行效率和服务水平，伴随式服务能够提升人们出行的体验感。例如，智慧公路对交通事故第一时间有效感知达97%以上，二次事故发生率可降至接近于0；智慧隧道发生事故可以做到1min感知、3min决策、5min应急响应；通过智慧扩容技术，并合理利用应急车道，可大幅度提升高速公路通行能力；智慧管控可实现冰冻雨雪雾天气的准全天候通行，减少高速公路封闭限行。

沪宁高速公路无锡段智慧扩容后，单向断面最大流量已达到24.6万辆，折合标准流量为设计流量的2.1倍。浙江沪杭甬高速公路智慧化改造后，根据试验路段统计，道路平均车速提升8%，通行能力提升20%，道路拥堵时间降低10%，拥堵指数发布、出行时间预测准确率达到90%，道路行车事故数下降10%，救援时间缩短10%。江苏342省道无锡段智慧化提升后，平均车速提升14.05%，事故总量呈下降趋势，其中，平均事故数下降28.6%，平均死亡人数下降10%，平均受伤人数下降30.67%。山东济南东智慧零碳服务区实现服务区内碳排放与减排、碳汇吸收自我平衡，项目运行后年均碳减排约3400t。德国科隆智慧高速公路运行期间，双向四车道事故发生率降低达30%，每年减少经济损失约1300万欧元。德国基于卫星定位技术对载货汽车进行不停车收费，成功率达到99.7%，提高了路网运行效率，降低了能耗。根据《交通强国公路发展战略研究》计算结果，在不同速度下（20～200km/h），自动驾驶状态下道路通行能力的提升为21.6%～64.9%。

2. 有利于促进公路绿色转型发展

智慧公路能够优化路网运输资源配置，缓解拥堵，提高运输效率，有力支撑新能源汽

车推广,大幅减少污染物排放;能够促进公路设计、建造、养护、运营、管理、服务等各方面的升级,实现全寿命周期智能化、绿色化,例如,集约利用土地资源,支持生态保护,用较少的投入提高公路的质量和寿命。

3. 有利于带动相关产业,促进数字经济发展

智慧公路对智能制造、通信、信息、能源、新材料等上下游相关产业带动能力强,特别是与车路协同自动驾驶、北斗卫星导航系统(BDS)、第五代移动通信技术(5G)应用关系密切,能带动智能网联汽车、通信等几个万亿级产业发展,发展智慧公路数字经济前景广阔。据相关研究数据,2022年智慧公路数字经济规模已达到3500亿元,预计到2035年,智慧公路数字经济规模将达到23000亿元,而与智慧公路密切相关的智能网联汽车产业规模更是巨大。

4. 有利于引领全球智慧交通技术发展

"智慧的路+聪明的车"是全球交通技术发展前沿。目前,我国在智慧公路和自动驾驶技术领域,与发达国家相比,处于整体趋同、局部领先的水平。加快智慧公路发展,有利于在未来智慧交通技术发展中确立全球领先地位。

第二节 国外实践与启示

一、智慧交通概念的由来

智能交通技术于20世纪60年代萌芽,随后于80年代开始快速发展。1993年,美国智能车路系统年会确定了智能交通系统(Intelligent Transport System,ITS)名称。次年,第一届ITS世界大会在法国巴黎召开,ITS成为专有名词。根据《智能交通系统手册》,ITS的定义为"对通信、控制、信息处理技术在运输系统中集成应用的通称"。2021年10月,第27届ITS世界大会在德国汉堡召开,主题为"Experience Future Mobility Now",关注领域包括自动驾驶和车联网、出行即服务(MaaS)、数字港口和物流方案、智能基础设施、来自新技术的新服务、可持续城市交通等。现如今,智能交通正在向技术融合的智慧化、数字化方向发展。

2008年,国际商业机器公司(International Bussiness Machines Corporation,IBM)首次提出"智慧地球"概念,指出工具化、互联化和智能化是智慧地球概念的三个支柱。2010年,IBM提出"智慧城市"概念,"智慧交通"被认为是智慧城市的核心系统之一。2012年,中国成立智慧城市创建工作领导小组,开启了智慧城市建设序幕。

2013 年 10 月,全国交通运输科技创新电视电话会召开,会上提出"智慧交通"发展理念。2014 年 12 月,全国交通运输工作会提出"四个交通"概念,其中包括"智慧交通"。2016 年,国务院印发《"十三五"国家信息化规划》,提出加快普及智慧交通。2019 年印发的《交通强国建设纲要》和 2021 年习近平主席在第二届联合国全球可持续交通大会开幕式上发表的主旨讲话均提出要"大力发展智慧交通"❶。智慧交通概念被广泛接受。

智慧交通是在智能交通基础上发展起来的。智慧交通丰富了智能交通的内涵,融合了智能交通的最新发展趋势,拓展了应用领域,系统性更强,技术更先进,更加注重场景和服务,是智能交通的升级版。智慧公路是智慧交通体系的重要组成部分,国内外对智慧公路的研究也不断深入,实践更加丰富。

二、国外智慧公路实践

在创新驱动发展的新形势下,全球各个国家结合新兴技术、研判发展趋势,并考虑自身需求,积极推动智慧公路建设,持续开展新型材料研发、运营管理升级与高新技术研究,并勇于开展试点应用,探索智慧公路发展路径。

1. 欧洲

Easy Way 示范工程。Easy Way 示范工程为欧洲第一个智能交通系统建设工程,通过实时信息和交通管理服务的协调部署来提高安全性、减少拥堵和减少环境影响;通过 ITS 部署支持创建无缝的欧洲交通系统。Easy Way 示范工程实现了欧洲道路信息基础设施的全覆盖,形成了统一标准的车路合作系统,其总体目标包括:道路安全水平提高 25%,交通拥堵减少 25%,方便人员和货物的流动,对环境的影响降低 10%。

混合车流道路基础设施(INFRAMIX)示范工程。INFRAMIX 示范工程为由奥地利 Austria Tech 公司联合宝马、西门子等十余家公司共同发起开展的自动驾驶验证项目,该项目得到欧盟支持并开展了相关测试工作。该项目测试场景为动态车道分配、养护作业区交通控制、瓶颈路段交通诱导,实施重点为设计、升级、改造和测试道路基础设施的实体和数字化水平,以确保不间断、可预测、安全和高效的交通,以及保障道路基础设施升级不会危及交通安全、服务质量和通行效率。INFRAMIX 示范工程取得了较好的示范应用效果。

欧洲"第五代公路"(R5G)项目。该项目由法国提出,旨在整合和部署"永远通畅的路"(Forever Open Road)的全新的车辆基础设施、新能源设施、新路面技术和气候适应性基础设施等领域的不同组成部分,以建立下一代公路的全面示范,达到高度适应性、高度自动化以及高气候变化韧性的公路系统运营目标。2010—2014 年,该项目进行解决方案

---

❶ 习近平:《与世界相交　与时代相通　在可持续发展道路上阔步前行——在第二届联合国全球可持续交通大会开幕式上的主旨讲话》,人民出版社 2021 年版,第 3-4 页。

的测试;2014—2018年,实现各子系统的可行性证明;2020年,完成R5G的系统展示。

欧洲合作式ITS(C-ITS)走廊。2013年,奥地利交通技术创新部与德国交通部、荷兰基础设施部共同签署了一项智能交通领域的合作备忘录。从2015年起,三国将利用最新的交通技术对阿姆斯特丹—法兰克福—维也纳的高速路段实施联合智能交通系统管理。道路工程预警和改善交通管理的车辆数据两项ITS服务首先计划用于C-ITS走廊。该走廊可实现驾驶过程中的意识驱动、感应驾驶与合作驾驶。

德国卫星自动收费系统。2002年,德国议会通过了《高速公路养路费法》,决定对所有超过12t的货车(含挂车),按其轴数和废气排放的等级收费。同时推出由卫星定位系统控制的全自动收费系统。该系统的应用为世界首次。收费系统运行后,德国道路货运车辆的空载率减少了15%,道路货运实载率由80%增加到了82.1%,同时,铁路集装箱货运量增加了7%,促进了货运量在铁路、公路之间的有效平衡和公平竞争。按照欧盟有关收费法案的规定,全欧洲道路收费将会实现一个车载设备、一份合约、一份账单。

智慧高速公路(Smart Motorways)工程。英国Smart Motorways工程通过可变限速标志和车道指示器、交通流量感知及交通信号自动控制设施、视频监视设施、交通执法摄像机等技术设施提升了基础设施监测性能,实现有效监测交通流,调整限制速度以平滑交通流,并提醒驾驶员注意危险、拥堵以及前方车道关闭情况等。英国Smart Motorways工程建设成效显著,有效应对了自2000年以来不断增长的交通量,最繁忙的高速公路通行能力提高了1/3,高速公路运行可靠性明显提高。与英国整个高速公路网相比,Smart Motorways上的死亡人数比例较低。

2. 美国

美国ITS战略规划。美国ITS以五年规划为蓝图布局智能交通发展战略,其愿景和使命具有一定的延续性和继承性。2010年版ITS战略强调交通的连通性;2015年版ITS战略重视车辆自动化和基础设施互联互通;2020年版ITS战略从强调自动驾驶和智能网联单点突破到新兴科技全面创新布局,完善了基于技术生命周期的发展策略,着重推动新技术在研发—实施—评估全流程的示范应用。2020年版ITS战略提出六大规划领域,包括新兴和使能技术、网络安全、数据访问和交换、自动驾驶、完整出行、加速ITS部署,以推动ITS技术的全生命周期发展。

美国自动公路系统(Automated Highway System,AHS)。1991年,美国国会通过"综合地面运输效率方案"(ISTEA),提出利用高新技术和合理的交通分配提高整个运输网络的效率。1997年,在圣地亚哥到洛杉矶的州际公路上,AHS试验的第一次示范取得成功。AHS由自动驾驶车辆、车路通信与协同、智能的公路基础设施三部分组成,是更高级别的智能车辆控制系统和智能公路系统的集成。AHS通过将感知设备、通信设备和控制设备等安装到公路基础设施上,构建车路一体化系统,为通行车辆提供环境感知和通信支持,提高其环境感知和适应能力,降低事故率,改善交通流,提升公路交通安全水平。

美国智能交通走廊(Smart Corridor)示范工程。2016 年,美国推出 Smart Corridor 系统,其中最具代表性的是加利福尼亚州推动的 I-80 SMART 项目,它整合了多种信息感知与动态管理技术,通过电子标识、信息交互等方式提高通行安全性和通行时间可靠性。评估体系主要涵盖公路网络运行、机构能力、出行者反馈、能源消耗及排放、系统组成部分运行水平五个方面。

夏威夷"车联万物"(V2X)项目。2020 年,夏威夷落地 V2X 项目。结合传统驾驶员、骑车人和行人,V2X 项目将测试互联自动驾驶汽车,以提高尼米兹高速公路和阿拉莫阿那大道走廊沿线车辆数据收集效率,提高交叉路口交通安全水平和通行效率。该项目构建了一个完整的 V2X 交通管理系统,对比评估了多种供应商的控制设备,实现了交通控制的协调、优化和干线上的控制性能测量,并部署 V2X 通信和新兴的基于地理位置的自动终端信息服务业务应用。

3. 日本

(1)日本智能交通系统发展历程

日本智能交通系统发展主要可以分为三个阶段。第一阶段是推动实用化,初步确定智能交通系统战略导向,加强不同系统间的交互整合和研发。日本于 1996 年制定的《推进 ITS 总体构想》为其 ITS 建设奠定了基础。第二阶段是加速普及与提高社会贡献,大力开展交通基础设施建设,将道路交通情报通信系统(VICS)、先进安全车辆(ASV)、电子不停车收费(ETC)、专用短程通信技术(DSRC)和自动公路系统与基础设施进行整合,推出了智慧公路(Smart Way)系统,大力开展路侧基础设施(ITS Spot)建设。第三阶段是解决诸多社会问题,重点研发车路协同等新技术,升级交通管控及服务。开展车联网、自动驾驶等新技术研发,实现道路交通高度信息化,旨在解决社会环境、道路安全和交通拥堵等社会问题。

(2)新一代智慧公路技术开发应用

日本于 2019 年 6 月发表 IT 新战略报告《创造世界最先进数字国家,推动官民一体数字行动计划》,并成立高度信息通信网络社会推进战略本部(IT 综合战略本部),与国土交通省共同推进落实日本社会各领域的数字化、智慧化进程。日本在《2020 年国土交通白皮书》中,重点介绍了智能卡全国互通、MaaS、ETC 2.0、ASV、小汽车出行诱导与自动驾驶等智慧交通技术的应用情况。

4. 总结

欧洲侧重于基础设施的建设与运营管理的优化,INFRAMIX 项目实施重点为设计、升级、改造和测试道路基础设施的实体和数字化水平,以确保不间断、可预测、安全和高效的交通;R5G 项目旨在整合和部署"永远通畅的路"(Forever Open Road)的全新的车辆基础设施、新能源设施、新路面技术和气候适应性基础设施;面向多国互通的基本特征,Easy Way 通过跨国数据交换构建同步管理体系,按照区域特点开展协同管理和服务,以信息服务、主动交通管理为手段,并侧重服务协同;C-ITS 走廊的实现,则需要来自不同行业和政府部门的众多合作伙伴的共同努力;英国的 Smart Motorways 则更关注主动管控,使交通流更顺畅、交通运行更安全。

美国更注重自动驾驶技术的研究,2020 年版 ITS 战略从强调自动驾驶和智能网联单点突破到新兴科技全面创新布局,着重推动新技术在智慧公路中的应用;Smart Corridor 示范工程整合了多种信息感知与动态管理技术,通过电子标识、信息交互等方式提高通行安全性和通行时间可靠性;AHS 通过将感知设备、通信设备和控制设备等安装到公路基础设施上,构建车路一体化系统,为通行车辆提供环境感知和通信支持,提高其环境感知和适应能力,降低事故率,改善交通流,提升公路交通安全水平。

日本对智能交通技术用于公路的研究开展较早,公路发展具有一定的针对性和延续性,注重技术融合发展和公路交通重难点突破。以规划为引领,日本四省一厅联合制定《推进 ITS 总体构想》,确定发展目标、制定发展应用和推广路线图,推动工业、政府、学术界、私人合作,促进汽车导航、VICS、ETC、ASV 等 ITS 单个技术的整合和研发。随着先进技术的发展,日本将 VICS、ASV、ETC、DSRC 和自动公路系统与基础设施进行整合,推出 Smart Way 系统,并在全国试验。为解决社会环境、道路安全和交通拥堵等社会问题,日本注重车联网、自动驾驶等新技术的研发,期望利用 Smart Way 系统解决当前公路交通出现的难点、堵点。

三、启示

1. 坚持规划指引,先行先试

规划指引是高效、有序、科学推进智慧公路建设的重要基础,开展顶层设计有利于加强智慧公路建设的整体性、有效性和可持续性。美国发布《国家 ITS 五年项目计划》《国家 ITS 项目计划——十年计划》,日本发布《推进 ITS 总体构想》,欧盟委员会通过"欧洲合作式智能交通系统战略",也说明了规划指引的重要性。加强先行先试、推动理论落地实践,是智慧公路创新发展的重要途径。美国 Smart Corridor 示范工程、欧洲 Easy Way 示范工程等智慧公路探索工程取得的成功,对后续智慧公路的推广与建设产生重要影响。

2. 坚持问题导向、需求导向、目标导向

智慧公路建设要基于问题与需求,有针对性地进行智慧化场景设计,从解决问题需要出发,又兼顾未来需求,避免资源浪费,循序渐进发展。日本为了加速普及与提高社会贡

献,大力开展交通基础设施建设,推出 Smart Way 系统。为解决道路安全、交通拥堵、环境污染等社会问题,重点开展车联网、自动驾驶等新技术研发,实现道路交通高度信息化。欧洲 Easy Way 方案的总体目标包括:道路安全水平提高25%,交通拥堵减少25%,方便人员和货物的流动,对环境的影响降低10%。

3. 跨部门、跨区域产业链协同

智慧公路建设单靠一个部门、一个单位推动会有很大的局限性和封闭性,协同推进是建设全寿命周期、全要素智慧体系的重要保障。Easy Way 示范工程汇集了欧洲各国政府、道路主管部门和道路运营商(公共和私营),促进了主要利益相关者之间的密切合作,确保协调 ITS 部署。奥地利交通技术创新部与德国交通部、荷兰基础设施部共同签署一项智能交通领域的合作备忘录,推动对阿姆斯特丹—法兰克福—维也纳的高速路段进行联合智能交通系统管理。在日本,警察厅、总务省、经济产业省、国土交通省共同成立道路交通车辆智能化推进协会,负责 ITS 领域中技术、产品的开发及推广应用工作。

4. 技术迭代与新技术融合应用

技术迭代与新技术融合应用是智慧公路系统不断进步、不断完善的基础。当前,智慧公路建设仍然处于快速发展阶段,技术不断更新迭代,促使智慧公路不断更新完善,新技术的出现也会赋予智慧公路更多的内涵。Easy Way 示范工程的第二阶段,注重道路监测、交通监测和天气监测等技术的应用,并重点建设交通运营中心,用于支持区域路网运行监测、通信及管控。日本 ITS 发展的第二阶段,将 VICS、ETC、DSRC 和自动公路系统与基础设施进行整合,推出了 Smart Way 系统,并在全国范围内开展安全驾驶辅助系统试验,推进智能交通与新技术融合。

5. 大力推进基础设施数字化

基础设施数字化是智慧公路建设的基础,数据是智慧公路建设的核心,没有感知数据就没有应用场景,因此,需要挖掘数据价值,为公路全寿命周期发展决策提供支撑。欧洲 INFRAMIX 项目以提升基础设施的数字化水平为重点,打造不间断、可预测、安全和高效的交通系统。日本发布《创造世界最先进数字国家,推动官民一体数字行动计划》,并成立高度信息通信网络社会推进战略本部(IT 综合战略本部),与国土交通省共同推进落实日本社会各领域的数字化、智慧化进程。

6. 注重场景建设和应用

智慧公路的核心是以人为本,要围绕基础设施和驾乘人员的交互、服务驾乘人员便捷安全出行等进行应用场景拓展。在德国,由卫星定位系统控制的全自动收费系统运行后,道路货运车辆的空载率减少了 15%，既方便了货车快速通过，也创造了经济价值。英国 Smart Motorways 工程提升了基础设施监测性能，更好地为出行者提供信息服务，让交通流在受控的环境下运行更加顺畅。美国则瞄准前沿科技，大力研究试验自动驾驶场景。

第三节 我国智慧公路发展现状与问题

一、发展政策

近年来，我国高度重视智慧公路的政策引导。国家层面，2019 年 9 月，中共中央、国务院印发《交通强国建设纲要》，明确提出："大力发展智慧交通。推动大数据、互联网、人工智能、区块链、超级计算等新技术与交通行业深度融合。推进数据资源赋能交通发展，加速交通基础设施网、运输服务网、能源网与信息网络融合发展，构建泛在先进的交通信息基础设施。构建综合交通大数据中心体系，深化交通公共服务和电子政务发展。推进北斗卫星导航系统应用。"2021 年 2 月，中共中央、国务院印发《国家综合立体交通网规划纲要》，提出"推进交通基础设施网与运输服务网、信息网、能源网融合发展""推进智慧发展"。推进智慧发展包括两方面，一是提升智慧发展水平，加快提升交通运输科技创新能力，推进交通基础设施数字化、网联化；二是加快既有设施智能化，利用新技术赋能交通基础设施发展，加强既有交通基础设施提质升级，提高设施利用效率和服务水平。

行业层面，2016 年 4 月，交通运输部印发《交通运输信息化"十三五"发展规划》，提出"推进智慧公路示范应用，实现路网管理、车路协同和出行信息服务的智能化"。2018 年 2 月，交通运输部印发《关于加快推进新一代国家交通控制网和智慧公路试点的通知》，明确北京、河北、吉林、江苏、浙江、福建、江西、河南、广东九省（直辖市）为新一代国家交通控制网及智慧公路试点省（直辖市），并明确九省（直辖市）的试点主题。2020 年 8 月，交通运输部印发《关于推动交通运输领域新型基础设施建设的指导意见》，提出"打造融合高效的智慧交通基础设施"，对智慧公路发展提出明确要求。2020 年 12 月，交通运输部印发《关于促进道路交通自动驾驶技术发展和应用的指导意见》，明确加强自动驾驶技术研发、提升道路基础设施智能化水平、推动自动驾驶技术试点和示范应用、健全适应自动驾驶的支撑体系等主要任务。2021 年 8 月，交通运输部、科技部联合印发《关于科技创新驱动加快建设交通强国的意见》，提出要"加强智能高铁、智慧公路、自动化码头、数字管网等新型装备设施研发应用和产业发展"。2021 年 12 月，国务院印发《"十四五"现代综合交通运输体系发展规划》，提出"加快智能技术深度推广应用"，明确与智慧公路相关的数字化网联化升级工程。2021 年 12 月，交通运输部印发《数字交通"十四五"发展规划》，提出

"构建交通新型融合基础设施网络"，明确与智慧公路相关的建设内容。

二、指南标准

为科学有序发展智慧公路,各地纷纷出台智慧公路建设指南,规范智慧公路建设。2020年3月,浙江省交通运输厅率先发布《智慧高速公路建设指南(暂行)》,列举了智慧高速公路的基本应用建设和创新应用建设领域,基本应用建设包括实时交通信息监测系统、多网融合通信系统、云控平台等,创新应用建设包括准全天候通行、货车编队行驶、全寿命周期智能养护等。2020年11月,江苏省交通运输厅发布《江苏省智慧高速公路建设技术指南》,提出了智慧高速公路在感知、服务、管理和支撑保障层面的具体方向,同时完善了智慧高速公路建设的评价指标体系。同年12月,江苏省交通运输厅发布《江苏省普通国省道智慧公路建设技术指南》,明确了智慧公路在智能感知、智能管控、智能服务、基础支撑四个方面的建设重点。2021年6月,山东省交通运输厅发布《智慧高速公路建设指南(试行)》,提出了智慧建养体系与智慧运营体系,涵盖建设、养护、监测、管控、运营等多个环节。2021年12月,四川省交通运输厅、重庆市交通局联合发布地方标准《智慧高速公路》,包括总体技术要求、智慧化分级、路侧设施设置规范和车路协同系统数据交换四个部分,总体技术要求从路侧设施、云控平台、运营服务、信息安全等角度梳理了智慧高速公路建设的重点领域和技术方法。此外,北京、云南、甘肃、河南、上海、广东、吉林、贵州、河北等省(直辖市),充分考虑本区域内公路发展现状及需求,陆续发布关于智慧高速公路的建设指南,具体汇总情况见表0-1。

各省(直辖市)智慧高速公路建设指南汇总　　　　　　表0-1

省(直辖市)	发布时间	文件名称
浙江	2020年3月	智慧高速公路建设指南(暂行)
江苏	2020年11月	江苏省智慧高速公路建设技术指南
	2020年12月	江苏省普通国省道智慧公路建设技术指南
山东	2021年6月	智慧高速公路建设指南(试行)
四川、重庆	2021年12月	智慧高速公路
北京	2022年1月	智慧高速公路建设指南(试行)
云南	2022年1月	云南省智慧高速公路建设指南(试行)
甘肃	2022年3月	甘肃省智慧高速公路建设技术指南
河南	2022年6月	河南省智慧高速公路建设技术指南(试行)
上海	2022年9月	上海市智慧高速公路建设技术导则
广东	2022年9月	广东省智慧高速公路建设指南(试行)
吉林	2023年1月	智慧高速公路建设技术指南
贵州	2023年2月	贵州省智慧高速公路建设指南(试行)
河北	2023年5月	智慧高速公路建设指南

三、智慧公路建设项目

1. 智慧高速公路建设项目

随着各地智慧高速公路建设的不断探索,在高速公路建管养运服各阶段场景应用上,出现了一批试点示范效果比较好的项目。建设方面,江苏常泰长江大桥打造综合管理聚合平台、BIM❶协同管理平台、数字孪生平台和智慧工地,保障项目建设期间衔接顺畅,施工安全。管养方面,江苏五峰山长江大桥南北公路接线(简称"江苏五峰山高速公路")打造 BIM + GIS❷ 综合管养平台,实现全周期信息传递;延崇高速公路(河北段)延伸工程打造 3D GIS + BIM 数字高速公路平台,实现重点基础设施集群全寿命周期监测与管控。运营方面,京雄高速公路河北段全线布设智慧中枢杆,实现路面状态监测、能见度监测、车路通信、节能调亮等功能;四川成宜高速公路打造智慧高速公路智能运维管控平台,为了解事件处理全过程提供技术支撑;湖北鄂州花湖机场高速公路布设光栅传感器、智慧灯杆、毫米波雷达、高清摄像头等智慧设施,加强交通要素感知。服务方面,四川成宜高速公路打造"蜀道·高德行业版"车道级导航服务 App、全息瞳·数字平行世界平台,为用户提供更精准服务;山东京台高速公路通过布设雨夜标线、自动融冰除雪等设施设备及雾区智能诱导系统,保障恶劣天气安全通行,打造智慧服务区,并提供 ETC 无感支付服务,提高用户出行服务水平;浙江杭绍甬高速公路通过路侧设备及物联感知、雾区诱导警示系统,为车辆提供信息安全预警。部分智慧高速公路建设项目主要亮点见表 0-2。

部分智慧高速公路建设项目表(截至 2023 年底)   表 0-2

通车时间	项目名称	项目特点	主要亮点
2020 年 12 月	成宜高速公路	新建,双向六车道高速公路	打造"蜀道·高德行业版"车道级导航服务 App; 打造全息瞳·数字平行世界平台; 智慧高速公路智能运维管控平台,了解事件处理全过程
2021 年 5 月	京雄高速公路河北段(70km)	新建,同城化通勤通道	全线布设智慧中枢杆,实现路面状态监测、能见度监测、车路通信、节能调亮; 通过全要素气象站、主动发光标志等,实现准全天候快速通行; 最内侧车道为自动驾驶专用车道; 数字孪生平台实现可视化监测、救援

---

❶ BIM:建筑信息模型。

❷ GIS:地理信息系统。

通车时间	项目名称	项目特点	主要亮点
2021年6月	江苏五峰山高速公路(35.9km)	新建,双向八车道高速公路	完成车路协同条件下的单车自动驾驶及重载车队编队自动驾驶的实车测试; 车道级雾天行车诱导系统、自动消雪融冰系统,保障恶劣天气下安全行驶; BIM+GIS综合管养平台,实现建养管运全周期信息传递
2021年8月	延崇高速公路(河北段)延伸工程	新建,桥隧比高,气候变化大,保障重大活动	3D GIS+BIM数字高速公路平台,实现重点基础设施集群全寿命周期监测与管控; 利用路面状况检测仪,并配合气象信息对覆冰覆雪路段的准确预警; 车路协同的实时通信预警技术辅助车辆安全行驶; 北斗卫星导航卫星信号全覆盖,实现全程车道级定位服务
2021年9月	山东京台高速公路	改扩建,交通流量大、货车占比高	防疲劳光幕、合流区预警,保障货车行驶安全; 雨夜标线、自动融冰除雪等设施设备及雾区智能诱导系统,保障恶劣天气安全通行; 智慧服务区,设置智能停车诱导系统,提供ETC无感支付、光伏车棚等
2022年5月	湖北鄂州花湖机场高速公路	新建,双向六车道高速公路,物流车辆为主	实现"智慧管控"和"智慧出行"; 支持无人驾驶,支持全天候通行; 铺设96.7km长的光栅阵列振动传感缆,布设16000个光栅传感器、372处智慧灯杆,以及智慧基站、毫米波雷达、高清摄像头、图文式可变信息标志等智慧设施,为机场高速公路植入"全面感知神经"
在建	江苏常泰长江大桥	新建,上下层,技术等级高、气象风险高、交通流量大	综合管理聚合平台:建立数据驱动、数字赋能多层级质量智慧管控体系; BIM协同管理平台:工程建设安全、质量、投资、进度各要素、各流程全部实现数字化; 数字孪生平台:与BIM+GIS平台的数据融合,实现态势预测,为相关决策提供支撑; 智慧工地:将人员、机具、材料及施工过程全部纳入平台,实现统一管理
在建	浙江杭绍甬高速公路(175km)	新建双向六车道高速公路,交通流量大	智能管控,设计速度突破120km/h; 路侧设备及物联感知、雾区诱导警示系统,为车辆提供信息安全预警,引导车辆安全通过

2. 普通国省干线智慧公路建设项目

目前,各地对普通公路智慧化探索仍保持积极态势,其中江苏省发展较超前。江苏省通过开展试点示范、探索融合应用、编制标准规范等举措,逐渐形成了一批具有江苏特色且可落地、可复制、可推广的示范样板。342 省道无锡段智慧公路示范工程全长 52.75km,重点围绕"安全提升、效率提升、服务提升"三大目标,开展了 22 个智慧公路场景建设。524 国道常熟段智慧公路科技示范工程全长 19.64km,重点围绕"基础设施监测、交通运行管控、信息服务发布"进行了智慧化场景建设。部分普通国省干线智慧公路建设项目主要亮点见表 0-3。

部分普通国省干线智慧公路建设项目表　　　　　　表 0-3

项目名称	项目特点	主要亮点
342 省道无锡段智慧公路示范工程	已建,重要省道,交通流量大,横穿城镇密集带,各种应用场景汇集	安全提升:建设桥梁健康监测系统、车流汇流预警系统、行人过街安全预警系统、雾区行车诱导系统、智能融冰除雪系统等,保障基础设施安全,提升关键节点、特殊时段的交通运行安全。 效率提升:建设全景视频监控系统、公路事件检测系统等,实现各类公路事件极速感知;基于大数据、虚拟仿真等技术,实现路网管控、养护决策等策略的科学制定;基于5G + 无人机等实现路网事件的快速处置。 服务提升:建设智慧服务区、智慧可变信息标志和5G 车路协同系统,通过点线结合,实现伴随式服务,提升公众在公路上的体验感和获得感
524 国道常熟段智慧公路科技示范工程	新建,联结主城区和港区的重要通道和交通节点	全面感知:实现基础设施信息 100% 采集,全线路域及周边三维数字化呈现;以数据驱动为核心,涵盖建设、管理、养护、运营、服务全寿命周期,实现路面、桥梁、标志标牌、监控等资产实时动态监测、数字化管理。 车路协同:依据视频、交通运行数据采集,结合车路协同典型场景应用,实现公路运行态势分析和动态交通管控

3. 农村公路智慧公路建设项目

农村公路是与农民群众关系非常密切的公共基础设施之一,对繁荣农村经济、实现农业现代化、加快乡村地区城镇化有着重要意义,运营维护好农村公路至关重要。目前,各地对农村公路智慧公路建设的探索多集中在农村公路管理平台的建设上,通过信息化手段,全面加强对农村公路的运营管理。各地基于自身农村公路发展需求和问题,在平台上创新开发相应的功能模块。浙江省湖州市在"湖州市智慧农养监管平台"上开发无人巡检、精准派单、闭环管理等功能模块;江苏省南通市在"南通市县一体化智慧农路管理云平台"上根据农村公路全寿命周期,开发数据管理、建设、管理、养护、运营等模块。部分农村公路智慧公路建设项目主要亮点见表 0-4。

项目名称	项目特点	主要亮点
湖州市智慧农养监管平台	已建，全市重要干线农村公路进入平台管理	无人巡检：在公交车上安装高清摄像头，实现路面病害全过程精准采集、智能筛选、传输、分析，及时发现各类公路病害、隐患，实现机器设备替代人工巡查。 精准派单：利用病害智能分析算法，根据病害的具体情况分类分级为坑洞坑槽、路面污染、护栏破损等，将公交车辆定位系统信息转换为公路里程桩号，建立事件登记档案，并进行智能化分类，以工单的形式派发给一线养护人员处置。 闭环管理：依托"浙政钉"移动端实现。智慧农养监管平台分类派单，一线人员通过"浙政钉"移动终端接收任务，并反馈处理结果，管理人员可在网页端监督、管理工单，形成市、区县、养护站、第三方养护企业"派单—处理—反馈—评价"的全流程闭环管理
南通市县一体化智慧农路管理云平台	已建，全市农村公路进入平台管理	基础数据：平台整合养护评价数据、计划工程数据，形成路网一张图，实现对路网、桥梁数据的全面调取、查阅、统计和分析。 建设：将原有的计划、工程的报表化管理提升为以"空间、时间"为轴心的计划、工程全过程管理模式。 养护：全面掌握区域内危桥分布、养护评价资料、养护工程分布和进展；设有农路日常巡查功能，实现农村公路事件的发现、上报、处置以及考核监督等。 管理：对农村公路的治超信息、路网监控的实时影像信息进行展示，掌握农村公路的路网运行情况。 运营：以地图驱动的方式，集成镇村公交的路线图数据和物流网点数据

四、建设内容

我国智慧公路的建设内容包括公路的智能建造、智慧运营管理、智慧养护、智慧服务，涵盖公路的全寿命周期。

智能建造作为一种新型建造理念，是在信息化的推动下获取项目中数据、处理相应信息、完成信息传递、实现信息再利用，从数字化建造逐步达到项目建造模式的智慧化。目前，数字孪生和 BIM 技术在智能建造中有较好的应用，且有落地的应用场景。常泰长江大桥依托数字孪生＋BIM 协同管理，精准控制施工精度，有效监控工地环境，缩短工程周期，提高工程施工安全水平。

智慧运营管理对信息感知与管控更加精细化和全局化，有全路网数字化感知能力，通过智能感知采集、组网通信和多源数据分析，对路网交通运行状态进行准确评估和趋势预判，实现主动交通管控和高效处置。山东高速公路建设"路网管理智慧大脑"，每年处置突发事件 3 万件，发布出行路况信息 20 万条，大大提升了应急事件处置效率和服务水平。

浙江省交通投资集团有限公司打造施救在线平台,设计信息直通、施救直联、车辆直拖、路损直赔四大创新应用场景,实现救援到场时间缩短1min,二次事故发生率减少13%,道路交通管制时长下降10%,收费站交通管制时长下降12%,拥堵缓行总时长下降7%。江苏太湖隧道打造火灾应急演练仿真系统,在隧道内增加救援车辆停靠点,进而减少救援时间,做到隧道发生险情时1min发现、3min到达、5min见效果。

智慧养护是利用信息技术对在役公路进行养护管理数字化,对长大桥梁、隧道、地质灾害进行监测预警,对基础设施的长期性能进行跟踪观测研究,以及对公路全寿命周期资产进行管理。沪宁高速公路通过智慧化手段,集中、集约进行养护作业,减少养护作业次数,并试点养护无人化,通过无人机械操作,提升养护效率。京雄高速公路针对桥梁巡检与病害智能识别、路面日常巡检和智能清洗等场景,打造多场景无人智能系统,实现降本增效。

智慧服务的目的就是要让公众出行更加安全、便捷和舒适。准全天候通行、车道级管控、智慧扩容、伴随式出行服务等应用服务已经在具体路段上实现成功应用,随着科技的发展,未来将出现更多的创新服务场景。沪宁高速公路无锡段通过智慧化手段,提升通行能力,改造后单向断面最大流量达到24.6万辆,折合成标准流量为设计流量的2.1倍。蜀道投资集团有限责任公司与高德地图合作,打造成宜高速公路"蜀道·高德行业版"车道级导航服务,为用户提供"宇宙视角",实现99%以上的感知覆盖率、95%的事件识别准确率;在雨雪雾恶劣天气以及驾车视线受到遮挡的情况下,使用户可享受到超视距感知服务,实现全天候通行。

五、市场规模

智慧公路是基础设施智慧化转型和智能化升级的必然产物,是消除当代公路出行拥堵严重、高危事故频发、出行幸福感较低等主要弊端的利器,是面向未来的智慧交通整体解决方案的重要环节之一。在国家政策的大力支持下,在社会需求、技术发展的大力推动下,智慧公路必将成为新的产业增值点。

根据高速公路建设投资情况和中国智能交通协会公布的数据,2012—2020年,我国高速公路智能化市场规模从198亿元增长至600亿元,呈现不断上升的趋势。随着我国公路智能化、信息化的大力建设,公路总里程的不断增加,以及公路维护、升级改造的不断实施,未来我国智慧高速公路行业市场规模将不断增大。

六、主要问题

1. 缺乏顶层设计,缺乏明确的发展目标和路径规划

行业内对智慧公路建设的必要性和迫切性已经达成共识,但对智慧公路内涵的理解

存在较大差异。从 14 个省（直辖市）发布的智慧公路建设指南等指导性文件来看，各地对智慧公路的发展目标、总体框架、建设内容、分级分类等的认识均不相同，对于"什么是智慧公路""要建设什么样的智慧公路""怎样建设智慧公路"尚未达成共识。一些地方建设中出现了片面地把自动驾驶场景应用作为目标，或把一些智慧化应用场景简单堆砌作为目标的现象，为智慧而智慧，造成投入产出不匹配。由于缺乏统一目标和路径规划，各地发展体系林立、模式多样，不同路段、路网间难以衔接协同，无法发挥智慧公路的网络整体效益。

2. 缺乏全国性统一标准规范体系

据国家智能交通系统工程技术研究中心统计，截至 2022 年底，与智慧公路发展相关的信息化国家标准共 123 项、行业标准共 48 项，主要是基础通用标准和应用标准，缺乏支持新技术应用的关键性技术和产品标准，系统性不强，传统信息化思维明显，新理念的智慧公路发展全国统一的标准规范体系框架尚未建立。同时，我国智慧公路建设普遍存在"一地一方案""一路一方案"的情况，缺乏统一的智慧公路建设标准体系框架，数据系统之间、设施设备之间的衔接、融合存在困难，难以高效互联互通。

3. 发展技术路径不明确，关键技术亟待突破

业内对智慧公路的技术架构理解不统一，技术路线不同，同样场景的技术解决方案多样，建设内容、技术应用多种多样，实施效果不一。公路建、管、养、运全寿命周期智慧化场景衔接不强，场景间彼此孤立，未有效贯通，车路协同自动驾驶离应用落地还有较大距离。"云-网-边-端"标准化一体化集成、人工智能（AI）及自主决策、数字孪生、大容量时空计算云、精准定位、高精度地图、智慧公路操作系统（OS）/数字底座等关键技术及应用亟待突破；数据质量不高，数字生态有待建立。

4. 部门协同、产业协同难

智慧公路功能价值的实现需要跨行业、跨区域、跨部门协同治理。除交通运输主管部门外，还需要气象部门开放技术数据、公安部门完善安全通行标准、工信部门研究车辆设备前装准则等。目前，我国还缺乏多部门协同推进智慧公路发展的机制，在规划协同、业务联通、数据共享、管理联动等方面存在诸多问题，不利于智慧公路建设的深入推进和健康发展。

第二章
内涵与目标

规范和推动智慧公路健康发展,首先应统一对智慧公路概念内涵的认识,并正确把握智慧公路的发展方向和目标。智慧公路的内涵反映了智慧公路的本质属性,正确认识智慧公路的内涵并把握其发展特征,有助于确立科学合理的智慧公路发展目标。而智慧公路的发展目标,不仅应反映对智慧公路本身发展规律的认识,也应体现国家重大战略规划的要求和公路行业高质量发展的客观需要。

第一节 内涵特征

一、概念内涵

智慧公路是指以安全、高效、绿色、经济、韧性为目标,融合应用大数据、云计算、物联网、人工智能等新一代信息技术和智能装备、新材料、新能源等,具有全域感知、泛在互联、融合计算、自主决策、智能协同、服务触达等能力,实现公路建设、运营、养护、服务全寿命周期智慧化的新一代公路系统。

智慧公路的目标要求中,安全是交通发展的核心和根本,包含保障基础设施的安全可靠性和交通运行的安全性;高效是对交通供给效率的要求,提高公路基础设施利用效率、运营管理效率和路网运行通畅水平;绿色是交通发展方式的必然选择,要求公路发展与环境生态和谐、资源节约集约可循环利用,支持绿色出行,实现绿色低碳发展;经济是交通可持续发展的重要要求,强调公路智慧化建设要经济可负担;韧性是交通基础设施高质量运转的根本保障,体现公路基础设施的耐久可靠性和抗风险恢复能力。

智慧公路作为现代公路系统,发展重点是高速公路和重要的普通国省干线。同时,作为创新发展理念和模式,其他非干线公路、农村公路等也应因地制宜、因需施策,通过采用相关技术和装备,逐步实现智慧化。

二、功能特征

不同智慧公路的感知能力、处理能力、管理服务能力的智慧化程度存在差异,因此这里主要体现智慧公路的典型技术特征。不同的智慧公路应结合自身实际需求,合理把握以下功能特征的实现程度。

1. 全域感知

融合多种信息采集手段,实现对人、车、路、环境、事件中的多要素或全要素的实时连续信息的获取,感知公路建设工程过程状态、公路主体及附属设施(包括道路结构、桥梁结构、隧道结构、交通工程及沿线设施,以及收费站、服务区、匝道出入口等重点区域)状态、交通(包括交通流运行、交通事件、车辆个体行为等)状态、环境(包括气象环境、隧道环境、施工场地环境等)状态等。

2. 泛在互联

从公路与公路之间、公路与路域环境之间、公路网与其他三网(信息网、能源网、运输服务网)之间三个角度,实现不同区域公路基础设施之间信息互联、道路基础设施与车和路域环境之间信息互联,以及公路网与信息网、能源网、运输服务网的互联互通。

3. 融合计算

以云计算能力为主要特征,通过云-边-端分布式云部署架构,具备对多类型数据的多样化处理、融合和计算能力,通过多模态数据综合处理,对海量、多源、异构数据实现快速动态、安全可靠的融合计算和开发利用。

4. 自主决策

综合应用计算、仿真、数字孪生等技术,基于海量的数据、丰富的模型算法和强大的算力资源,通过综合分析关键指标和统计数据等,实现预判、预警、比选解决方案等智慧化分析,进而形成数据驱动辅助决策、预决策或自主决策等决策支持能力。

5. 智能协同

实现公路建设、养护、运营、管理、服务各业务之间的智能协同,实现跨层级、跨地域、跨系统的业务智能协同,实现车路协同,实现交通与公安、气象、应急管理、自然资源等部门在相关信息和业务上的协同联动,形成智慧公路和智慧路网的整体管理和服务能力。

6.服务触达

以提升驾驶员及乘客的服务体验为核心,综合利用车载终端、路侧和路面设施等各类服务设施设备,以及交通广播、地图导航等 App、小程序,为用户提供实时、方便、准确、可触达的出行服务,如信息预报、安全预警、应急救援、伴随式出行服务、服务区服务、车路协同自动驾驶服务等。

第二节 总体架构

一、智慧公路系统总体架构

(一)技术架构

智慧公路系统技术架构是基于感知、通信、计算、控制等技术的逻辑架构。以标准规范体系和安全保障体系为支撑,按照"资源层—能力层—应用层—用户层"的构建思路,智慧公路系统技术架构自下而上分为物理资源、操作系统、业务应用和用户四个层次,如图0-1所示。

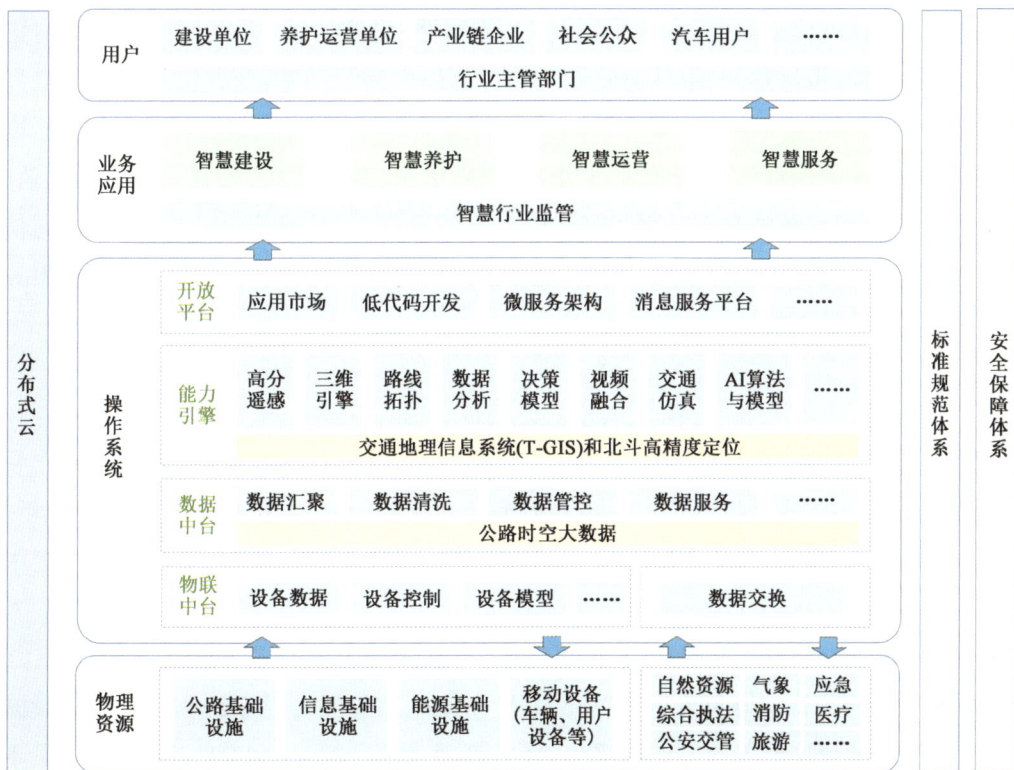

图 0-1 智慧公路系统技术架构图

智慧公路系统技术架构各部分的功能如下。

1.物理资源

物理资源是智慧公路系统的基础,包括公路基础设施、信息基础设施、能源基础设施、移动设备等物理基础设施设备和外部平台。

(1)公路基础设施,包括公路及构筑物、交通安全设施、机电系统、公路服务设施、绿化环保设施等。

(2)信息基础设施,包括光纤网、感知设施、通信设施、边缘计算设施等信息基础设施。

(3)能源基础设施,包括传统大电网、新能源供电设施、微电网供电设施等能源基础设施。

(4)移动设备,包括车辆、用户设备等。车辆包括摄像头、激光雷达、毫米波雷达、车载电子标签(OBU)、控制器局域网络(CAN)总线等车载设备;用户设备包括个人信息设备(如笔记本电脑、平板电脑、智能手机)、可穿戴设备等。

(5)外部平台,包括上级数据中心,以及自然资源、综合执法、公安交管、气象、消防、应急、医疗、旅游等部门相关系统。

物理资源层作为智慧公路系统原始数据的直接来源,通过部署在车辆和基础设施中的感应线圈、加速度传感器、温度传感器、应力传感器、湿度传感器、声音传感器等内置设备,以及视频监控、雷达感知、事件监测设备等外部采集感知设备,全方位采集物理世界资产设施和业务活动的静、动态数据。采集到的公路基础设施、交通运行状态、交通环境状态、公路物资资源等信息,以及上级数据中心、自然资源、综合执法、公安交管、气象、消防、应急、医疗、旅游等系统的数据,通过光纤通信、无线通信、卫星通信、4G/5G等网络通信和数据传输体系,实现物理资源层和操作系统之间的双向数据传输,为上层的决策和服务提供准确、高效的数据支撑。

2.操作系统

操作系统是智慧公路系统技术架构的基础能力平台,是重要的技术支撑。操作系统通过对智慧公路系统物理世界资产设施和业务活动的静、动态数据的融合、处理、分析等,向下实现对公路资产设施设备的数字化管理,向上支撑智慧公路系统各类业务应用和服务。

操作系统由物联中台、数据中台、能力引擎、开放平台等核心模块组成,具体如下:

(1)物联中台。以互联网和通信网络技术为基础,将智慧公路系统物理世界的设施设备接入,对接入的设施设备进行信息采集、标准管理、精准控制与融合联动,打破海量不同设施设备之间的"数据孤岛",实现跨区域、跨行业、跨部门、跨层级设施设备的互联互通。

（2）数据中台。数据中台汇聚了智慧公路系统物理世界资产设施和业务活动的静、动态数据，包括基础地理信息、路基路面、桥梁、隧道、交通工程及沿线设施等静态数据，公路勘察设计、建设管理、养护管理、运行监测、安全应急及政务服务等业务动态数据，以及上级数据中心、自然资源、综合执法、公安交管、气象、消防、应急、医疗、旅游等系统的数据，形成信息全面、融合共享的公路时空大数据。数据中台实现对公路时空大数据的清洗、存储、处理、分析、管理与应用等，支持公路资产管理、质量安全监督、技术状况监测、养护统计分析、安全态势感知、应急指挥调度、养护资金分配、养护绩效评价、可视化应用等。

（3）能力引擎。依托物联中台和数据中台，充分运用交通地理信息系统（T-GIS）、北斗高精度定位、高分遥感、三维引擎、路线拓扑、数据分析、决策模型、视频融合、交通仿真、AI算法与模型等能力引擎，融合公路建设、养护、运营、服务、行业监管等业务流程，构建三维可视化的数字孪生公路应用体系，实现公路要素从物理世界到数字空间的映射。能力引擎层通过对公路数字化资源进行协同管理，实现对公路要素的计算、分析预测、仿真推演和智慧决策等，有效支撑公路建设、养护、运营、行业监管等业务应用和服务。

（4）开放平台。开放平台提供应用市场、低代码开发、微服务架构、消息服务平台等核心技术方案，覆盖接入、融合、计算、开发、创新、共享等建设发展的各个阶段。

3. 业务应用

业务应用为行业主管部门、建设单位、养护运营单位、社会公众、汽车用户等不同类型、不同层级的用户提供面向公路全寿命周期的各类应用和服务。这些应用和服务包括智慧建设、智慧养护、智慧运营、智慧服务、智慧行业监管等，具体如下：

（1）智慧建设，包括勘察设计、建设管理、智慧工地、智能建造等。

（2）智慧养护，包括基础设施智能检测、基础设施智能监测、养护科学决策、高效养护施工、机电设施运维、信息系统运维等。

（3）智慧运营，包括交通运行监控、主动交通管控、特别通行管理、道路安全保障、安全预警、应急响应和指挥调度、收费管理等。

（4）智慧服务，包括准全天候通行保障、出行信息服务、智慧服务区、车路协同、自动驾驶等。

（5）智慧行业监管，是政府行业主管部门对智慧公路建设、养护、运营、服务等全过程的监管。

为社会公众、汽车用户提供的交通信息服务（如出行前的路线规划、在途时的天气、交通拥堵情况、交通事故、临时管制等信息），根据服务需求的不同，可以通过路侧和路面设施（如可变信息标志）、交通广播等发布，也可以直接在计算机、智能手机 App 或者小程序等上发布。

4.用户

用户是智慧公路系统主要服务的对象,包括行业主管部门、建设单位、养护运营单位、产业链企业、社会公众、汽车用户等。

5.保障体系

保障体系为智慧公路系统提供基础支撑和保障,包括标准规范体系和安全保障体系,具体如下:

(1)标准规范体系,包括智慧公路建设、养护、运营、服务全过程标准体系建设。

(2)安全保障体系,包括设施设备安全、数据安全、通信安全、计算安全、应用系统安全等。

(二)部署架构

智慧公路系统采用"物理分散、逻辑协同"的云(中心云)-边(边缘云)-端(路端和车端)分布式云部署架构。分布式云部署架构满足公路网分层管理和跨层级数据交换的需求,具有安全可靠、弹性可扩展、动态切换、实时迁移、开放协同等特点,能够支持多形态(公有云/分布式云/专有云等)、多位置(区域/路段/节点/终端等)部署,可实现多源异构数据的大规模计算,以及跨地域算力资源的互联互通,具备多层级算力资源的统一纳管、智能调度、全局优化等能力,为满足公路行业全时、全天候管理与服务提供保障。

智慧公路系统技术架构为不同等级的智慧公路系统设计提供逻辑参考。智慧公路系统采用统一参考架构,高速公路、普通国省干线、农村公路根据自身业务需求选取不同的部署版本,既有利于数据、算力、应用等的互联互通,也有利于行业主管部门对智慧公路系统的统一建设和统一管理。

智慧公路系统是一个开放的平台,具有可持续扩展、迭代与演进的特征。

二、智慧高速公路系统总体架构

(一)技术架构

相较于普通国省干线和农村公路,高速公路的智慧化建设基础较好,应用场景和服务更丰富。智慧高速公路系统技术架构在智慧公路系统技术架构的框架下,增加了适应高速公路应用场景的建养平台、管控平台、车路协同平台等能力引擎,可以满足高速公路系统中智能建造、智慧工地、智慧养护、收费稽核、路网运行监控、主动交通管控、全天候通行、伴随式出行服务、车路协同、自动驾驶等应用场景的需求。智慧高速公路系统技术架构如图 0-2 所示。

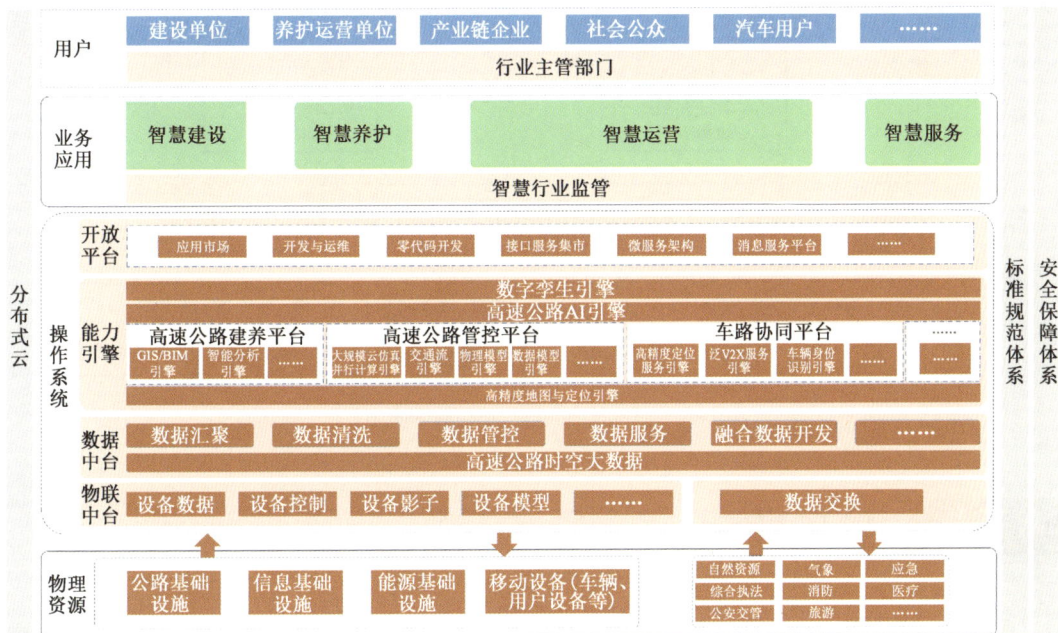

图 0-2　智慧高速公路系统技术架构图

(二)部署架构

智慧高速公路系统按照智慧公路系统部署架构统一部署。其中,端侧主要在桥梁、隧道、收费站等边缘节点部署感知监测等设备,实现对高速公路资产设施和业务活动的静、动态数据的全面感知采集;通过在高速公路沿线部署移动边缘计算设施,将云计算能力拓展到边缘侧,实现数据接入、实时处理、边缘存储、数据转发等;边缘云获取来自端侧及相关支撑系统的高速公路静、动态数据,对获取的数据进行融合、处理、分析等,与中心云相互协同;中心云汇聚各边缘云的高速公路相关数据,构建数据统一汇聚集成、大规模存储、智能分析等协同体系,提供支撑中心级的算力资源服务,与边缘云相互协同。

智慧高速公路系统采用云-边-端协同的分布式云部署架构,实现了云能力的全覆盖,让计算更接近数据。分布式云部署架构能够满足多源异构数据的实时计算与分发,为智慧高速公路多层次的业务场景和服务提供支撑。智慧高速公路系统分布式云部署架构如图 0-3 所示。

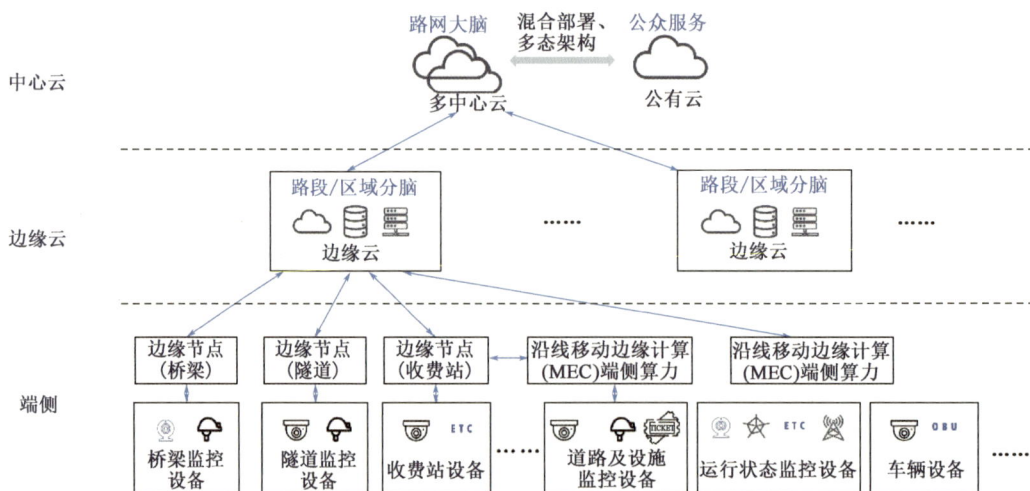

图 0-3　智慧高速公路系统分布式云部署架构图

<table>
</table>

第三节　发展目标

围绕交通强国、科技强国、网络强国、数字中国建设和新型基础设施建设等重大部署，为落实《交通强国建设纲要》《国家综合立体交通网规划纲要》的要求，以及适应国民经济发展的需要，发展智慧公路是我国公路转变发展方式、推动公路交通高质量发展的战略选择。发展智慧公路对提高路网的运行效率、安全保障能力、管理服务水平，促进公路交通绿色低碳可持续发展，加快现代综合交通运输体系构建，带动公路及相关产业（如智能网联汽车、大数据、人工智能、新一代信息技术等）发展，促进数字经济发展意义重大。

一、指导思想

以习近平新时代中国特色社会主义思想为指导，学习贯彻党的二十大精神，牢牢把握交通"先行官"定位，按照新发展理念和建设可持续交通的要求，以高质量发展为主题，以公路数字化、智慧化为主线，坚持目标导向和需求导向相结合，坚持理念创新、科技创新，坚持分类施策、循序渐进，逐步建立完善标准规范体系，加强示范试点，构建协同创新发展生态，推动公路规划、建设、管理、养护、运营、服务数字化转型，推进路网治理体系和治理能力现代化，建成安全、高效、绿色、经济、韧性的具有中国特色、世界一流的智慧公路体系，有力服务人民满意交通建设，助力产业升级和数字经济发展，提升公路在综合交通运输体系和服务国家发展与安全中的作用，为加快建设交通强国提供坚实支撑。

二、基本原则

1. 全网统筹，分类施策

坚持全网"一盘棋"，强化顶层设计和路径规划，明确总体发展目标方向、统一发展路径、统一标准规范体系。同时，鼓励各地从自身实际条件和需求出发，因地制宜、分类施策，制定既符合自身实际又满足总体要求的目标任务。对于高速公路、具备条件的普通干线公路、普通国省道和农村公路，智慧公路建设要坚持分类有别又统筹衔接的发展原则，统筹全国路网建设需求的差异性和发展条件的不平衡等现实特点，分级分类推进建设。

2. 协同共享，一体高效

坚持"一平台融合"，在国家综合交通运输信息平台架构下，建设部省两级的公路网大数据中心和"智慧路网大脑"，实现各类数据深度融合和共享，并与路网管理服务有机融合。坚持"一张网联动"，实现路网全面感知、泛在互联、纵横联动，跨层级、跨地域、跨业务、跨系统、跨部门协同管理和服务。坚持"一体化协同"，既要加强交通与公安、气象、应急管理、自然资源等部门在相关信息和业务上的协同联动，提高"一路多方"整体管理和服务能力，也要保持公路与铁路、民航、水路等其他运输方式的信息互通共享，促进综合交通运输体系构建。

3. 自主可控，迭代演进

智慧公路建设应推动北斗卫星导航、大数据、人工智能、区块链、物联网、云计算等新一代信息技术与公路交通深度融合，要加强基础理论研究，不断提高原始创新能力和集成创新能力，努力实现关键核心技术自主可控。智慧公路建设要加强发展的可延伸性，与发展需求、技术迭代密切衔接，技术发展路线上可迭代、易升级、能兼容，合理预留扩能空间，不同阶段接续实施、不断提升，把握节奏，适度超前。

4. 融合发展，产业带动

智慧公路发展要与汽车、通信、能源等相关产业交叉融合、相互促进、协同发展，带动相关的智能网联汽车、芯片、通信模组、设备制造（如路侧终端、车载终端、激光雷达等）等上游产业，数据服务、系统集成、高精度地图等中游产业，以及运营服务、出行服务等下游产业的经济发展，为做强做优做大公路交通相关数字经济、促进数字技术与实体经济深度融合、催生公路交通运输领域新产业新业态新模式奠定基础。

三、推进路线

我国智慧公路发展的进程分为 2023 年到 2035 年、2035 年到 2050 年两个阶段，按近五年（到 2027 年）、2035 年、2050 年"三步走"推进实施，概括起来为"两阶段三步走"战略推进路线。

第一步，到 2027 年，完善顶层设计，建立健全发展架构体系，解决好重点方向、领域的突出问题，建立标准规范体系，深入开展示范试点，智慧公路建设取得初步成效。"顶层设计，优化架构体系"和"问题导向，破解痛点难点"两条线同时推进，既要绘好蓝图，打好全路网数字化转型的架构体系基础，也要精准施策，通过智慧化手段提升重点公路的安全、效率、服务能力等实效产出。一方面，以"一个数据体系"和"一个平台体系"聚合各类数据资源和业务功能，为公路行业数字化转型和管理效能升级打好框架基础；另一方面，针对道路拥堵频繁、事故易发、封路较多、收费滞缓等公众体验痛点问题和养护不高效等行业管理难点问题，通过智慧化手段，提升道路安全保障能力和通行效率，提升公众出行服务满意度，同时提高路网管理水平，实现降本增效；同时，符合条件的新建公路应按智慧公路的技术路线、相关标准规范开展建设。

第二步，到 2035 年，基本建成智慧公路网体系，路网智慧化水平达到世界一流。实现智慧公路技术在路网广泛应用、数智驱动管理服务能力全面提升，创新驱动成效显著，建成区域级智慧路网，公路在综合运输体系中的基础、骨干作用更加明显。从"智能应用，路网广泛覆盖"和"数智驱动，管理全面升级"两个维度同时推进，实现智慧化建造在新建高速公路和普通国省道范围内的全面普及，通过智慧路网云控平台实现智能监测、管控、服务在高速公路和普通国省道范围内的全面覆盖；同时，依托公路网大数据中心和数据资源体系，深化数据治理，驱动路网管理流程优化再造和全面转型升级，推进路网管理、养护等决策科学化、智能化，在自由流收费、车路协同、自动驾驶、基础设施全周期数字化方面实现管理模式创新突破，公路安全保障和效率提升能力大幅提高，养护成本大幅降低。

第三步，到 2050 年，全面建成智慧公路网体系，智慧公路技术世界领先。智慧公路技术支持公路全要素、全场景、全天候、全周期应用，关键技术全面自主可控，智慧公路及其相关产业对国民经济社会发展贡献显著。

四、发展目标

1. 近五年目标

到 2027 年，完善顶层设计，建立完善标准体系，拓展推进示范应用，逐步化解当前路网运行中的"三重一突出"问题，并实现相关具体目标。

（1）重点区域实现"保安全，疏拥堵，强服务"

对四大城市群（长三角城市群、珠三角城市群、京津冀城市群和成渝城市群）地区的重点公路或路网，如主干道、易拥堵道路，实现精准感知、精准管控、快速应急响应等，建设区域级智慧路网,形成跨路段、跨区域、跨部门的协同管控和整体服务能力,实现一体化运行;对高风险区域的路段(包括恶劣天气高影响、自然灾害多发、事故易发、历史事故多发等路段),通过智慧化的监测、预警、引导等手段,安全保障能力有效提升,道路交通事故率明显下降;对高速公路在城市出入口、城镇过境和主通道的易拥堵路段,通过智慧扩容等手段,拥堵情况得到有效缓解,通行能力提升 10% 以上。近五年重点区域智慧公路发展目标或重点见表 0-5。

近五年重点区域智慧公路发展目标或重点　　　　　　　　表 0-5

重点区域	建设对象	智慧化建设目标或重点
城市群地区	长三角、珠三角、京津冀和成渝城市群地区的重点公路或路网(主干道或易拥堵道路等)	实现精准感知、精准管控、快速应急响应等,建设区域级智慧路网,形成跨路段、跨区域、跨部门的协同管控和整体服务能力,高效发挥"一路多方"的整体管理效能,实现一体化运行,大幅提升交通安全水平和路网运行效率
高风险区段	恶劣天气高影响路段,如团雾、积雪、冰冻多发路段	道路环境气象监测,恶劣天气安全预警和行车诱导,如消冰融雪、车辆限速管制、雨雾天气车道级行车诱导安全提醒等全天候通行保障措施
	自然灾害多发地区的重点路段,如塌方、滑坡、泥石流、水毁易发路段	灾害监测和预警,设施结构安全监测和预警,被毁工程快速恢复
	事故易发路段,如连续长陡下坡、急弯陡坡、穿村过镇、临水临崖、匝道合流等路段	交通安全警示信息发布和安全诱导服务
	历史事故多发路段,如近三年发生三起以上交通事故的路段	交通安全警示信息发布和安全报警、诱导服务
易拥堵区段	城市出入口、城镇过境的高速公路易拥堵路段	临时开放应急车道、匝道管控、特别通行管理(如潮汐车道)等智慧扩容措施,道路通行能力提升 10% 以上
	高速公路主通道易拥堵路段	临时开放应急车道、匝道管控等智慧扩容措施,道路通行能力提升 10% 以上

(2)重要通道实现"强衔接、重配套、优功能"

对国家综合立体交通网主骨架中的公路通道,新建项目、改扩建项目与在役公路同时推进智慧化建设,新建项目实现全寿命周期 BIM 应用,改扩建项目实现"改扩建—运营养护"全链条数字化运行管理与服务和智慧保通保畅,在役公路有序推进公路基础设施全要素全周期数字化;重点运输通道实现全天候、全要素、全过程实时监测,综合应用车道级管控、特别通行管理、恶劣天气安全保障等措施,通道通行速度和通行能力有效提升,实现准全天候通行;一些具备条件的繁忙通道实现车路协同,为驾驶员提供精准安全提醒和信息诱导等服务;主骨架高速公路快充网络有效覆盖;重点区域及若干主通道实现出行服务智能化、个性化、便利化。公路主骨架智慧化建设,应推进数字化、智能化设施设备跨省(自治区、直辖市)统筹布局、统一标准、同步建设,具备协同管理和整体服务能力。近五年重要通道智慧发展目标或重点见表 0-6。

近五年重要通道智慧发展目标或重点　　　　　　　　　　　表0-6

重要通道	建设对象	智慧化建设目标或重点	跨省(自治区、直辖市)协同
国家综合立体交通网主骨架中的公路通道	新开工项目（包括新建及改扩建项目）	实现全寿命周期BIM应用，推动与BIM、路网感知网络同步规划建设，将采集信息基础设施纳入公路工程统一规划建设；推广数字化勘测，推进智能建造，实施重大工程数字化监管；改扩建工程实现"改扩建—运营养护"全链条数字化运行管理与服务，通过智慧保通保畅，保障施工期间的道路通行服务和安全保障水平	数字化、智能化设施跨省（自治区、直辖市）统筹布局、统一标准、同步建设，具备协同管理和整体服务能力
	在役干线公路	增强在役基础设施检测监测、评估预警能力；结合建设期BIM成果及养护大中修工程，通过数字扫描技术的应用，有序推进公路基础设施全要素全周期数字化，感知、传输、计算等设施与交通基础设施协同融合建设；实现基础设施养护管理全流程数字化，数字化路况检测、养护施工、养护决策水平及防灾应急能力显著提升；加强交通基础设施性能提升改造技术应用；公路运行效能、服务水平和保通保畅能力全面升级	
	重点运输通道	实现全天候、全要素、全过程实时监测，布设感知设备，实现视频、气象、事件检测等信息联网汇聚，提升应对特殊天气、突发事件能力；综合应用车道级管控、特别通行管理（如客货分离）等措施，通道通行速度和通行能力有效提升；综合应用恶劣天气安全保障、集约化养护作业等措施，实现准全天候通行，大幅减少封路情况	
	一些具备条件的繁忙通道	实现车路协同，为驾驶员提供精准安全提醒和信息诱导等服务，通行效率和安全保障能力大幅提升	
	重点区域及若干主通道	出行服务智能化、个性化、便利化，提升公路服务水平和满意度	
	能源供给	快充网络有效覆盖	

（3）重大构造物实现"全过程的全测、全控、全防"

对以跨江、跨海、跨峡谷桥梁为重点的重要桥梁，实现桥梁结构健康状况和交通运行状态实时监测全覆盖，强化安全隐患排查和风险管控，实现关键信息主动安全预警，跨航道桥梁实现船舶防碰撞主动预警；对以长大隧道为重点的重要隧道，实现实时监测全覆盖，关键信息主动安全预警，提升监测预警和应急处置能力，其中一些具备条件的长大隧道，具备数字孪生及相应智能运行和安全响应应急处置能力；对高边坡及支挡结构等重点构造物，实现结构安全监测和灾害风险防控。近五年重大构造物智慧发展目标或重点见表0-7。

近五年重大构造物智慧发展目标或重点　　　　　　　　　　　表0-7

重大构造物	建设对象	智慧化建设目标或重点
重要桥梁	以跨江、跨海、跨峡谷桥梁为重点的重要桥梁，包括大跨径桥梁、双层桥梁、交通繁忙桥梁、高役龄桥梁等	实现桥梁结构健康状况和交通运行状态实时监测全覆盖，强化安全隐患排查和风险管控，实现关键信息主动安全预警，跨航道桥梁实现船舶防碰撞主动预警
重要隧道	以长大隧道为重点的重要隧道或隧道群	实现实时监测全覆盖，关键信息主动安全预警，提升结构灾害、机电故障、交通事故及周边环境风险等监测预警和应急处置技术应用水平；强化隧道机电设施智能运维功能
	一些具备条件的长大隧道、交通繁忙隧道	具备数字孪生及相应智能运行和安全响应应急处置能力，设施安全防护和道路安全应急保障能力大幅提升
其他重点构造物	高边坡及支挡结构等	实现结构安全监测和灾害风险防控

（4）着力化解路网普遍存在的突出问题

公路网普遍存在的突出问题包括应急响应不够快、封路多、收费滞缓、服务区体验不到位等用户体验痛点问题，以及重点营运车辆监管不到位、养护效率不高、管理服务信息壁垒导致业务协同难等管理问题。通过应急指挥智能协同、全天候通行保障、准自由流收费、"两客一危"车辆精准监控、数字化智能化养护管理等技术，高速公路和具备条件的国省道有序实现"全天候、秒过站、快响应"的道路通行保障服务、人性化的服务区服务和经济高效的养护管理，重点营运车辆安全监控水平有力提升，并打造部省两级的集监测、调度、管控、应急、服务于一体的智慧路网云控平台。近五年化解路网突出问题的发展目标或重点见表0-8。

近五年化解路网突出问题的发展目标或重点　　　　　　　　　表0-8

突出问题		智慧化建设目标或重点
用户体验痛点问题	突发事件应急响应不够高效	实现交通突发事件信息的精准推送；综合应用智能化应急响应、救灾救援技术和"一路多方"协同平台等，实现重大事件和事故的应急处置效率和能力大幅提升；准确定位车辆位置，推广"一键式"智能应急救援服务
	天气、养护原因造成道路封堵	推广全天候通行保障，实现雪天、雾天安全风险分级管控和保障，降低因天气封路的频次和时长；推广集约化、机械化高效养护作业，降低因养护封路的频次和时长
	收费滞缓不够高效	通过云收费技术，以及预收费和强化信用管理等手段，推广收费站准自由流收费；推广收费站少人化或无人化管理，推广无人自助缴费
	服务区体验不到位	服务区推广智慧停车、智慧加油/充电、智慧洗车、智慧餐饮、智慧救助等，实现相关服务信息预报和线路诱导；鼓励提供免费Wi-Fi、住宿预订等多元服务内容；推进服务功能使用便捷化、支付方式多样化、设施设备运行绿色化；具备条件的服务区建设服务区综合信息平台，推动实现大数据在运营管理、安全应急、信息服务等方面的应用
路网管理难点问题	重点营运车辆监管不到位	基于北斗卫星导航系统等，对"两客一危"车辆实现实时监控、风险预判、主动预警等，提高重点营运车辆的安全监管水平，大幅降低重特大交通事故发生概率
	养护效率不高，养护资金紧张	整合建立公路综合养护系统，推进实现精准化、长效化的科学养护决策；基于人工智能、物联网的自动化、巡查、无人机巡查、长期性能跟踪、养护质量管理等软硬件系统装备，推广自动化、智能化的公路技术状况检测和养护施工，鼓励精准化、轻量化、低成本、环保型路况检测感知装备研发，提升养护作业的快速化、自动化、智能化水平，实现养护效率大幅提升，养护综合成本大幅下降
	管理服务信息壁垒导致业务协同难	聚合公路领域各类数据资源，打造公路网大数据中心，并以"一个平台"的视角，整合各类信息平台，打造集监测、调度、管控、应急、服务于一体的智慧路网云控平台，建设"智慧路网大脑"（即路网监测调度中心），提升路网智能感知、决策、调度、服务能力

（5）开展一批智慧公路示范工程

在东、中、西部地区，选择若干典型高速公路，在以下方面开展智慧高速公路示范：新建项目全寿命周期BIM应用，改扩建项目智慧保通，重要通道全天候通行保障，城市群地区智慧路网协同管控，高速公路拥堵路段智慧扩容，繁忙通道车道级主动控制，长大桥梁和繁忙桥梁结构健康监测，长大隧道数字孪生综合监控，"一路多方"快速应急响应，

"两客一危"车辆安全监管,科学高效智能养护,准自由流收费,无人收费站,智慧服务区,省级公路网大数据中心,省级智慧路网云控平台;选择若干典型普通国省道,在全天候通行保障、科学高效智能养护、繁忙桥梁健康监测、路网云控监测、智慧服务区等方面开展智慧国省道示范;选择若干典型农村公路,在管养智能化管理平台建设和交通安全保障能力建设等方面开展智慧农村公路示范。总结梳理示范工程成果,形成高速公路、普通国省道和农村公路不同类型智慧公路建设的标准规范体系,规范有序推进智慧公路的建设发展。

2. 2035 年目标

到 2035 年,基本建成智慧公路网体系。建成部省两级的公路网大数据中心和"智慧路网大脑",通过智慧路网云控平台,实现智能监测、管控、服务对全国高速公路和普通国省道全面覆盖,对农村公路广泛覆盖,公路智慧化的建设、养护、管理、服务得到大范围应用,大幅提升我国公路运行效率、安全保障水平和服务能力。国家综合立体交通网规划中的公路骨干部分及国家公路、城市群的主要通道建成智慧公路,具备条件的城市群路网建成智慧路网,实现公路建设、养护、运营、管理、服务全过程的数字化、网络化、智能化水平大幅提升,用户满意度普遍提高,智慧化水平达到国际一流水平。其他普通国省道和农村公路实现智慧化水平有效提升。

(1)数字化转型成效明显

数字基础设施迭代升级,国家综合立体交通网主骨架中的公路基础设施基本实现全要素全周期数字化,四大城市群路网全面建成智慧路网并实现协同管控和服务,重大桥隧具备数字孪生及相应智能运行和安全响应应急处置能力。数据资源广泛互联共享,建成部省联网的公路大数据中心和公路基础数据库,整合行业各类数据资源,实现多源数据深度融合和智能分析,高效辅助科学决策。数字化应用场景丰富,BIM 设计、智能建造、智慧路网云控平台、全周期预防性养护、自由流收费、车路协同、自动驾驶、伴随式出行服务等数字化、智慧化场景得到推广,大数据在公路全周期各环节实现规模应用,持续优化公路设计、建造、管理、养护、服务全过程,推动生产方式变革。

(2)科技创新应用全面增强

大数据、云计算、物联网、卫星通信技术、高分遥感卫星、人工智能及大模型等技术在公路行业广泛应用、融合迭代,北斗高精度基础服务网基本覆盖全国高速公路和普通国省道。北斗终端、智能网联汽车(智能汽车、自动驾驶、车路协同)、智能化通用航空器、智能服务终端、自动化作业设备等智能装备规模化应用。智能建造、自由流收费、车路协同、自动驾驶、新能源、定位导航服务等领域的关键核心技术实现自主可控,三维图形数字引擎平台、倾斜摄影、基于国产 BIM 图形平台的正向设计软件、项目管理及智慧运维软件、机电设施操作系统实现自主研发,国产化软件及设施设备大规模应用,部分技术标准向国际智慧公路领域推广,具备较强的国际竞争力。

（3）路网运行效率显著提升

城市群地区易拥堵路段、高速公路主线易拥堵路段全面实施智慧扩容,通过能力提升20%以上。重点区域及国家高速公路主通道实现车道级管控,车辆通行速度显著提升。具备条件的重要运输通道实现车路协同辅助驾驶,通行安全和效率水平大幅提升,个别通道支持货车自动驾驶编队运行。快速化、集约化、自动化、智能化养护作业和科学养护决策大规模实施,养护的时间成本、人力成本、资金成本大幅降低。

（4）安全应急能力显著提升

全国干线公路网基本具备准全天候通行保障能力,具备条件的通道实现全天候通行。综合应用智能化应急响应、救灾救援技术和"一路多方"协同平台等,突发事件和事故,尤其是重特大事件和事故的应急处置效率和能力大幅提升。基于公路基础设施监测预警体系和自然灾害综合风险相关数据构建的公路综合风险"一张图",实现全部高速公路和重点国省道的路网风险辨识和应急管理智能化。

（5）公众出行体验显著改善

城市群地区和重要通道的道路拥堵情况大幅缓解,因养护或天气原因封路的情况大幅减少。具备条件的地区全面实现自由流收费。智慧服务区功能完备,服务便利,全国高速公路服务区充电停车位占比不低于20%（高寒高海拔地区除外）。通过丰富伴随式出行服务的渠道和内容等,公众对公路出行服务的满意度大幅提升。

（6）治理效能大幅提升

省级智慧路网云控平台建设覆盖率达到100%,且全部实现部省联网,实现对全国高速公路和普通国省道运行状态的全面精准监测与管控调度,其中,部省站三级调度体系实现全天候实时会商调度、快速协同。不设站的新一代公路智能税费征收系统支撑自由流收费广泛应用。部省两级公路综合养护系统实现对路网资产养护管理的全面掌握和科学研判。部省两级农村公路数字化综合监管体系实现农村公路"一张图"管理,支撑农村公路高质量实现"四好"目标。

（7）"四网融合"更加紧密

建成"四网融合"的综合基础设施供给网络,实现公路基础设施网、能源网、信息网的全面感知、即时互联、精准管控和智能调度。公路沿线基本形成以大电网供给为主体、分布式光伏为补充,非化石能源消费比例逐渐提高的新型电力系统;高速公路和重要的国省干线公路基本实现智慧能源管控。

（8）智慧公路及相关产业经济形成规模

智慧公路及相关上中下游产业规模巨大,为国家数字产业经济发展作出突出贡献。

3. 2050 年目标

到 2050 年，全面建成智慧公路网体系，智慧化融合实现全要素、全场景、全天候、全周期覆盖，车路云一体的自动驾驶实现规模应用，智慧公路先进技术全面应用，关键技术全面自主可控，通道运能实现突破，路网安全水平和运行效率大幅提升，智能建造、智慧养护、智慧运营、智慧服务发展水平位居世界前列，智慧公路技术处于世界领先水平。智慧公路有力服务人民满意交通建设，在综合交通运输体系和服务国家发展与安全中的作用显著，对产业发展的带动作用显著，为加快建设交通强国提供坚实支撑。

第四节　分级分类

我国路网规模大、层次多、分布广，由于各地经济发展水平不同、人口密度和产业布局不同、综合运输体系结构不同，推进全国智慧公路发展既要加强顶层设计、全网统筹，又要坚持分级分类、差异化发展，切忌"贪高求全""一哄而上"。从各地的探索实践看，分级分类是实现智慧公路健康有序发展的重要途径。

智慧公路的总体架构和建设目标回答"智慧公路要建什么"，智慧公路的分级分类则更精准地针对具体公路，回答"谁该建什么"，这也是当前智慧公路无序化发展的主要矛盾之一。不同公路的智慧化建设目标和内容应有不同，应密切结合自身实际需求和条件，"靶向施策""量体裁衣"，且建设目标和内容可随着公路自身及其环境发展变化做相应调整，不搞全国"一刀切"和建设模板单一化、固定化。

一、指导思想

智慧公路的分级分类，应坚持需求导向和目标导向相结合，坚持因路施策、循序渐进的发展理念，按照"需求分类、能力分级、需能匹配"的原则，综合考虑公路的交通区位、路网中的作用、交通需求、发展条件等进行公路智慧化建设需求分类，基于感知能力、数据分析处理能力、管理服务能力的智慧化程度进行智慧能力分级，将智慧能力等级匹配公路需求类型，为科学制定公路智慧化建设目标提供遵循。

二、智慧公路分级分类模型框架

研究提出智慧公路分级分类和评价的模型框架包括分层、分类、分级、评价四个部分，可概括为"三分一评"。

1. 分层

根据公路不同的技术条件基础和建设管理模式，分为高速公路、普通国省道、农村公路三层,即公路"三张网"。

2. 分类

公路需求类型反映了公路自身安全效率问题的复杂程度和智慧化建设需求的强烈程度,体现了智慧公路建设的问题导向、需求导向原则。基于公路在路网中的作用地位、交通流量、安全风险程度等差异,对公路进行智慧化建设需求强度分类。需求强度从高到低依次划分为一类、二类等。其中,高速公路分为三类,普通国省道、农村公路均分为两类。

3. 分级

智慧能力等级反映了公路各业务功能达到的智慧化程度。基于基础支撑、智慧建设、智慧运营、智慧养护、智慧服务五大业务场景及其下设的若干具体功能模块,按照不同智慧等级的功能内容要求,提出每一等级相应的一系列建设项目。建设项目分为基本项目和选择项目,基本项目要求必须具备,选择项目要求具备一半以上。基本项目规定了智慧化必须建设内容的级别推进顺序,选择项目给予了公路根据自身需求特点选择发展侧重和特色的自主空间,两类建设项目兼顾公路智慧化建设的统一性和灵活性。智慧等级从高到低依次划分为一级、二级等。其中,高速公路分为五级,普通国省道分为三级,农村公路分为二级。

4. 评价

智慧化发展评价反映了公路智慧化建设的能力水平与智慧化建设需求强度的匹配度或适应度。该匹配度越高,则智慧化发展评价越高。按照智慧能力建设匹配公路实际需求的原则,高等级智慧能力应匹配高需求类型公路,低等级智慧能力可匹配低需求类型公路。智慧公路分级分类匹配关系示意如图0-4所示。

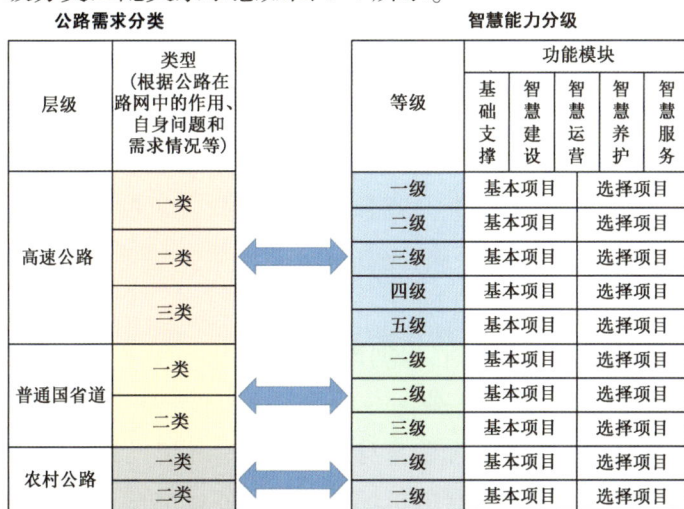

公路需求分类		智慧能力分级					
层级	类型（根据公路在路网中的作用、自身问题和需求情况等）	等级	基础支撑	智慧建设	智慧运营	智慧养护	智慧服务
高速公路	一类	一级	基本项目		选择项目		
高速公路	二类	二级	基本项目		选择项目		
高速公路	二类	三级	基本项目		选择项目		
高速公路	三类	四级	基本项目		选择项目		
高速公路	三类	五级	基本项目		选择项目		
普通国省道	一类	一级	基本项目		选择项目		
普通国省道	二类	二级	基本项目		选择项目		
普通国省道	二类	三级	基本项目		选择项目		
农村公路	一类	一级	基本项目		选择项目		
农村公路	二类	二级	基本项目		选择项目		

图0-4　智慧公路分级分类匹配关系示意图

例如,某高速公路一类公路(如长三角城市群某条重要公路通道,属于国家综合立体交通网公路主骨架,车流量大、拥堵频繁、团雾多发、事故易发,且公路桥隧比高),在路网中作用突出、地位重要,交通安全、通行效率问题突出,智慧化建设需求强烈。该公路的智慧能力建设只有达到最高级或次高级水平(一级或二级)才能适应需求,智慧化发展才能得到较高的评价。

又如,某高速公路三类公路(如西部地区某地方高速公路,车流量少,气象和地质风险小,事故风险低),在路网中的重要性一般,交通安全、通行效率问题也不突出,则该公路的智慧能力建设达到较低水平(四级或五级)即可适应需求,智慧化发展也可以得到较高的评价。

三、智慧高速公路分级分类模型设计

考虑高速公路是智慧公路建设的主战场,从智慧公路的建设基础和投资保障而言具有明显优势,也是各地智慧公路建设投入和建设问题集中的领域,应当作为分级分类指导的入口和主抓领域。因此,应加强和优先对高速公路进行分级分类指导。普通国省道和农村公路智慧化分级分类可参考开展。

(一)高速公路分类

基于高速公路在路网中的作用地位、交通流量、安全风险程度等差异,综合考虑设置以下影响因素及指标:①在路网的作用地位,包含是否属于国家综合立体交通网主骨架、是否处于重大城市群等指标;②交通流状态,包含道路拥堵等级、不均匀系数等指标;③安全风险,包含桥隧比、恶劣天气、地质灾害、长陡下坡、穿村过镇、临水临崖、急转弯、匝道合流等情况,以及历史交通事故率、基础设施役龄及健康状态等指标;④其他特征需求,包含是否连接特大城市、千万级机场、亿吨级港口、AAAA 级以上旅游景区等指标。按照总分百分制,对各影响因素及其指标分别分配满分分值。

总分为 100 分,按分数区间划分出一类、二类、三类高速公路。高分段是一类高速公路,是高速公路智慧化建设的重点公路,交通区位重要、车流量大、事故风险高,智慧化建设需求最强;中分段是二类高速公路,是高速公路智慧化建设的次重点公路,智慧化建设需求强度其次;低分段是三类高速公路,是高速公路智慧化建设的一般公路,智慧化建设需求强度最次。

对具体高速公路进行类别测算时,根据该公路的各项指标得分进行加总,将总得分对照不同分数区间,得到对应的公路类别。

应注意,高速公路的类别划分,随着自身发展或周围环境发展可能会发生变化。如公路交通流量提升、交通事故增多、连接的机场或港口业务量增长、连接新设的旅游景区等,都会带来公路类型得分的提升,引起公路类别改变。

(二)智慧能力分级

1.分级方法

以业务场景为分级维度,设置了基础支撑、智慧建设、智慧运营、智慧养护、智慧服务五大应用场景,下设若干具体功能模块,各功能模块按照不同等级的智慧化水平,提出相应的一系列建设项目,包括基本项目和选择项目。高速公路智慧化建设要达到某一等级,要求相应等级的基本项目必须全部具备,选择项目可根据自身需求侧重自行组合,要求具备50%以上。高速公路智慧能力分级示意见表0-9。

高速公路智慧能力分级示意 表0-9

智慧能力分级		一级		二级		三级		四级		五级	
		基本项目	选择项目	基本项目	选择项目	基本项目	选择项目	基本项目	选择项目	基本项目	选择项目
基础支撑	环境感知										
	融合通信										
	云平台										
	边缘计算设备设施										
	能源管理										
	数字地图										
	信息安全										
智慧建设	勘察设计										
	建设管理										
	智慧工地										
	智慧建造										
智慧运营	路网监测										
	交通管控										
	安全保障										
	应急响应										
	智能收费										
智慧养护	路面智慧检测										
	结构健康监测										
	智能养护决策										
	智能养护作业										
智慧服务	信息服务										
	救援服务										
	智慧服务区										
	车路协同										

2.分级描述

高速公路的智慧能力分为五级，从高到低分别为一级、二级、三级、四级、五级。一级属于自主智慧，二级、三级属于协同智慧，四级、五级属于基本智慧。从感知能力、道路信息处理能力、管理能力、服务能力的智慧化水平来划分和描述不同智慧等级，如图0-5、表0-10所示。

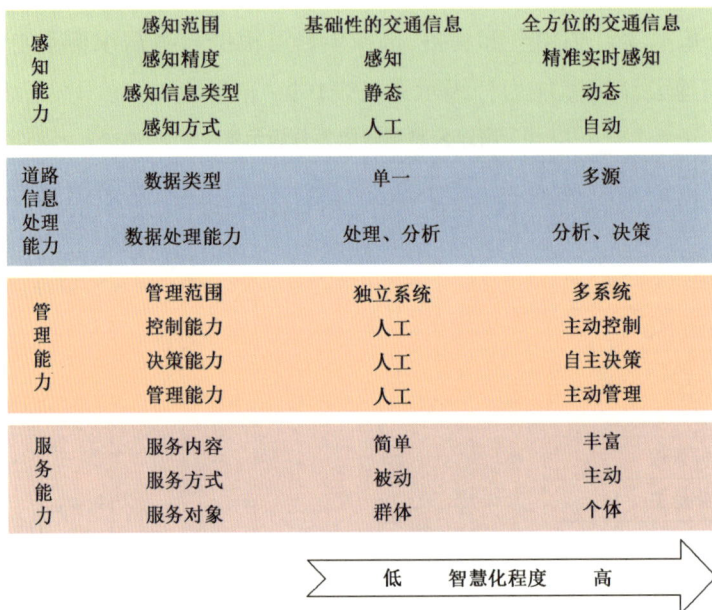

图0-5　智慧化能力从低到高示意图

注:感知能力从感知范围、感知精度、感知信息类型、感知方式四个维度衡量;道路信息处理能力从数据类型、数据处理能力两个维度衡量;管理能力从管理范围、控制能力、决策能力、管理能力四个维度衡量;服务能力从服务内容、服务方式、服务对象三个维度衡量。

高速公路不同智慧化程度表　　　　　　　　　　　表0-10

分类	感知能力	道路信息处理能力	管理能力	服务能力
自主智慧	精准实时感知人、车、路、环境、事件等全方位的静态道路信息、动态交通信息;感知方式以自动感知为主、人工感知为辅	具备对跨层级、跨地域、跨系统、跨部门、跨业务数据的分析和决策能力	主动管理与控制;具备跨区域、跨层级、跨业务的协同管理服务体系,具备自主决策的建设、管理、养护、运营、服务决策能力;管理以主动管理为主、人工为辅	主动提供全方位、多渠道、伴随式、不间断、全流程的交通信息服务,支持高度自动驾驶
协同智慧	实时感知人、车、路、环境、事件等交通信息,感知信息以静态道路信息、动态交通信息为主;采用自动感知与人工感知相结合的感知方式	具备多源数据融合处理、分析和预测能力	协同管理与控制;具备集建设、管理、养护、运营于一体的综合管理服务体系,具备部分智能科学决策的建设、管理、养护、运营、服务决策能力;管理以协同管理为主、人工为辅	主动提供基础信息资源和个性化的交通信息服务,支持有条件的自动驾驶

分类	感知能力	道路信息处理能力	管理能力	服务能力
基本智慧	具备对人、车、路、环境、事件等基础性的交通信息感知能力,感知信息以静态道路信息为主、宏观动态交通信息为辅;感知方式以人工感知为主、自动感知为辅	具备对单一系统数据处理和分析的能力	智能管理;具备独立的建设、管理、养护、运营、服务等应用系统;管理以人工决策为主、智能管理为辅	提供多渠道的交通信息服务,支持辅助驾驶

(1)自主智慧

具备精准实时感知人、车、路、环境、事件等全方位的交通信息的能力,支持对跨层级、跨区域、跨系统、跨部门、跨业务数据的分析和决策;支持主动管理与控制,具备自主决策的建设、管理、养护、运营、服务决策能力;为用户主动提供全方位、多渠道、伴随式、不间断、全流程的交通信息服务,支持高度自动驾驶;管理和服务以系统智慧为主、人工为辅。

(2)协同智慧

具备实时感知人、车、路、环境、事件等交通信息的能力,支持多源数据融合处理、分析和预测;支持协同管理与控制,具备部分智能科学决策的建设、管理、养护、运营、服务决策能力;为用户主动提供基础信息资源和个性化的交通信息服务,支持有条件的自动驾驶;管理和服务以人工和系统智慧相结合的方式为主。

(3)基本智慧

具备对人、车、路、环境、事件等基础性的交通信息感知能力,支持单一系统数据处理和分析;具备独立的建设、管理、养护、运营、服务等应用系统;为用户提供多渠道的交通信息服务,支持辅助驾驶;管理和服务以人工为主、系统智慧为辅。

(三)智慧化发展评价

公路智慧化发展评价反映了公路智慧化建设的能力水平与智慧化建设需求强度的匹配度或适应度。可用公路的智慧能力等级得分与需求类型得分的比值来表征匹配度,若该比值接近于1,说明该公路智慧能力建设较好匹配其发展需求,智慧化发展评价也较高。一般来说,高需求类型高速公路应具备高等级智慧能力,低需求类型高速公路可具备低等级智慧能力。应注意的是,若该比值过高,即远大于1,说明该高速公路的智慧化建设水平超出当前自身实际需求较多,可能存在过度超前建设的情况。

CHAPTER THREE

第三章
主要建设内容

　智能建造

一、概念和特征

1. 概念

智能建造是指充分利用新一代信息技术和智能装备，通过技术创新和管理创新对公路建造过程实施有效改进和管理的一种管理理念和模式，通过设计理念与方法创新、核心建造技术及装备研发、协同管理平台构建，提升建造过程的管理水平，减少对人依赖导致的不确定性，提高公路工程的经济合理性和质量可靠性。

2. 特征

自动化设计：综合考虑设计、施工、管养全寿命周期多因素评估，基于多源头经验知识汇集、多目标优化科学决策等传统设计经验和丰富的专业构件库、标准化参数设计，研究自动化设计系统，实现工程设计成果快速自动生成，大幅提升设计效率。

智慧工地：通过整合和创新工程现有信息化技术，利用大数据、物联网、人工智能等信息技术，围绕人、机、料、法、环五要素，建立互联协同、智能生产、科学管理、智能监测与检测的工程信息化生态圈，提高工程生产效率和质量水平。

工厂化建造：通过采用构配件定型生产的装配施工建造方式，按照统一标准定型设计，在预制工厂内生产各种公路桥梁构件。待构件满足要求后，运输到项目现场，在现场以机械化方式进行装配施工，提高施工效率。

数字化交付：通过数字技术，将设计、加工、施工、交竣工等阶段的数据、报告及工程模型统筹整合，进行标准化处理，打造数字化交付平台，提高工程实施效率，积累工程数据资产，最终与工程实体同步交付。

二、发展目标和思路

1. 总体目标

充分利用 5G、大数据、人工智能等数字化技术，以数字化、智能化升级为动力，创新突破智慧化建造核心技术，加强智能建造技术在公路工程建设各环节的应用，实现公路工程建设全过程智能化升级，提升工程建设效益、质量，降低工程建设能耗、碳排放，为迈入智能建造世界强国行列提供支撑。

2. 具体目标

近五年（到 2027 年），提升勘察设计自动化水平，建立基于 GIS + BIM 的数字孪生设计场景，打通不同设计软件之间的数据壁垒，实现协同化设计，研发自动化设计软件。推动新一代信息技术与现代工程管理融合，将先进技术渗透至施工生产和管理的各个环节，提升施工资源优化配置能力，实现"智慧工地"系统应用覆盖重点工程。

到 2035 年，建立智能建造政策体系和标准规范体系，自动化设计软件全面推广，建立高效的智能设计流程，"智慧工地"系统全面应用，智能建造技术、装备取得突破性进展。

到 2050 年，公路智能建造全面实现，安全、质量水平全面提升，劳动生产率明显提高，能源消耗和污染排放量大幅下降，产业整体优势明显增强，公路智能建造核心竞争力位居世界前列。

3. 发展思路

在充分调研国内外智能建造发展现状的基础上，系统总结当前公路智能建造存在的问题和需求，坚持以数字化为核心，贯穿建设全过程，统筹兼顾智能建造需求与问题导向，通过标准规范制定设计、勘察设计软件研发、数字化管理平台搭建、建造技术创新推广、设施设备创新研发等路径措施，构建数据驱动、绿色经济的智能建造体系，探索形成可复制可推广的建造模式，提高公路工程建造环节的效率和品质，为智慧公路全寿命周期提供数字底板。

智能建造技术在推进过程中，综合考虑成本、技术复杂性等因素，优先在公路重大工程上应用，积累经验。待技术成熟后向高速公路、普通国省干线公路及农村公路重点工程推广。

三、总体架构

智能建造总体架构分为物理资源、操作系统、业务应用、标准规范体系和安全保障体系，各部分内容如图0-6所示。

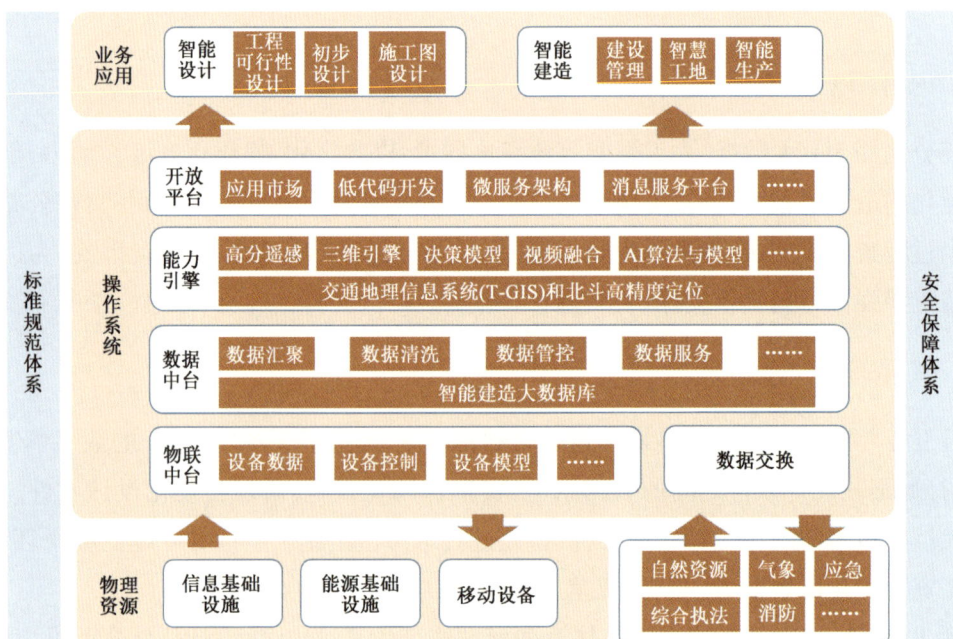

图0-6　公路智能建造总体架构示意图

1. 物理资源

信息基础设施：主要包括感知设施、通信设施、边缘计算设施等。

能源基础设施：主要包括传统大电网、新能源供电设施、微电网供电设施等。

移动设备：主要包括笔记本电脑、平板电脑、智能手机、可穿戴设备等。

2. 操作系统

物联中台：通过互联网和通信网络技术，将物理世界的设施设备接入，主要包括设备数据、设备控制、设备模型等。

数据中台：汇聚了物联中台和外部平台等所有的原始数据，形成智能建造大数据库，并对大数据库进行数据清洗、数据管控，并能提供相应的数据服务。

能力引擎：依托物联中台和数据中台，通过交通地理信息系统（T-GIS）、北斗高精度定位、高分遥感、三维引擎、视频融合、AI算法与模型等能力引擎，形成公路建造的智能监测检测、自动生产等。

开放平台:基于现状需求,开发相应的智能建造服务应用程序。

3.业务应用

智能设计:基于操作系统的物联中台、数据中台、能力引擎,实现工程可行性设计、初步设计、施工图设计的智能化、自动化。

智能建造:基于操作系统的物联中台、数据中台、能力引擎、开放平台,实现项目建设管理信息化、智慧化,实现智慧工地和智能生产。

4.标准规范体系

标准规范体系包括智能建造相关的国家及行业政策、标准、规范等内容。

5.安全保障体系

安全保障体系包括通信网络安全、数据安全、计算环境安全等内容。

四、重点任务

1.建立健全智能建造标准体系

开展工程智能建造的顶层设计研究。系统梳理现有生产组织方式在质量安全、资源组织、供应链构成、信息传递等方面的问题,研究整个产业链条上各个生产部门之间的关联关系形态,以提质增效、集约供给为目标,形成涵盖新型生产组织方式、全域数据驱动业务模式的现代工业化智能建造顶层设计方案,构建科技含量高、资源消耗低、环境污染少的公路工程绿色建造生态。

构建智能建造标准体系框架。加快公路智能建造标准和规范编制的步伐,统筹国家标准、行业标准、地方标准、团体标准和企业标准,研究制定适合公路建设的智能建造标准体系框架,保障智能建造标准统一,促进全产业链信息互通、共享。

健全智能建造全产业标准体系。建立涵盖设计、生产、施工等建设全过程的智能建造标准体系,包括物理环境标准、网络技术设施标准、应用支撑平台标准、数据格式标准、信息安全标准等,制定基本应用的系统接口规范与信息共享标准,为信息资源共享和深度挖掘奠定基础。协同推进智能建造产品研发、技术攻关和集成应用,构建完整有机的融合型产业标准体系。

2.提升工程智能化设计水平

推进 BIM 正向设计应用。推进 BIM 三维设计技术在公路勘察、设计环节的应用落实,逐步加快推进公路 BIM 正向设计应用,优化设计方案。全面推广 BIM 在设计、施工与运营的全过程应用,尤其是数字设计与工业化数字建造模式的融合,探索"一模到底""一模多用"模式的应用。系统总结已有 BIM 在各个项目上协同应用成效,形成 BIM 协同管理技术指南,提升工程数字设计水平。

加大创新研究与设计融合应用。开展智能化设计专项技术课题研究,将创新研究成果充分融入工程设计环节,加大对成果的推广应用。加强人工智能、大数据、物联网等先进技术研究,研发自主知识产权智能化设计核心软件,建立基于人工智能算法的工程结构多目标优化设计理论与方法,形成智能设计流程,实现智能选线、智能选型、智能分析、智能评价等,提升智能化设计水平。

推进设计工作成效数字后评价。分专业领域对建造全过程进行回溯,对于共性部分内容,总结标准化设计方案,建立标准化设计方案库;对于特征部分内容,总结设计方法思路,建立典型设计方案技术集。常态化推行设计数字后评价机制体系,促进公路设计水平提升。

3. 推进工程项目协同管理平台建设

重点建设"两大系统"。建设 BIM 协同管控系统和建设工程管理系统,BIM 协同管控系统进行可视化展现及分析,包括工程进度可视化展示、计量分析预警、施工过程多源数据融合分析;建设工程管理系统进行现场数据采集及流程管理,包括计量管理、工序管理、质量追溯管理、合同管理、变更管理等。通过统一编码建立映射关系,建立以建设工程管理系统为数据中心、以 BIM 协同管控系统为展示中心和数据移交载体的智慧建设管理协同机制,实现工程进度、计量、质量、安全、环保等数据互联互通。依托工程项目协同管理平台,研发数字化交付平台,为公路运营提供数字支撑。

打造"五项核心业务"场景。重点打造项目协同管理平台对工程管理过程中投资、进度、安全、质量和环保五项核心业务的管控功能。投资管控业务实现工程建设资金的集中规范管理,资金审批全过程留痕。进度管控业务实现现场每日进度填报,自动汇总并生成进度统计,结合 BIM 技术实现项目、标段、单位工程、构件等各个维度工程进度的可视化把控和精细化管理。安全管控业务实现施工现场的不安全因素实时预警、动态清零。质量管控业务实现工程建设质量可跟踪、可反馈、可追溯。环保管控业务实现现场环境监测数据综合研判,可远程操作现场环境治理设备,对施工现场进行环保管控。

强化数据安全管理。强化身份鉴别、访问控制、安全审计、入侵防范、恶意代码防范、数据完整性校验、数据保密性校验、数据备份恢复和剩余信息保护等方面的安全防护。建设安全管理中心,建立主动安全防御体系。部署网管系统,对网络链路、安全设备、网络设备和服务器等的运行状况进行集中监测。

4. 创新研发工程施工技术及装备

加大数字施工技术场景研究与应用力度。以人工智能、5G、物联网、大数据等新基建核心技术序列为基础,探索数字施工技术创新研究与应用。开发5G+北斗卫星导航技术在水下隧道施工与运营场景中的应用,实现设备、人员、机械等高精度定位与高效通信传输;开发AI+视频视觉技术在关键风险防控场景中的识别与预警应用,支撑隧道、桥梁等关键结构物数字化管控;推广应用增强现实(AR)技术在智慧场区的应用,提高现场管控精准可视化程度。加强相关数字技术创新研究总结,形成相关工法与标准,支撑数字施工技术全面推广应用。

加大智能装备推广应用力度。以"工法领先、智能核心"为发展路线,基于重大路、桥、隧工程建设特性,研发推广大型盾构机、沉井、超高塔式起重机、管片拼装等国产智能施工装备,同时开发智能大数据交互平台,实现设备参数的实时监测和远程控制等信息化管理,达到施工可视化和可追溯,可实时监控、动态评估、预警响应,满足信息快速获取、快速反馈的风险控制及动态管理。

全面推广路面无人施工应用。立足人工智能技术、北斗高精度定位技术等,加大3D智能摊铺数字化施工技术在沥青路面施工中的应用,稳步推进国产3D智能摊铺技术装备试点应用与推广。联合国产施工机械制造厂商,共同研究推广无人化压实施工机组作业技术与模式,逐步推广应用至路面、桥面、隧道铺装等多场景。

5. 推广工程智能化建造技术应用

全面推广智慧工地。全面推广智慧梁场、智慧社区等数字场区技术,建设智慧工地。推进利用BIM、GIS、物联网、移动互联网等技术,对工地现场人员、机械、材料、生产工艺、场地环境和施工过程关键场景的动态实时管理,以智慧工地平台为突破口,促进业务提质、管理增效,提升项目管理水平和能力,实现数字建造全过程数字在线。依托工程项目协同管理平台,推进智慧工地工程项目投资、进度、安全、质量和环保精细化管理。推进对项目办公区、生活区、施工区等区域的全方位监控,掌握项目各个区域及施工位置的施工情况和设备运行情况。

推广工业化智能建造技术应用。积极运用自主可控的BIM技术,加快构建数字设计基础平台和集成系统,实现设计、工艺、制造协同。加快部品部件生产数字化、智能化升级,推广应用数字化技术、系统集成技术、智能化装备和机器人,实现少人甚至无人化工厂制造。加快人机智能交互等技术和智能装备的应用。以钢筋制作安装、立模、混凝土浇筑、养生等工厂生产关键工艺环节为重点,推进工艺流程数字化采集;加快推进工业数字建造与数字施工孪生在智能建造中的应用。

推广智能绿色建造技术应用。推进《绿色建造技术导则(试行)》实施应用,将绿色发展理念融入智能化建造全要素、全过程。推广超高性能混凝土装配化建造、泡沫铝新型材料利用、既有桥梁结构复用、多源固体废物协同利用等既有智能绿色建造技术应用,提高建造过程中智能化、绿色化水平。在工程建造阶段，推广绿色施工，建立智能化绿色管理机制，加大先进节能环保技术、工艺和装备研发力度，提升能源、资源利用效率，减少环境污染。

第二节　数字化公路基础设施

一、概念与特征

1. 概念

数字化的定义存在广义和狭义之分。狭义数字化是将物理世界中复杂多变的数据、信息、知识，转变为一系列二进制代码，形成可识别、可存储、可计算的数据，建立起相关的数据模型，进行统一处理、分析、应用。广义数字化是利用数字技术，对企业、政府等各类组织的业务模式、运营方式进行系统化、整体性的变革，更关注数字技术对组织的整个体系的赋能和重塑。

公路基础设施数字化的定义为：深度应用新一代信息技术，对公路基础设施本体、建设过程、服役性态、运行服务等静、动态数据进行全方位的采集和处理，构筑数字底座，激发数据潜能，构建新型能力，加速业务优化，创造新价值，助力公路建设、管理、养护、运营、服务提质升级。

数字化公路基础设施的定义为：利用新一代数字信息技术，对公路基础设施、运行状态进行全方位的数字采集和处理，具有公路的地理、设施、环境、交通、社会信息等复杂系统的数字化、网络化的强大功能，用于辅助科学决策和对未来发展预测。

2. 特征

全周期全要素。公路基础设施数字化的对象包括全资产设施和全周期业务两个方面，即包括静态设施和动态业务。全资产设施是对象载体，全周期业务是对公路资产设施的全过程动态刻痕，公路资产设施在全周期不同阶段开展数字化采集、分析和表达，静态数据源于采集，动态数据源于业务。

价值导向。公路基础设施数字化必须坚持价值导向，通过技术赋能和模式创新，实现对实体公路传统业务的价值增量，再利用规模化效应获得边际效益，使政府、企业、从业者、公众等主体均有获得感。

动态的。高速公路、普通国省道公路、农村公路等数字化目标是动态变化的；随着技术迭代演进，公路基础设施数字化建设目标、技术手段是动态发展的；公路资产设施和业务数据的时空特征是动态变化的。

双向的。数据可信计算是数字化的前提要求,物理世界资产设施和业务活动通过数字化采集、感知,映射到数字世界;数字世界通过建模、运算、仿真、演练,指导物理世界活动。

二、发展目标

1. 近五年(到 2027 年)目标:完善支撑,重点覆盖

完善数字化标准规范,开展核心产品和关键技术攻关;初步构建标准统一、信息全面、融合共享的公路全周期数据资源体系和路网云平台;推进公路规划、勘察、设计、建设、管理、养护、运营等业务"上云用数赋智";推进公路网重要通道、重点路段和重大构造物的全周期全要素数字化。

2. 2035 年目标:全面普及,全面升级

制度、政策和标准完善,核心产品自主可控,行业应用全面普及;建成标准统一、信息全面、融合共享的公路全周期数据资源体系和路网云平台;推进公路建设、管理、养护、运营等全过程业务智能升级;建成国家实体公路网和数字孪生公路网两个体系;公路数字化、智能化发展水平达到世界前列。

3. 2050 年目标:全域智慧,数字增能

公路基础设施数字化具有广度和深度,全资产设施和全周期业务全域数字化,系统富有韧性;公路建设、管理、养护、运营等全过程业务高度自动化、智能化;实体公路网与数字孪生公路网高效协同一体化运行;公路数字化产业生态更健全,实数经济协同发展,成为拉动公路经济发展的主要增长点。

三、技术架构

1. 公路基础设施要素体系

公路基础设施要素体系包括主体设施要素和附属设施要素。

2. 数据采集体系

数据采集体系包括公路主体设施属性数据采集、交通安全设施数据采集、交通管理设施数据采集、服务设施数据采集、基础设施状态感知信息采集等。

3. 数据传输体系

数据传输体系包括光纤网、移动互联网(5G)、窄带物联网(NB-IoT)等。

4.数据治理体系

数据治理体系包括数据汇聚、数据清洗、数据质量管理、数据资产管理、数据安全管理、数据服务等。

5.业务应用体系

业务应用体系涵盖公路规划、勘察、设计、建设、养护、运营、路政、执法、运输服务等。

6.制度标准体系和安全运维保障体系

制度标准体系和安全运维保障体系构成公路基础设施数字化的基础保障体系。

公路基础设施数字化技术架构、公路基础设施全周期数据资源体系、数据中台架构与数据治理体系如图 0-7 ~ 图 0-9 所示。

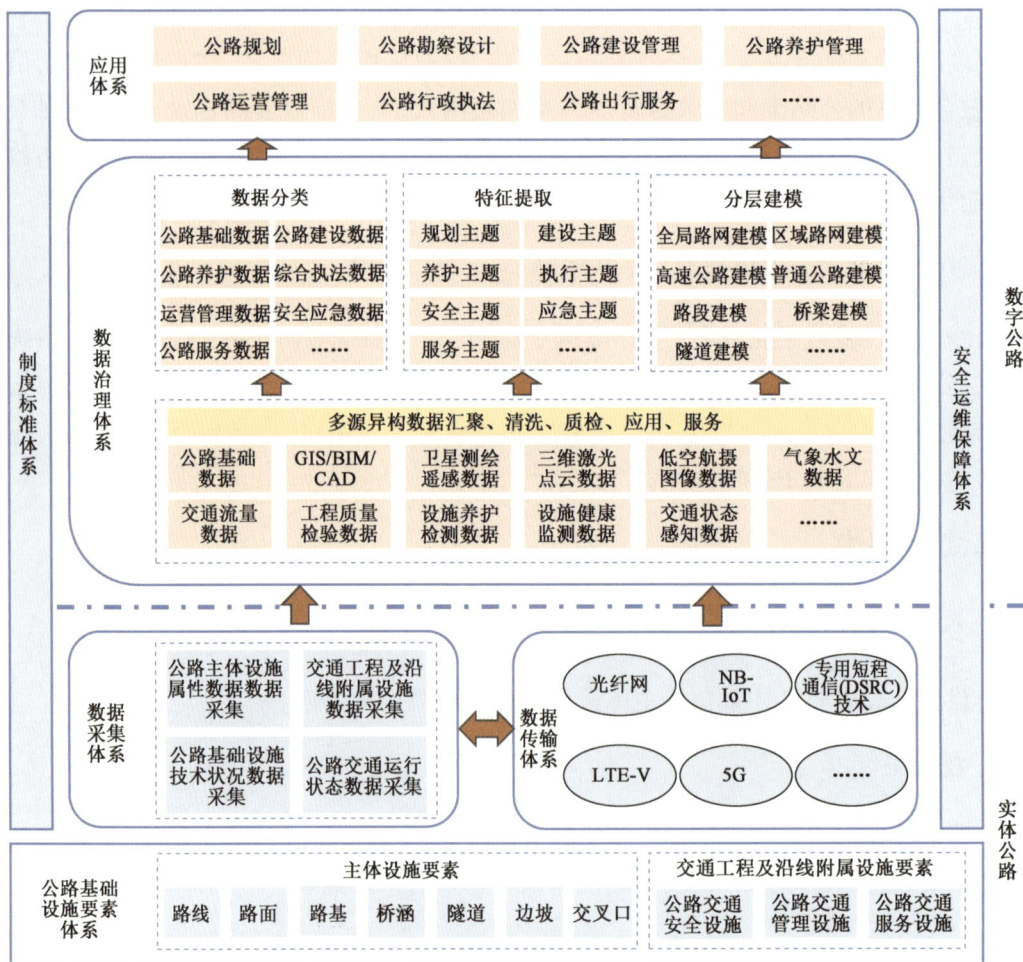

图 0-7　公路基础设施数字化技术架构图

注:LTE-V 为基于 4G LTE 技术的车对外界的信息交换(V2X)技术。

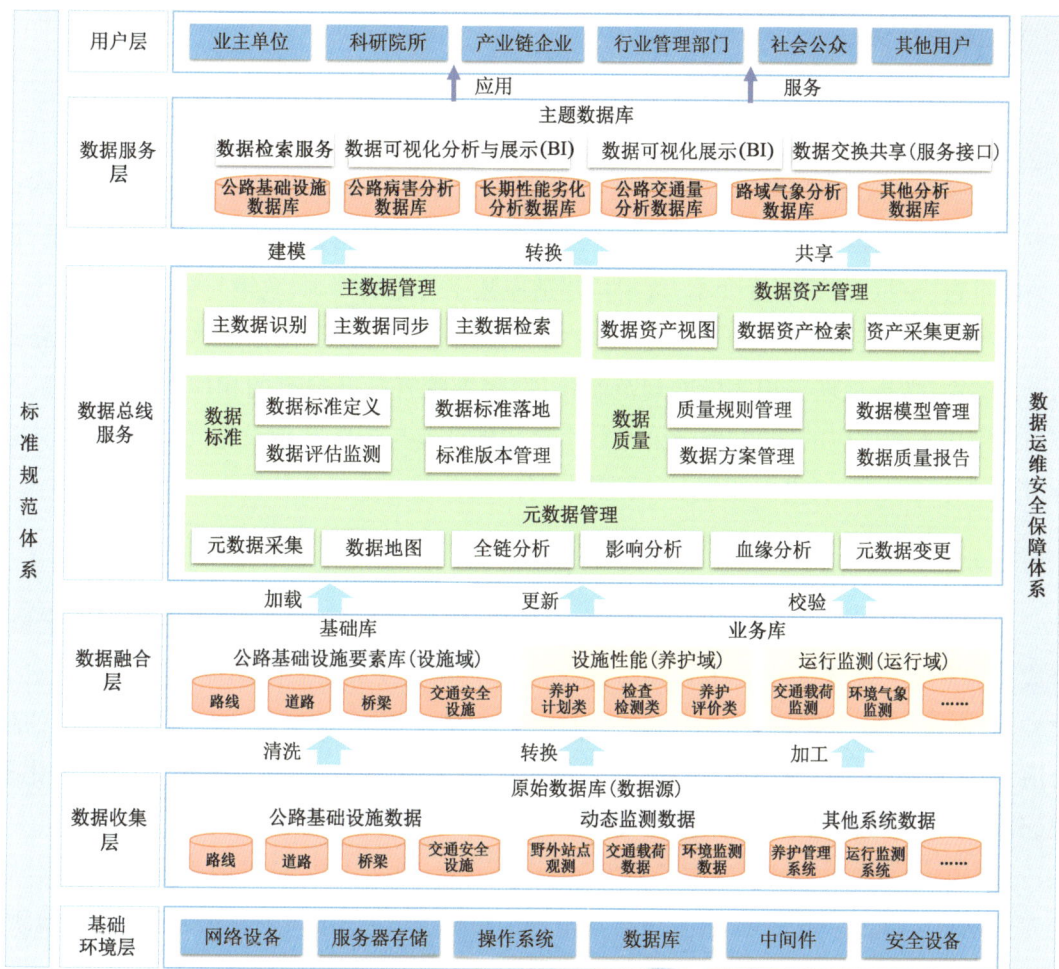

图 0-8　公路基础设施全周期数据资源体系图

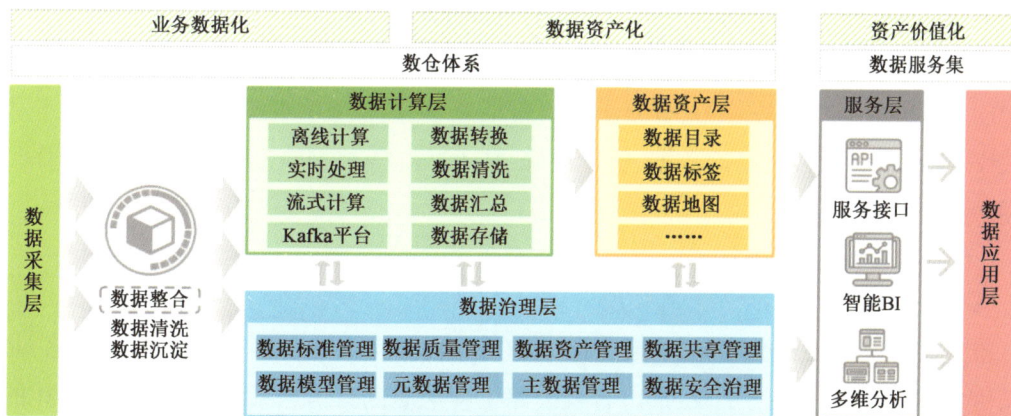

用户层：业主单位　科研院所　产业链企业　行业管理部门　社会公众　其他用户

应用　　　服务

数据服务层

主题数据库

数据检索服务　数据可视化分析与展示(BI)　数据可视化展示(BI)　数据交换共享(服务接口)

公路基础设施数据库　公路病害分析数据库　长期性能劣化分析数据库　公路交通量分析数据库　路域气象分析数据库　其他分析数据库

建模　　　转换　　　共享

数据总线服务

主数据管理：主数据识别　主数据同步　主数据检索

数据资产管理：数据资产视图　数据资产检索　资产采集更新

数据标准：数据标准定义　数据标准落地　数据评估监测　标准版本管理

数据质量：质量规则管理　数据模型管理　数据方案管理　数据质量报告

元数据管理：元数据采集　数据地图　全链分析　影响分析　血缘分析　元数据变更

加载　　　更新　　　校验

数据融合层

基础库　　　业务库

公路基础设施要素库(设施域)：路线　道路　桥梁　交通安全设施

设施性能(养护域)：养护计划类　检查检测类　养护评价类

运行监测(运行域)：交通载荷监测　环境气象监测　……

清洗　　　转换　　　加工

数据收集层

原始数据库(数据源)

公路基础设施数据：路线　道路　桥梁　交通安全设施

动态监测数据：野外站点观测　交通载荷数据　环境监测数据

其他系统数据：养护管理系统　运行监测系统　……

基础环境层：网络设备　服务器存储　操作系统　数据库　中间件　安全设备

标准规范体系　　　数据运维安全保障体系

图 0-9　数据中台架构与数据治理体系图

业务数据化　数据资产化　资产价值化

数仓体系　　　数据服务集

数据采集层

数据整合　数据清洗　数据沉淀

数据计算层：离线计算　数据转换　实时处理　数据清洗　流式计算　数据汇总　Kafka平台　数据存储

数据资产层：数据目录　数据标签　数据地图　……

数据治理层：数据标准管理　数据质量管理　数据资产管理　数据共享管理　数据模型管理　元数据管理　主数据管理　数据安全治理

服务层：服务接口　智能BI　多维分析

数据应用层

四、重点任务

1.完善全流程数字化制度和标准体系

以数字化推动审批监管制度重塑。以公路行业全链条数字化推动公路规划、勘察设计、工程质量安全监督、交竣工验收、养护及运营管理等流程再造、制度重塑、机构改革，促进公路审查、审批、监管制度变革，逐步构建适应数字公路的规则、政策与组织体系。

完善公路数字化技术标准体系。研究完善公路全周期数字化标准体系，加快公路数据资源体系、数据治理等相关标准规范制修订，完善既有标准规范的相应数字化内容，调整与数字化不相适应的条文，保障公路数字化基础设施与公路基础设施同步建设、一体运行，打造"体现高质量、贯彻新理念、适应数字化"的公路标准规范体系。

2.加快关键技术和核心产品研发供给

推进新型测绘技术融合应用。推进高分遥感、倾斜摄影、激光雷达、北斗高精度定位、合成孔径雷达干涉测量(InSAR)、视觉测量等先进测量技术在公路勘测、施工放样、施工监控、非现场监督、资产调查、养护检查、设施监测、交通调查、道路运营等实际业务中的融合应用，实现对公路路域环境、设施资产、技术状况、安全风险、道路事件的高效数字化采集、分析计算与可视化呈现。

加快公路多专业三维设计软件研发供给。在安全可靠、自主可控前提条件下，以公路全专业勘察设计成果数字化交付、审查与呈现为目标，加快三维可视化公路多专业(地质、路线、桥梁、隧道、交通工程)综合设计、桥梁及隧道结构计算分析、公路工程造价等软件的研发供给，实现基于三维可视化公路勘察设计多专业协同和数字化交付，提升设计效率与质量。

加快公路数字化智能化装备研发供给。加快公路路面、桥梁、隧道、交通安全设施等养护检查智能装备的研发供给，提升公路日常巡查、定期检查和特殊检查自动化水平和工作效率，实现对在役公路基础数据、资产设施、技术状况等数据自动化采集、分析计算和动态溯源。

3.推进公路全周期业务"上云用数赋智"

推进公路勘察设计数字化。推广无人机(车)载激光雷达、倾斜摄影、高分遥感、北斗高精度定位等数字化测绘手段；推广普及公路工程地质勘察信息系统；建立基于BIM的公路勘察设计工作流程，开发参数化建模设计工具，构建数字化协同设计平台；统一设计文件数据格式标准，完善基于BIM的全过程数字化咨询、审核和交付验收的流程和机制；推进公路勘察设计成果数据化交付,实现与公路基础数据库的数据交换共享。

推进公路建设管理数字化。推广面向参建多方协同一体化的公路建设管理系统,功能涵盖前期管理、项目管理、钢结构制造、预制件管理、电子档案管理、数字化移交等;推广公路工程质量安全监督数字化监管系统;推广智慧工地系统,推进料场、拌和站、试验室、预应力张拉、视频监控、设备监控、环保监测、人员管控、施工监控等系统集成;实现公路建设管理向养护运营管理数字化移交。

推进公路养护管理数字化。建设部省市(企)县各级公路综合养护管理系统,加强公路基础数据多层级、多业务系统整合和流程再造,实现扁平管理、一体协同和系统联动;加强公路养护评价、预测、决策等算法模型研究,优化养护资金分配,提高养护工作效能和科学决策水平;构建部省两级农村公路综合管理系统,完善农村公路基础数据库,加强农村公路技术状况评价。

推进公路运营管理数字化。加快推动高速公路视频上云和联网行动,开展普通国省干线重点路段视频设施升级改造,开展长大桥隧、灾害多发路段以及恶劣天气的在线监测,构建云网边端互联的感知监测网络;充分发挥ETC门架作用,强化数据采集与分析,支撑监测调度、路径还原、计费及稽核等智能应用,探索基于ETC的车路协同服务应用;建成部省联网的路网云控平台,优化路网监测调度与协调处置;完善灾害风险监测预警体系,推动应急管理多元数据汇聚融合,实现灾害事故仿真推演、灾情研判、应急预案、辅助决策智能化;推动跨部门、跨区域、跨层级应急信息共享,全面提升公路灾害预防与应急处置水平。

推进公路政务服务数字化。完善公路行业从业单位和从业人员信息库,规范市场主体信用信息管理机制,推动资质、业绩、信用、人员等的信息动态联动管理;建设部省两级公路政务服务系统,促进公路政务服务事项"一网通办",资质许可网上办理,跨省大件运输并联许可"掌上办",推动与相关部门政务系统的互联互通。

4.构建公路全周期数据资源体系

建设公路行业数据中心。加快建设部省市(企)县多级公路行业数据中心。各级公路行业数据中心实现"三统一",即统一信息基础设施、统一应用支撑体系、统一数据资源体系。推动公路建设、管理、养护、运营、服务各环节之间数据通识通用,沉淀公路数据资产。

建设全国公路基础数据库和行业"一张网"。依托全国公路行业数据中心,建设部省市(企)县多级公路基础数据库,并实现联网运行。重点汇聚基础地理信息、路基路面、桥梁、隧道、交通工程及沿线设施等静态数据,不断汇聚公路勘察设计、建设管理、养护管理、运行监测、安全应急及政务服务等业务动态数据。构建标准统一、信息全面、融合共享的公路数据体系,推动跨区域、跨行业、跨部门、跨层级数据交换共享,推进公路"一张图"

建设。

强化公路数据治理。建设统一规范的数据制度，打通数据链条，优化数据资源全寿命周期质量管控；开展数据架构、数据质量、数据安全、数据服务等内容研究，加强公路基础数据治理、融合应用和交换共享，支持公路资产管理、路网规划、质量安全监督、技术状况监测、养护统计分析、安全态势感知、应急指挥调度、养护资金分配、养护绩效评价、可视化应用等。

推进公路数字孪生应用。充分运用高分遥感、激光雷达、机器视觉、高精度地图、BIM、虚拟现实（VR）等可视化技术，构建三维可视化的数字孪生公路应用体系，融合公路建设、管理、养护、运营等业务流程，推进实体公路网和数字孪生公路网一体化运行服务，有效支撑行业管理、出行服务、车路协同和自动驾驶。

5. 筑牢公路数字化基础支撑保障体系

构建行业大数据应用体系与生态。强化市场主体和行业部门共建共享、行业数据与相关领域数据资源深度融合的大数据应用，构建公路行业大数据应用体系和生态。重点加强公路行业大数据的算法模型研发及数据共享服务，发挥数据潜能，孵育数字产业，壮大公路数字经济。

强化网络和数据安全保障体系。完善公路网络和数据安全管理制度，开展数据安全分级分类管理、等级测评、监测预警、应急响应等工作，构建公路端网云一体化的安全防护体系，打造公路网络和数据安全产业生态圈，保障公路安全稳定运行。

第三节　车路协同自动驾驶系统

一、概念

车路协同自动驾驶系统通过先进的车、路感知设备（如雷达、摄像头等）对道路交通环境进行实时高精度感知，按照约定的通信协议和数据交互标准，实现车与车、车与人及车与道路交通设施间不同程度的信息交互和共享，并涵盖不同程度的车辆自动化驾驶阶段，以及考虑车辆与道路供需间不同程度的分配协同优化，进而高效和协同地执行车辆和道路的感知、预测、决策和控制功能，最终形成一个能够整合、协调、控制、管理和优化所有车辆、信息服务、设施设备、智能化交通管理的，以车路协同自动驾驶为核心的新一代智能交通系统。

车路协同自动驾驶系统可以通过感知数据采集与处理、分级决策及控制、实时交通信息交互、交通异常状况预警等车路协同技术手段,以及车路协同 V2X 车载终端应用、车路协同手机终端应用、货车编队自动驾驶应用等交互方式,为主线路段、分流区、合流区、隧道、施工作业区、弯道路段、异常天气多发路段、高边坡路段等场景下的智慧公路建设提供支持。

二、发展目标

1. 初级发展阶段(2023—2027 年)

与智慧公路建设相关的道路基础设施应具备微观传感和基础预测功能,可以支持低空间和时间解析度的交通信息服务、交通管理和驾驶辅助。具体而言,道路基础设施系统能够将道路基础设施的静态信息数字化并储存,道路基础设施感知设备能实时获取连续空间的车辆和环境等动态数据,自动处理非结构化数据,并结合历史数据实现车辆行驶的短时、微观预测。部分数据可以在车辆与车辆之间、车辆与道路基础设施之间信息共享。

2. 中级发展阶段(2027—2035 年)

与智慧公路建设相关的道路基础设施应具备复杂传感和深度预测功能,可以支持较高空间和时间解析度的自动化驾驶辅助和交通管理。具体而言,除了初级发展阶段提供的功能外,可以实现道路基础设施等静态数据在时空上的连续监测和更新,具备更高精度的车辆运动监测传感功能。数据之间能够高度融合,信息采集、处理和传输的时延低。道路系统能够根据感知信息进行长期预测和深度分析,优化车辆驾驶决策。道路和车辆之间能够进行实时信息交互,即依托以蜂窝通信技术为基础的 V2X 技术(C-V2X),道路系统为车辆提供横向、纵向控制的建议或指令,同时,车辆向道路反馈其最新规划决策信息,从而实现初步自动驾驶。

3. 高级发展阶段(2035—2050 年)

与智慧公路建设相关的道路基础设施应具备一定的信息化和智能化,同时以此为基础,在道路基础设施覆盖的道路上可以满足所有单个自动驾驶车辆(自动化等级 1.5 及以上)在所有场景下实现感知、预测、决策、控制、通信等功能,并优化部署整个道路基础设施网络,实现实寅自动驾驶。通过完全控制所有的自动驾驶车辆,交通控制中心可以实现更好的全局优化,并且可以优化部署道路基础设施的整个网络。完成自动驾驶所需的子系统无须在自动驾驶车辆设置备份系统,一体化系统将提供全主动安全功能。当遇到特殊情况,由道路基础设施系统进行控制。

三、技术体系

车路协同自动驾驶系统能够通过车辆与道路之间的协同,实现车辆的自动驾驶功能,并提高交通运行效率。但仍存在一些问题需要解决,如技术标准的统一、政策法规的配套和实施等。车路协同自动驾驶系统技术架构主要包括三个方面:面向智慧公路的车路协同自动驾驶系统协同化技术、车路协同集成化、车路协同自动驾驶政策保障体系与法律法规体系。

1.面向智慧公路的车路协同自动驾驶系统协同化技术

基于车的车路协同自动驾驶系统协同化技术致力于提高智能网联汽车的自动驾驶能力。通过车路协同,从单车智能向全局视角和感知能力的提升过渡,弥补单车智能的不足,加速自动驾驶的商业化应用。在技术发展方面,特定场景先行实践应用有助于逐步验证相关技术,并促使其不断成熟,实现从限定区域运营向更复杂场景的应用发展。多传感器感知融合技术将提高环境感知传感器的性能和成本效益,通过与路侧设备的协同感知,实现更高的精度和安全性。通过芯片和算法的结合,提供高算力支持并降低功耗和成本。多源融合定位技术将通过深度融合北斗高精度定位、多源辅助定位和其他新型定位技术,提高车辆定位精度,增强全域导航结果的可靠性和可信度。

基于路的车路协同自动驾驶系统协同化技术涉及感知、决策和控制等方面的协同技术,以及支撑系统技术(如高精度地图和通信)等。在感知方面,将感知设备布设到道路基础设施上,实现道路环境感知和障碍物检测,并通过车路协同的交互与耦合增强感知能力。在决策方面,将多种传感器检测的交通数据进行融合处理,分析行驶环境和路径,生成最优的自动驾驶方案。在控制方面,协同控制技术实现路侧系统和车载系统的协同控制,通过协同换道、协同避险等技术提高道路通行能力和自动驾驶整体效益。

基于通信的车路协同自动驾驶系统协同化技术包括 C-V2X 通信、车联网边缘计算、网络切片、数字孪生和云基础平台技术等,实现车辆与基础设施之间的高效通信和数据交换,推动智能交通和自动驾驶的协同发展。

2.车路协同集成化

车路协同集成化是指车辆与道路之间信息交互的程度和系统集成程度。从无集成化到完全集成化,车路协同系统逐渐实现信息化、智能化、协同化和集成化。集成化有不同级别,包括无集成化、初步集成化、部分集成化、有条件的集成化、高度集成化和完全集成化,分别具备不同程度的协同感知、决策和控制能力,体现了系统的信息化、智能化、协同化和集成化程度。这些级别的集成化决定了系统提供的自动驾驶功能和用户接管控制的条件。

车路协同集成化聚焦定义、支撑功能、集成要素和系统水平评价。支撑功能涵盖感知、交通行为预测和管理、规划与决策制定以及车辆控制等,满足车辆驾驶任务的需求。集成要素包括物理要素和信息要素,通过耦合方式实现混行环境下的车路协同运行。系统水平评价则建立三层指标体系,包括准则层、次准则层和指标层,科学构建评价指标体系以评估车路协同集成化的发展水平。

3. 车路协同自动驾驶政策保障体系与法律法规体系

车路协同自动驾驶的政策保障体系框架包括鼓励发展的政策情况、现有政策特征与问题以及技术路线、应用场景、商业模式等方面。鼓励发展的政策情况主要包括中长期战略规划、近短期行动部署、试点示范工程、技术路线引导和政策资金扶持等方面。然而,现有政策体系存在合作模式相对松散、技术路线繁多、应用场景丰富但成熟场景缺乏、商业模式不清晰,以及跨行协作加密与职责归属边界模糊等问题。针对这些问题,需要加强政策的整合与协调,明确各部门的职责范围,加强合作与协作机制。在技术路线方面,应进一步明确技术路线选择,加强标准制定与引导,促进技术的成熟与落地。对于应用场景,需要加强场景选择与示范工程建设,注重安全风险评估,推动成熟场景的落地应用。同时,应关注商业模式的探索与引导,促进车路协同自动驾驶产业的健康发展。

法律法规方面,应及时跟进技术发展,制定相关法律法规,明确车路协同自动驾驶的规范与标准。需要考虑车路协同自动驾驶的安全性、责任分配、数据隐私保护等问题,并提供相应的法律保障。此外,还应加强监管力度,建立相应的管理体系,明确监管职责与权限,保障车路协同自动驾驶的安全性与可靠性。

四、发展路径

1. 明确车路协同自动驾驶系统落地量化表征方法及版本定义

(1)确定车路协同自动驾驶系统产业化落地条件量化表征方法

围绕道路驾驶环境、交通运行状态和应用场景这三个影响车路协同自动驾驶系统产业化落地的条件因素,构建"交通围栏"函数。由于交通系统是由"供给"和"需求"两方面构成的系统,故通过将道路驾驶环境定义为交通供给侧,并将交通运行状态定义为交通需求侧,可以实现车路协同自动驾驶系统产业化落地条件的量化表征。同时,制定"交通围栏",以规定交通供给侧、交通需求侧和应用场景的限制条件。

"交通围栏"等级的划分根据"交通围栏"函数的值(域)确定,该函数值的计算考虑了交通供给侧、交通需求侧和应用场景三个方面。

$$F = \sum_i^m \alpha_i x_i + \sum_i^n \beta_i y_i + \sum_i^l \gamma_i z_i \tag{0-1}$$

式中：x_i——交通供给侧各要素的量化赋值；

$\quad\quad y_i$——交通需求侧各要素的量化赋值；

$\quad\quad z_i$——应用场景各要素的量化赋值；

$\quad\quad \alpha_i$——交通供给侧各要素的权值系数；

$\quad\quad \beta_i$——交通需求侧各要素的权值系数；

$\quad\quad \gamma_i$——应用场景各要素的权值系数；

$\quad\quad m$——交通供给侧要素总数；

$\quad\quad n$——交通需求侧要素总数；

$\quad\quad l$——应用场景要素总数。

"交通围栏"1.0级：即通过"交通围栏"函数计算得出的"交通围栏"函数值为 F_1 的自动驾驶场景。适用于道路驾驶环境条件（即交通供给侧）为天气良好和/或光照充足和/或城市郊区道路、园区道路、县道、乡道；交通运行状态条件（即交通需求侧）为低车速和/或很小的车流量和/或无行人与非机动车混行；应用场景为对协同化要求不高或极少道路与行驶条件下对车路协同功能有需求的场景。

"交通围栏"2.0级：即通过"交通围栏"函数计算得出的"交通围栏"函数值在 F_1 与 F_2 之间的自动驾驶场景，应用场景为部分道路与行驶条件下对车路协同功能有需求的场景。

"交通围栏"3.0级：即通过"交通围栏"函数计算得出的"交通围栏"函数值在 F_2 与 F_3 之间的自动驾驶场景，应用场景为较多道路与行驶条件下对车路协同功能有需求的场景。

"交通围栏"4.0级：即通过"交通围栏"函数计算得出的"交通围栏"函数值在 F_3 与 F_4 之间的自动驾驶场景，应用场景为大部分道路与行驶条件下对车路协同功能有需求的场景。

"交通围栏"5.0级：即通过"交通围栏"函数计算得出的"交通围栏"函数值在 F_4 与 F_5 之间的自动驾驶场景，应用场景为全部道路与行驶条件下对车路协同功能有需求的场景。

（2）界定车路协同自动驾驶系统版本定义

为了客观地衡量系统的性能、安全性、可靠性以及用户体验等关键指标，进一步推动系统的发展和改进，车路协同自动驾驶系统版本定义主要从系统协同化（协同感知、协同决策、协同控制）、"交通围栏"等级（道路驾驶环境、交通运行状态、应用场景）、实施难度（测试、建设、运营、维护）、系统成本（总体、车载及路侧系统成本）四个层面考虑车路协同自动驾驶系统版本的更迭。车路协同自动驾驶系统版本定义覆盖范围为车路信息交互系统、基本车路协同系统、中级车路协同系统、高级车路协同系统以及全场景车路协同系统，见表0-11。该定义下的车路协同自动驾驶系统版本适用于描述任何给定情况下的车路协同自动驾驶系统特征。

车路协同自动驾驶系统版本一览表 表0-11

版本	名称	系统特征（代表技术支撑）	系统协同化			最高"交通围栏"等级	实施难度	系统成本
			协同感知	协同决策	协同控制			
1.0	车路信息交互系统	车路信息交互	—	—	—	不适用	较低	较低
2.0	基本车路协同系统	协同感知为主，其他协同为辅	部分	初步	初步	2.0	较高	较高
3.0	中级车路协同系统	车路云一体化	部分	部分	部分	3.0	很高	很高
4.0	高级车路协同系统	全路网、全天候、全光照	高度	高度	高度	4.0	很低	很低
5.0	全场景车路协同系统	全场景	完全	完全	完全	5.0	较低	较低

（3）构建车路协同自动驾驶法律法规体系

针对车路协同自动驾驶，构建"1+1+N"的法律法规体系框架。第一个"1"是《中华人民共和国公路法》，依托既有的以《中华人民共和国公路法》为基础的公路法律法规体系，修订其中涉及车路协同自动驾驶的相关内容，明确车路协同自动驾驶中基础设施领域的规划、建设、维护管理等权利和责任。第二个"1"是《中华人民共和国道路交通安全法》，依托既有的以《中华人民共和国道路交通安全法》为基础的道路安全管理法律法规体系，调整道路通行管理规则和事故责任划分机制，确定车路协同自动驾驶车辆的上路通行管理要求。第三个"N"是针对车路协同自动驾驶各专门领域进行的立法。针对核心关注的数据使用、商业化运营等问题，在既有的法律法规要求下，制定专门领域的管理办法，细化针对车路协同自动驾驶应用场景下的运营主体权利和责任。

法律法规的具体内容调整包括：《中华人民共和国公路法》中明确车路协同的规划建设；明确对公路的使用请求权与审批职责；合理确定公路的使用范围；《中华人民共和国道路交通安全法》中明确交通事故各方责任；制定车路协同自动驾驶数据使用管理办法。

2. 车路协同自动驾驶法律法规体系

（1）法律法规体系构建的整体框架

考虑到我国目前公路相关领域法律法规体系的基本情况，以及自动驾驶本身的特殊性,针对车路协同自动驾驶,可以考虑构建"1 + 1 + N"的法律法规体系框架。

第一个"1"是《中华人民共和国公路法》,依托既有的以《中华人民共和国公路法》为基础的公路法律法规体系,包括《公路安全保护条例》《路政管理规定》《中华人民共和国收费公路管理条例》等,修订其中涉及车路协同自动驾驶的相关内容,明确车路协同自动驾驶中基础设施领域的规划、建设、维护管理等权利和责任,确定车路协同自动驾驶企业对既有公路设施的使用权利和有偿使用的基本原则,探索构建公路运营主体和车路协同自动驾驶运营主体间的协同发展机制和实施路径。

第二个"1"是《中华人民共和国道路交通安全法》,依托既有的以《中华人民共和国道路交通安全法》为基础的道路安全管理法律法规体系,包括《中华人民共和国道路交通安全法实施条例》《机动车登记规定》等,调整道路通行管理规则和事故责任划分机制,确定车路协同自动驾驶车辆的上路通行管理要求,增加路方、系统方、软件方等主体在交通事故中可能承担的相应责任,针对自动驾驶特殊性探索各方均无过错情形下的责任认定原则和便捷救济机制。

第三个"N"是针对车路协同自动驾驶各专门领域进行的立法。针对车路协同自动驾驶中核心关注的数据使用、商业化运营等问题,可以在既有的法律法规要求下,制定专门领域的管理办法,细化针对车路协同自动驾驶应用场景下的运营主体权利和责任,确定监管部门责任和具体监管制度要求。

(2)法律法规的具体内容调整

《中华人民共和国公路法》中明确车路协同的规划建设。为推动车路协同路径下的自动驾驶以更加安全的方式应用,实现公路基础设施数字化转型升级,构建智能交通系统,可以考虑在《中华人民共和国公路法》的修订中增加公路的智能化升级相关内容,并将之作为专门一章,规定智慧公路的概念、公路的智能化系统维护中的各方责任、车路协同的实现方式等,同时,明确将公路的智能化升级改造纳入规划并提供财政保障。

明确对公路的使用请求权与审批职责。由于自动驾驶测试或示范应用可能大批量、长时间、循环性地使用公路,会对其他使用者使用公路产生干扰。此时则可能构成对公路的"占用",需要申请许可或者事先批准,特别是当主管部门选定测试路段时,已经考虑了其他使用者正常使用的情形,根据测试或示范应用方案,仍然可能产生某种干扰,此时公路交通主管部门则需要考虑占用许可或事先批准的适用。

合理确定公路的使用范围。对于自动驾驶车辆在测试或示范应用过程中使用公路,一方面由于自动驾驶系统本身可能存在的不稳定性,可能会对公路基础设施造成破坏,另一方面由于自动驾驶测试或示范应用可能大批量、长时间、循环性地使用公路,可能会对其他使用者构成使用公路的限制。因此,自动驾驶测试或示范应用主体不能自主选择使用公路范围,应由了解公路设施安全属性,同时对公路负有养护和管理职责的行政机关,在考虑公路设施防碰撞性以及不影响其他使用者使用的前提下,选择合适的公路范围。此外,对于可能严重影响公路设施完整性、稳固性的自动驾驶测试或者示范应用,应当参考超限运输车辆、危险品运输车辆设置限制要求。

《中华人民共和国道路交通安全法》中明确交通事故各方责任。车路协同自动驾驶在应用运营过程中将进一步扩大责任主体范围,同时基于技术特性,各方过错和责任的判定将更加困难,甚至可能存在车辆、路方、系统方、软件方等主体都不存在过错情形下的责任判定问题。因此,《中华人民共和国道路交通安全法》针对车路协同自动驾驶的责任划分,应当确定基本的责任划定原则,明确在都无过错情形下的兜底责任归属,以及建立更为便捷的事故救济制度和途径。

制定车路协同自动驾驶数据使用管理办法。针对车路协同自动驾驶数据的重要使用价值,以及可能存在的潜在数据安全和隐私、个人信息保护风险,应当依据《中华人民共和国数据安全法》《中华人民共和国个人信息保护法》和《中华人民共和国民法典》,确定以场景为对象的专门领域数据使用管理规则,针对车路协同自动驾驶数据使用中的核心焦点问题,如处理权限、使用原则、非权利主体的获取权等,制定专门的数据使用管理办法。

3. 制定车路云协同自动驾驶系统发展路线图

为进一步促进车、路、云相关技术的整合发展,指导和促进车路云协同自动驾驶技术的进一步发展和应用,制定车路云协同自动驾驶系统的发展路线图。

(1)车路云协同自动驾驶系统技术架构

车路云协同自动驾驶系统技术框架(图0-10)主要包括智能网联汽车技术、智能云控技术、智能网联道路技术、通信交互技术以及支撑技术。

智能网联汽车技术主要包括:①环境感知技术;②智能决策技术;③控制执行技术;④系统设计技术;⑤计算平台技术;⑥人机交互技术。

智能云控技术主要包括:①云边一体化技术;②智能调度技术;③大数据技术;④动态优化技术;⑤分布式技术。

通信交互技术主要包括:①V2X技术;②I2X技术。

智能网联道路技术主要包括自动驾驶车道设计技术和智能路侧技术。自动驾驶车道设计技术包括:①公路设计技术;②城市道路设计技术;③园区道路设计技术。智能路侧技术包括:①路侧协同感知技术;②路侧协同决策技术;③路侧协同控制技术。

支撑技术主要包括:①云平台技术;②高精度地图技术;③高精度定位技术;④边缘计算技术;⑤仿真技术;⑥信息安全技术。

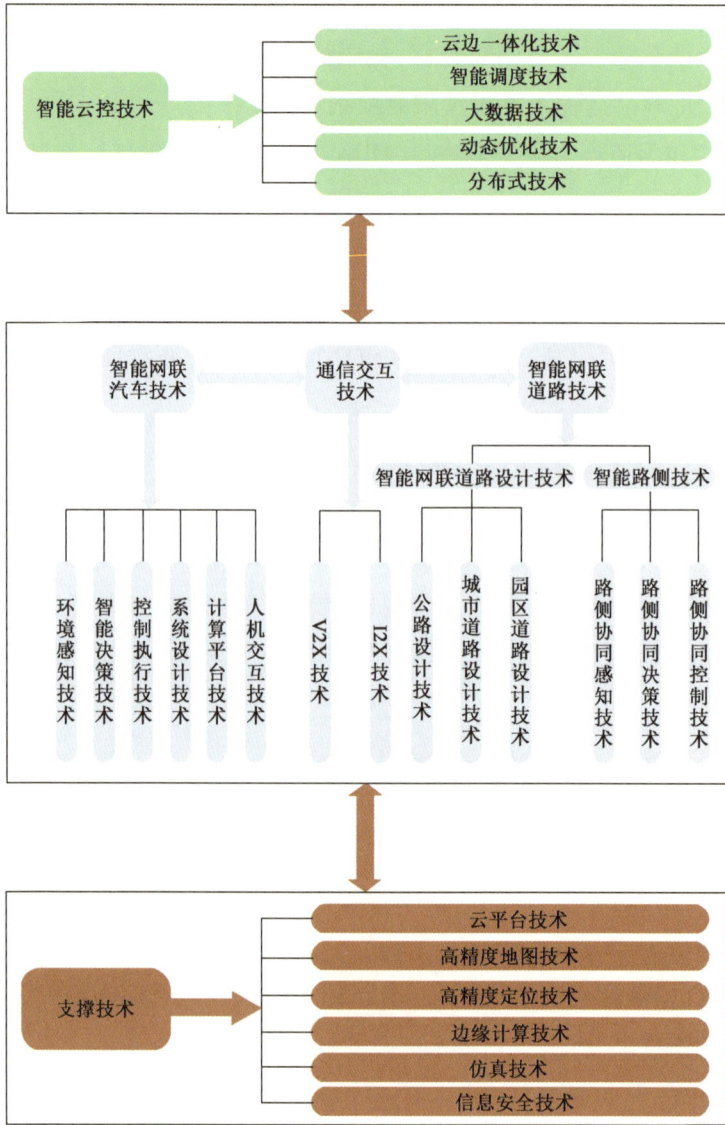

图 0-10　车路云协同自动驾驶系统技术框架图

　　智能网联汽车涉及汽车、信息通信、交通等多领域技术,其技术架构较为复杂,可划分为"三横两纵"技术架构(图 0-11)。"三横"是指智能网联汽车主要涉及的车辆关键技术、信息交互关键技术和基础支撑关键技术。其中,车辆关键技术包括环境感知、智能决策、控制执行、系统设计等技术;信息交互关键技术包括专用通信与网络、大数据云控基础平台、车路协同等技术;基础支撑关键技术包括人工智能技术、安全技术、高精度地图和定位技术、测试评价与示范推广、标准法规等。"两纵"指支撑智能网联汽车发展的车载平台与基础设施。基础设施包括交通设施、通信网络、大数据平台、定位基站等,逐步向数字化、智能化、网联化和软件化方向升级,支撑智能网联汽车发展。

车载平台	基础设施

车辆关键技术
- 环境感知技术
- 智能决策技术
- 控制执行技术
- 系统设计技术

信息交互关键技术
- 专用通信与网络技术
- 大数据云控基础平台技术
- 车路协同技术

基础支撑关键技术
- 人工智能技术
- 安全技术
- 高精度地图和定位技术
- 测试评价与示范推广
- 标准法规

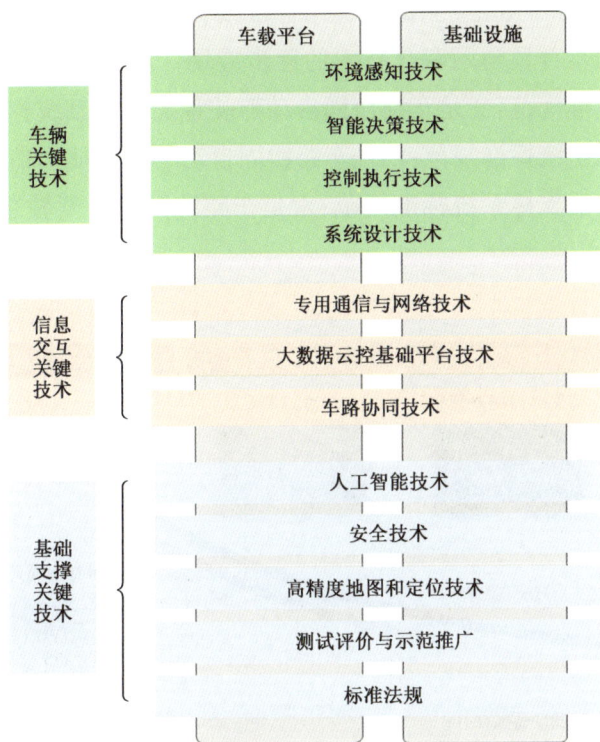

图 0-11　智能网联汽车"三横两纵"技术架构图

（2）车路云协同自动驾驶系统发展阶段

车路云协同自动驾驶系统经历由低至高的三个发展阶段。车路云协同自动驾驶系统包括协同感知、协同决策、协同控制，如图 0-12 所示，按不同阶段逐个突破，最终实现一体化。该系统主要包括以下几个发展阶段：①阶段Ⅰ，以协同感知为主，车路云协同感知，车车、车路、车云、路云等进行信息交互和共享，实现车辆与道路、云控平台的信息交互和共享，支持辅助驾驶；②阶段Ⅱ，以协同决策为主，在阶段Ⅰ的基础上，又可协同完成数据融合、状态预测和行为决策，支持部分自动驾驶；③阶段Ⅲ，以协同控制为主，在阶段Ⅰ和Ⅱ的基础上，协同完成感知、预测、决策和协同控制功能，车辆和道路实现全面协同，支持全天候、全路网、全光照的自动驾驶。并且，感知、决策、控制随各阶段的进阶逐步上升。

4. 建立车路协同自动驾驶标准体系

根据车路协同自动驾驶系统内在组织构成和功能特征，制定车路协同自动驾驶标准体系。建立六类车路协同自动驾驶相关急需重点标准，以这六类标准规范为基础，涵盖整体系标准规范、智能网联汽车技术标准规范、智能网联道路技术标准规范、通信交互技术标准规范、支撑技术标准规范、测试与应用标准规范。共计 100 多类细分的标准规范，促进智能化产品的初步普及与网联化技术的逐步应用。六类标准具体为：一是车路协同自动驾驶整体系统标准规范；二是车路协同自动驾驶智能路侧系统标准规范；三是车路协同自动驾驶智能车载系统标准规范；四是车路协同自动驾驶智能通信系统标准规范；五是车路协同自动驾驶智能支撑系统标准规范；六是车路协同自动驾驶系统实施及应用标准规范。

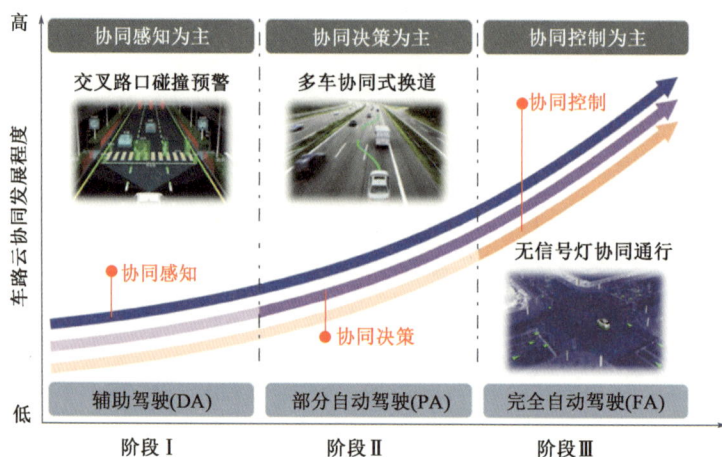

图 0-12　车路云协同三阶段发展路线图

第四节　新一代公路智能税费征收系统

一、概念与特征

(一)概念

新一代公路智能税费征收系统是基于北斗卫星导航、5G、区块链、互联网金融等技术融合基础上的、不设站的公路自由流收费系统，可以准确记录装有北斗车载电子单元或北斗终端的车辆在路网上的行驶轨迹，通过绑定后台账户，采用"北斗车载终端定位 + 云端计费"的方式，收取车辆税费。只需在云端电子地图划定虚拟收费区域，配合稽查设施、矫正设施和配套的政策制度，即可实现税费的收取，无须建设收费站及附属设施。新一代公路智能税费征收系统示意如图 0-13 所示。

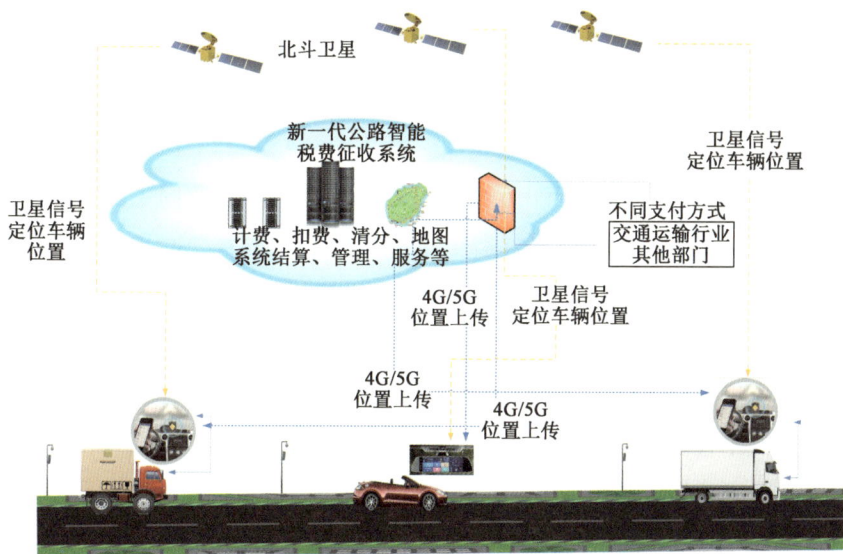

图 0-13　新一代公路智能税费征收系统示意图

(二)特征、功能和意义

1. 系统特征

新一代公路智能税费征收系统与现有的收费系统相比,满足开放性、全网络、无感自由收费、快速通行、高信用、实时连续动态监控的技术特征要求。新一代公路智能税费征收系统与现有公路收费系统的比较见表0-12。

新一代公路智能税费征收系统与现有公路收费系统比较表　　表 0-12

收费技术	现有公路收费系统	新一代公路智能税费征收系统
服务范围	高速公路、少量高等级公路及部分桥梁与隧道	全路网,包括高速公路与普通公路,远期考虑城市道路
适用范围	封闭式路段,设收费站	开放性公路网络,不设收费站
缴费方式	减速或停车缴费通过	自由流通行,无感收费
数据形态	少量收费公路数据,数据链条不完整	全路网数据,数据链条相对完整,为打造数字生态奠定基础
主要技术	依赖地面技术	依托天地一体的信息通信技术
收费形式	现场收费,强化稽查	用后收费,注重信用

2. 功能

新一代公路智能税费征收系统主要是考虑对现有公路收费系统的迭代升级和为公路税费改革提供技术支撑。对于收费公路,系统可以取代现有收费技术,征收通行费;对于开放道路和城市拥堵路段，可以征收必要费用和拥堵费；此外，也可以用于城市道路停车费征收。

3. 重要意义

建设智能税费征收系统，实现自由流收费，是智慧公路发展的内生需求，满足人们美好出行的需要。智能税费征收系统实现收费更精准、税率更灵活、功能更多样，能够有效解决普通公路主要养护管理资金来源问题，有效调节交通流量，实现路网资源合理配置，也能够限制车辆过度使用，鼓励绿色出行，保护环境。智能税费征收系统是在充分利用北斗卫星导航、5G、区块链等先进技术基础上设计的一套收费系统，是落实国家战略，促进北斗卫星导航、5G、区块链等技术在交通运输行业产业化应用的重要体现和载体。智能税费征收系统可以创造新的产业空间，"智能收费＋"新产业和智慧交通制造业等产业将得到快速发展。

二、发展目标

1. 总体目标

完善智慧公路基础功能体系，科学选择收费技术路径，建立安全可靠、性能优良、经济适用、集成度高、生态性好的新一代公路智能税费征收系统，为多场景的公路税费征收提供全面技术支撑，为智慧公路发展提供更优质的系统服务、连续动态数据流支撑、应用生态基础，建立新型公路公共财政保障制度，促进公路交通高质量发展。

2. 具体目标

公路税费智能征收：围绕公路里程统计、计费、支付、清分、结算、稽核等公路税费征收核心环节，建立先进适用、自主可控的技术平台，确保建设成本经济，各利益群体保持较低负担水平。

公路管理协同高效：以里程税征收应用场景为基础，依托北斗卫星导航、5G、大数据、云计算等多种先进技术，实现公路运输实时监控，开展交通运输运行状态预测预警和趋势分析，为智慧公路运行监测、管养维护、危险品监管等科学决策提供基础支撑。

公众服务便捷多样：打造服务内容多样、便捷智能的公众信息服务体系，除公路收费信息服务外，逐步拓展覆盖公众出行、智慧停车、智能充电、应急救援等服务应用场景。

产业生态创新活跃：助推北斗卫星导航、大数据、云计算等技术产品在交通运输领域的广泛应用，推动车联网、金融、智慧公路、智慧出行等产业集聚和创新生态构建，推进技术创新升级。

安全保障有力可靠：以满足网络安全等级保护、个人信息安全保护基本要求为基准，以数据安全和物联网安全为核心,最大程度提高网络和信息系统的主动防御和安全防护能力,实现风险可视化、防御主动化、运维自动化。

三、整体架构

新一代公路智能税费征收系统采用以"云(服务平台)+端(北斗车载终端)"为收费底座的系统架构(图0-14)。以"云(服务平台)+端(北斗车载终端)"为主,路侧设施(边端)为辅,整个系统架构更简洁,能够满足公路里程税征收用户规模大、路网范围广、灵活多变的应用场景。

图0-14 新一代公路智能税费征收系统技术架构图

1. 智能感知

智能感知设备包括车端设备、稽核设备、传输设备等,如北斗卫星、北斗车载定位装置、路侧定位补偿、雷达视频终端、5G终端等,计算功能相对较少。

2. 边缘底座

边缘底座即为路侧边缘计算平台,用于车辆边缘智能分析、网络流量卸载,包括边缘计算、边缘AI业务分析等,提升定位和计费的精准性、可靠性。

3. 智慧中台

智慧中台是云端服务平台,采用数据和业务分层设计架构。

数据中台为核心层,对数据进行分级管理。车辆轨迹数据是核心数据,将构建独立的数据平台进行数据存储和安全管理,以提供更高的安全保障。收费、清分结算数据等作为业务数据库进行管理,支撑里程税计费、清分结算等应用功能。

计算中台提供云端核心计算功能，支撑里程税征收、稽核、路网运行监测等业务应用功能。计算中台包括主机设备、存储设备、网络设备、安全设备、密码设备等。

业务中台由收费、稽核、应急救援、智能服务等业务的通用平台、模型构成，为应用系统的开发和运行提供可复用的组件、开发环境以及可直接调用的服务或功能，涵盖北斗数据网关系统、GIS平台、商业智能中间件、应用服务器中间件、数据交换平台、视频整合平台、舆情采集分析系统等。

4. 创新生态

在系统架构支撑下，以车辆和路侧动态信息为基础，开展智能收费、路网管理、安全监管、公众服务、交通金融等多类应用，为智慧公路发展、创新产业生态提供重要支撑。

智能收费应用场景包括里程税计费、用户支付缴费、银行清分结算、出具发票、收费稽核、终端发行等。此外还包括：路网运行监测、危险货物安全管理、智能养护等智慧公路应用场景；交通+金融产品服务，里程无忧税费贷、里程无忧保险、交通信易贷等金融服务应用场景；一站式服务等出行服务场景；车辆主动安全、一键救援、车辆可信定位等车路协同应用场景。

四、关键技术

1. 云服务平台

云服务平台是系统收费管理的中枢，采用区域云和中心云分级部署、数据平台和应用平台分级建设的原则，有利于实现更灵活、更安全、更低成本的云端收费服务。区域云完成区域路段车辆信息的汇聚、处理、计费、收费等管理，中心云完成区域间数据的共享交换、费用清分结算、收费稽核的协同管理等。

数据平台完成车辆时空信息共享交换与空间计算功能。共享交换功能通过车边设备安全接入、高并发优化、数据异常检测与智能预警、隐私防护、安全防护等技术，实现与车载终端、路侧单元、第三方平台等数据的汇聚、交换与共享，保障系统计量所需的可信服务质量与安全控制；空间计算功能通过轨迹补偿、路径拟合、全证据链生成及校验等技术，实现车辆轨迹数据与路网地图信息匹配，以及服务区、虚拟收费站点、公路出入口等点位的电子围栏管理等，实现复杂环境下的云端可信计量。

应用平台实现计费、数字货币支付、清分结算、收费管理、客户服务等应用服务，在数据平台轨迹处理结果颗粒度足够细化、计量足够精准的基础上，可以灵活匹配各种运营规则，实现精准计费和清分结算，可支持银行、第三方支付等多种便捷支付渠道，打造以车为核心的便捷支付生态体系。此外，应用平台支持未来智慧高速公路管理、运营、养护、服务等应用拓展。

2. 车载终端

车载终端是新一代公路智能税费征收系统征收费用的关键环节和重要载体。位置信息是新一代公路智能税费征收系统的基础。车载终端是位置信息定位和发送的载体,需具有定位、通信(支持5G、物联网技术),以及一键救援、信息服务等多种功能。

定位精准是车载终端的基本功能,通过突破泛源融合定位技术,支持车端多传感器、路侧感知增强、网络侧差分增强、高精度地图等泛源融合定位,实现终端定位的精准性、连续性和可用性。车载终端支持高频率采样和低频率上传,能够提供更密集连贯的位置信息,并降低对通信通道的压力。

系统采用终端采集、平台计费的模式,要求终端具有稳定数据上传和接收下发指令的通信能力,通过多模融合可靠通信技术,可保证终端与平台、路侧设施之间的数据交互。由于卫星信号和通信网络的脆弱性,隧道、高大建筑群、偏远峡谷、密林等复杂环境下存在轨迹中断情况,终端应具备数据备份存储功能,支持车辆高频采样的位置信息通过盲区补传、断点续传、低频上传等形式,以较低成本保证平台侧车辆轨迹的完整性。

终端具有金融功能,具备数字货币移动支付技术,支持银行、第三方支付等多种便捷支付渠道;具有防拆卸、防伪造、抗干扰等安全功能,确保终端入网的唯一性和安全性;具有语音播报或屏显功能,展示车辆基本状态以及与平台的交互信息,支持安全预警、一键救援与车路一体化信息服务等功能拓展。

3. 路侧单元

路侧单元主要是由DSRC天线、视频、雷达、高精度地基增强基站、路侧通信单元、气象传感器等单个设备或多个设备构成的集成体,建设方式以复用现有设施为主、新建为辅。建设路侧单元的目的是解决卫星导航信号和通信网络的脆弱性会导致车端定位信息不连续、不可用问题。

路侧单元支撑车辆可信导航,路侧单元通过多源传感器针对同一车辆目标的距离、角度等测量信息进行融合,为车端提供定位增强信息,提升车辆位置精度和连续性。路侧单元辅助收费稽核,路侧单元提供车辆车牌、车型、车轴数等身份和特征感知信息,支持路侧识别大车小标、车牌不一致等偷逃通行费疑似车辆,辅助稽核平台还原车辆行驶路径,支持在线遏制"跑长买短"等偷逃费行为的全证据链生成与校验服务,提升稽核业务的可靠性与可信性。

4. 车辆行驶路径精准记录及校验

新一代公路智能税费征收系统的设计原则是车载终端只负责上传数据,在云端完成车辆行驶路径精准记录和计量。数据上传至云端后，云端利用定位数据捆绑地图技术，将车辆定位信息与地理道路实体在电子收费地图中的空间矢量元素进行捆绑，通过电子收费地图模拟还原车辆行驶路线，通过对图的计量统计车辆的行驶里程。因此，云端需要建设全国统一的，满足精准收费需求的，具备车辆轨迹纠偏、实时位置跟踪、电子围栏匹配等功能的，实现地理道路实体矢量化的专用收费高精度地图。

遇到立交桥、高架桥、高密度路网等复杂二义性路网，或者车载终端故障、卫星故障导致的定位信息缺失、通信信号故障导致的信息难以上报等情况，均可导致云端无法对车辆进行精准记录，需要借助路侧单元实现车辆定位数据的有效上报，借助车载终端的备份记录功能，在云端利用全证据链生成及校验技术，实现复杂环境下云端的非实时可信精准计量，维护路径记录的完整和连续。

路径记录的精度取决于终端定位的精度和电子地图的精度。电子地图可达到米级精度，结合北斗高精地基增强服务车载终端，可达到分米级精度。而路径记录的完整性取决于车载终端采样的频率，采样频率越高，轨迹的还原性越好，因此车载终端设计具有高频采样功能。通过对以上关键环节的把控，还原的车辆路径的精度和还原度都可达到米级。

5.清分结算

计费系统和清分结算系统是新一代公路智能税费征收系统的重要组成部分。由于各地、各时段运营规则可能存在差异，车辆在跨地区、跨时段行驶后，均会出现复杂的清分结算场景。因此，建设计费系统和清分结算系统，构建计费—清分—清算—结算的完善收费体系，可配合实现各种运营规则的收费和清分结算，满足各种使用场景需求，确保新一代公路智能税费征收系统的公平性与权威性。

计费系统记录轨迹应结合车辆终端轨迹和路侧单元记录数据，运用数字孪生、路径推演、边缘计算等技术，实现高精度全路段定位，保证轨迹结果足够精准、颗粒度足够细化，结合清分结算系统运营规则数据模型，实现满足跨省份、跨市、跨区、跨时段等各场景需求的收费结算体系。

数据存储是保证整个清分结算系统稳定运行的关键点。清分方在转发各个参与方提交的各种结算数据的过程中，需保存这些数据，作为系统数据恢复及仲裁的依据。确保结算数据的可溯性，保证争议结算结果仲裁拥有充分依据，为清分结算系统提供数据保障。

6.稽核系统

稽核系统是新一代公路智能税费征收系统收费的重要组成部分。由于车载终端可以被拆卸、互换，北斗卫星导航系统定位信息可以被干扰、屏蔽，以上均会导致产生偷逃通行费行为。因此，需建设稽核系统，构建包括稽查、追缴、征信在内的闭环稽核体系，实现实时＋事后双重稽查,支持多元化的稽查方式和追缴渠道,维护税费征收秩序稳定,确保全路网应收尽收。

稽核系统应融合车端轨迹数据与路侧稽查结果,通过多源异构数据融合校验、神经网络学习模型和边缘计算技术,实现对海量定位和监测数据 AI 智能联动处理分析,利用智能风险轨迹提取、路径反演和自动化校验等技术,生成税费全证据链,实现改变缴费路径、改变车型车种、调换或屏蔽设备、冒充优惠或免费通行车辆等多种税费特情的可追溯,打造完整的稽核证据链。稽核系统建设还需要管理制度的配合,管理单位需建立稽核复审及协办机制,确保问题车辆偷逃行为真实有效;需建立追缴补费工作机制,允许客户办理补费事项。

7. 信用和隐私管理

(1) 隐私保护管理

新一代公路智能税费征收系统会记录用户的真实行驶路径及车牌等信息,以精确地进行里程税收费。系统会在多个环节对用户数据和通行数据信息进行加密和脱敏,在技术上防止敏感数据外泄,确保用户数据在使用、处理和流转过程中不被扩散、泄露或者滥用。同时,完善用户信息采集、存储、提取和删除等全流程的风险防控措施,严格执行《中华人民共和国保守国家秘密法》等法律规定和协议约定,充分披露信息收集和使用范围,严格履行风险告知义务,全方面保障用户隐私安全。

(2) 信用管理

新一代公路智能税费征收系统通过记录用户的出行全流程数据(包括运营数据、缴费信息、异常和报警信息等),为用户建立信用档案。通过信用评价名单管理功能,将用户名单分为守信名单、一般失信名单、重点关注名单和严重失信名单,对外公布严重失信名单,重点在车辆营运许可申请办理、车辆过户等环节开展联合惩戒,加大收费追缴力度。同时设置评价标准,并根据最新的法律法规、相关政策,动态更新评价标准,根据评价主体的最新行为,动态调整各级信用等级的名单。联合稽核系统及其他信用公共平台,加强数据共享,建设全路网信用体系,建立部门间、跨行业信息共享及联合惩戒机制,跟随社会信用体系建设步伐,推进公路信用体系建设,更大发挥社会信用管理效应。

8. 区块链应用

区块链是各参与方基于共识机制集体维护的一套分布式共享账本,是分布式数据存储、点对点传输、共识机制、加密算法等计算机技术的新型应用模式,为公路税费征收和支取提供技术赋能。将车辆行驶数据、公路税费数据上链,由于区块链具有防篡改、可追溯的特性,有利于减少税费清分结算的交易摩擦,提高清分结算效率,实现跨区域收费数据的协同共享。植入区块链,可以为企业、个人税费征收行为增信,有利于信用建设和隐私保护。稽核系统高度依赖数据的真实性,区块链有利于提高税费稽核效率,降低稽核成本。依托新一代公路智能税费征收系统发展"收费 +"和交通金融业务,离不开区块链技术的全面增信支持。

第五节　智慧化养护

一、概念与特征

公路养护是为了保持公路及其沿线设施良好的技术状况,及时修复损坏部分,防止其使用质量下降,并向公路使用者提供良好的服务所进行的作业。目前,我国正处于对传统公路的智慧养护阶段,在此过程中逐步探索与实践智慧公路的建设及养护,并形成一系列实践经验积累,以助于未来智慧公路全面建成后,承接原来的经验实现智慧公路的智慧养护。

1. 概念

智慧化养护以安全、高效、绿色、经济、韧性为目标,融合应用大数据、云计算、物联网、人工智能等新一代信息技术和智能装备、新材料、新能源等,从实时感知、泛在互联、融合计算、自主决策、智能协同、服务触达等方面进行全寿命周期集成应用,用智慧化的装备、材料及技术手段,对公路及其沿线设施实现全领域、全过程、全周期、全要素、全天候的科学化、智能化、主动式、预防性的维护、保障和提升。

2. 内涵

基于养护的主要任务、工作内容,借助智慧化的装备、材料及技术手段,促使养护各环节智慧化,从而实现养护的智慧化。

从主要任务看,应包括路基路面、桥涵、隧道、交通工程及沿线设施等公路基础设施养护。

从工作内容看,应包括路况检查及评定、养护决策、日常养护、养护工程设计、养护作业、养护质量评定验收,以及全过程安全管理、文件及数据管理等。

从实施环节看,应包括基础设施数字化、路况检测自动化、路况评价客观化、养护需求分析精准化、养护方案确定科学化、计划排序合理化、施工过程管理高效化、养护流程管理规范化、养护监管智能化。

3. 特征

技术上以新一代信息技术的应用为显著特征。在公路养护过程中,利用大数据、云计算、物联网、人工智能等新一代信息技术及智能装备技术,实现科学评价、预测、决策、实施。

范围上覆盖从建设移交到运营维护的全过程。强化并应用全寿命周期养护,基于对公路基础设施全寿命周期养护效益最优的基本原则,结合公路技术状况、交通量、管理需求、资金约束等因素,将建设、检查评定、日常养护、科学决策、养护计划、养护工程等养护全过程深度融合,实施全过程、全要素的科学化、智能化、主动式、预防性管理。

以服务人、车、路环境的深度融合及协同为主要目的。以养护信息、数据的收集、处理、发布、交换、分析、利用为主线,为公路使用者提供多样性的服务。同时,在物联网的大背景下,强调养护信息可以最大限度地与其他信息系统(人、车、路)实现互联互通,促进人车路环境深度融合,实现信息实时共享。

4. 实施对象

从智慧化养护的实践来看,主要实施对象集中为:一是对高速公路实施智慧化养护;二是对建设质量较好、具有建设智慧公路基础的普通国省道和农村公路实施智慧化养护。智慧化养护的分级分类和评价采取"三分一评"的模式,即分层、分类、分级、评价四个部分。智慧化养护分级分类匹配关系见表0-13。

智慧化养护分级分类匹配关系表　　　　　　　　表0-13

层级	类别(根据路网重要性、需求紧迫性和复杂性等)	等级	智慧化养护功能模块	
高速公路	一类 二类 三类	一级	基本项目	选择项目
		二级	基本项目	选择项目
		三级	基本项目	选择项目
		四级	基本项目	选择项目
		五级	基本项目	选择项目
普通国省道	一类 二类	一级	基本项目	选择项目
		二级	基本项目	选择项目
		三级	基本项目	选择项目
农村公路	一类 二类	一级	基本项目	选择项目
		二级	基本项目	选择项目

智慧化养护分层:根据公路不同的基础技术条件和建设管理模式,分为高速公路、普通国省道、农村公路三层,即公路"三张网"。

智慧化养护分类:综合考虑公路在路网中的战略地位、提升安全效率水平的需求强度、不同地区发展进程等客观因素,分别对三层公路进行分类。公路的各影响要素得分总和为公路的类别得分,根据得分,从高到低依次划分为一类、二类等。高速公路分为三类,普通国省道、农村公路均分为两类。

智慧化养护分级：公路的智慧化养护能力分为五级，从高到低分别为一级、二级、三级、四级、五级。一级为自主智慧，二级、三级为协同智慧，四级、五级为基本智慧。智慧化养护分级及特征见表0-14。

智慧化养护分级及特征表   表0-14

阶段	等级	特征
基本智慧	五级	无智慧化养护。未实现基础设施数字化，依靠人工感知、事后管控处理等传统技术手段养护
	四级	初级智慧化养护。在五级级别基础上，依靠人工感知、事中管控处理等方式，实现重点路段基础设施数字化及自动监测连续覆盖，显著提升管理和服务水平
协同智慧	三级	中级智慧化养护。在四级级别基础上，依靠人工感知、主动管控处理等方式，实现全路段基础设施全方位数字化及自动监测连续覆盖，提供恶劣气象条件下的安全引导服务，可利用太阳能光伏发电解决路面自融雪、交通监控、安全设施、无线通信以及未来智能交通路端设备等用电需求。具备小部分人工智能自主决策的养护决策能力。具备快捷的应急救援响应。养护管理和服务智慧为主，人工为辅
	二级	高级智慧化养护。在三级级别基础上，依靠自主管控、人工可干预等方式，实现全路段基础设施全方位数字化及自动监测连续覆盖，以及网联协同的智慧化管控环境，提供车路协同安全管控、车道级、伴随式的高精准信息服务等（包括养护施工信息等）。具备部分人工智能自主决策的养护决策能力。具备快捷的应急救援响应。养护管理和服务智慧为主，人工为辅
自主智慧	一级	完全智慧化养护。在二级级别基础上，全路网实现基础设施全方位数字化及自动监测连续覆盖，混行交通自主管控，人工、自主管控自主切换，提供全天候、伴随式、高效、"零死亡"的安全行车环境，具备可持续、低排放、资源节约、抵御恶劣气象和自然灾害的能力。完全具备基于人工智能自主决策的养护决策能力。养护管理和服务智慧为主，人工可干预

智慧化养护评价：智慧化养护的发展程度评价，反映了公路智慧化养护的能力水平与智慧化养护需求强度的匹配度或适应度。匹配度越高，则评价越高。高等级智慧化养护能力应匹配高智慧化养护需求类型公路，低等级智慧化养护能力可匹配低智慧化养护需求类型公路。智慧化养护层级及需求见表0-15。

智慧化养护层级及需求表   表0-15

层级	类别	智慧化养护需求
农村公路	一类 二类	推进公路基础设施全要素、全周期数字化建设，构建"全数字农路＋智能养护"农村公路管护新模式，建立农村公路长效运营保障机制
普通国省道	一类 二类	融合智慧公路内涵及普通国省道功能，基于新技术应用及安全运维保障，聚焦全方位服务、全业务管理、云控平台和基础设施四大内容，打造数字化公路管控及服务体系，逐步升级普通国省道可视、可测、可控、可服务水平
高速公路	一类 二类 三类	提高全系统资源配置和能力支撑，实现全量全要素的实时感知、千米级精细化主动控制，养护完全采用智慧化方式，人工可以实现养护重要服务和重点环节的干预

5. 作用

促进行业高质量发展。在当前公路养护资金普遍不足、养护管理效率亟待提升的行业背景下，大力发展智慧化养护，推动新一代信息技术与公路行业深度融合，建立先进的智慧化养护体系势必成为支撑公路行业可持续发展的重要保障。

提高养护管理实效。基于新一代信息技术的智慧化养护管理技术的应用，可进一步提高基础设施的使用寿命和管养部门的管理水平，有助于进一步提升资源配置优化能力、决策能力、管理能力，提高公路养护管理的质量与效率。

强化服务保障功能。通过实施智慧化养护，可进一步延长道路使用寿命，提升道路性能指标；加快交通事故、特殊天气等突发事件的反应和处置速度，最大限度地降低负面事件对车辆通行的影响；提供精准化的信息服务，通过各种渠道及时、准确地发布占路、阻断、灾害等路面灾害信息以及交通设施异常等，为公众出行提供精准、优质的信息服务。

降低养护经济成本。在信息化时代背景下，高效利用智慧化的养护管理模式，构建完善的智能一体化信息平台，不仅能够利用大数据分析技术完成海量数据信息的自动分析，提高数据信息处理的精确度，还能提前做好养护预警工作，降低后期运维成本。

促进人民满意交通建设。基于先进的科技手段和智能化设备对公路进行全方位、全天候的监测和管理，结合"精细管理、精准服务"理念，实现公路设施的高效运行和维护，为公众提供安全、舒适、便捷的乘车环境，让人民群众在出行中感受到的获得感、幸福感、安全感更加充实、更有保障、更可持续，为加快建设人民满意交通、努力当好中国式现代化的开路先锋提供坚实支撑。

二、发展目标

1. 近五年（到 2027 年）目标

坚持"顶层设计，优化架构体系"和"问题导向，破解痛点难点"两条线同时推进。以数字化升级改造为手段，以公路养护科学决策为核心，优化完善智慧化养护体系。覆盖"三重一突出"（重点区域、重要通道、重大构造物、突出问题）路段，重点区域及若干主通道基本实现智慧化养护、重大构造物实现智慧监测全覆盖、公路应急指挥实现智能协同。开展一批智慧养护示范工程（若干典型高速公路、典型普通国省道、典型农村公路），初步实现设施数字化、养护专业化、管理现代化、运行高效化、服务优质化，进一步提升安全水平、服务水平和资金使用效益，为开展智慧公路的智慧养护积累扎实经验。

重点区域：四大城市群（长三角城市群、珠三角城市群、京津冀城市群和成渝城市群）

高风险路段,包括恶劣天气高影响、灾害多发、事故易发、历史事故多发等路段;政治经济意义路段等。

重要通道:国家综合立体交通网主骨架中的公路通道、重点运输通道、一些具备条件的繁忙通道、重点区域及若干主通道。

重大构造物:重要桥梁、具备条件的长大隧道、高边坡及支挡结构。

突出问题:重大事件或事故应急响应、准全天候安全保障、养护资金紧张等。

2.2035 年目标

到 2035 年,基本建成智慧公路网体系,智慧化养护得到大范围应用。国家综合立体交通网规划中的公路骨干部分、国家公路、城市群都市圈主要通道基本建成智慧公路。以智慧公路建设为依托,全面建立全要素感知、全方位服务、全过程管控、全数字运营的养护体系,实现科学高效智能养护。其他干线公路和农村公路的智慧化养护水平得到大幅提升,依托信息化管理平台,实现管养智能化。

养护管理数字化转型成效明显。在役干线公路数字化覆盖率大幅提升;重大桥隧具备数字孪生及相应智能运行和安全响应应急处置能力;建成省部联网的公路行业大数据中心,整合行业各类数据资源,实现多源数据深度融合和智能分析,高效辅助科学决策。整体实现大数据在公路养护全周期各环节规模化应用,持续优化养护管理全过程,大力推广全周期预防性养护新模式,推动生产方式变革。

科技创新应用全面增强。大数据、云计算、物联网等新一代信息技术实现规模化应用;自助设备、养护自动化设备、无人机等智能装备实现规模化应用。

养护经济效益全面提升。快速化、集约化、自动化、智能化养护作业和科学养护决策大规模实施,养护的时间成本、人力成本、资金成本大幅降低。

安全应急能力显著提升。全国干线公路网基本具备准全天候通行保障能力,具备条件的通道实现全天候通行;综合应用智能化应急响应、救灾救援技术和"一路多方"协同平台等,对于突发事件和事故,尤其是重大事件和事故的应急处置效率和能力得到大幅提升;基于公路基础设施监测预警体系和自然灾害综合风险相关数据构建的"公路综合风险一张图",实现对全部高速公路和重点国省道的路网风险精准辨识和应急管理智能化。

公众出行体验显著改善。道路拥堵情况大幅缓解;因养护或部分天气原因封路情况大幅降低;通过丰富信息服务渠道和内容等,公众对公路服务水平满意度大幅提升。

治理效能大幅提升。部省两级公路综合养护管理系统实现对路网资产养护管理的全面掌握和科学研判;部省两级农村公路数字化综合监管体系助力实现"四好农村路"高质量发展目标。

3. 2050 年目标

到 2050 年,全面建成智慧公路网体系,智慧化养护水平位居世界前列。智慧化养护有力服务人民满意交通建设,在综合运输体系和服务国家发展与安全中发挥的作用显著,全面形成智慧化养护发展的良好生态圈,全面支持公路行业可持续发展,对产业发展的带动作用显著,为加快建设交通强国提供坚实支撑。

三、指标体系构成

智慧化养护应该以安全、高效、绿色、经济、韧性五大目标为指引,对全路网提出养护智慧化程度的评价指标体系,包括技术实现指标(如应用系统覆盖率等)、能力效果指标(如公路养护成本降幅)等。公路智慧化养护评价指标见表 0-16。

公路智慧化养护评价指标表   表 0-16

一级指标	二级指标	类别
基础设施	公路及其附属设施使用寿命提升	能力效果指标
	智慧化设施完好率	技术实现指标
智能检测	公路养护智能检测技术应用水平	技术实现指标
	自动化检测准确率	技术实现指标
智能监测	公路养护智能监测技术应用水平	技术实现指标
科学决策	智慧养护科学决策水平	能力效果指标
	公路养护数据中台技术应用水平	技术实现指标
	养护资金决策准确率与实际资金使用情况偏差率	能力效果指标
技术装备	"四新"技术使用率	技术实现指标
	智能装备水平	技术实现指标

四、技术架构

智慧化养护技术架构综合考虑养护实施内容、实施环节,从促进智慧化养护水平提升的角度,重点要完善六大体系:多层次数据感知体系、基础数据归集标准体系、技术状况检测评价体系、养护科学决策分析体系、养护施工过程管理体系、养护效益评估技术体系。智慧化养护技术架构如图 0-15 所示。

1. 多层次数据感知体系

研究公路不同子单元自动化智能感知技术方向,探索获取公路运行状态下结构物性能、环境等信息的新方案,研究确定公路交通运行监测数据接入的关键技术及技术实施路径,建立公路不同维度信息的融合集成与处理体系,在全面互联的基础上,通过数据流动和分析,建立公路基础设施工业互联网平台,推出公路全天候动静态感知新范式,打造公路信息基座。

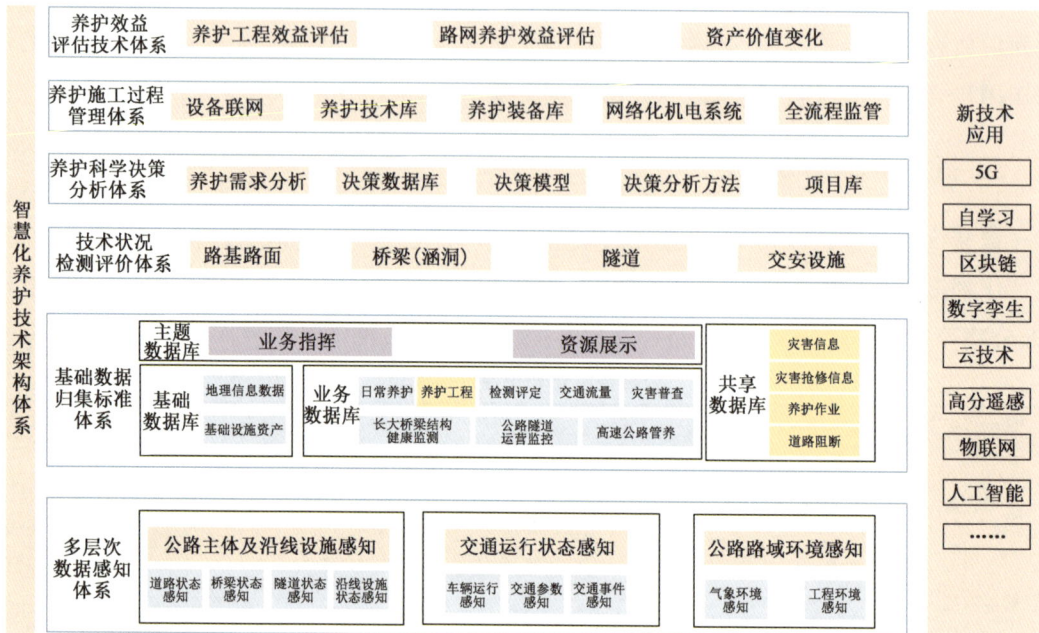

图 0-15 智慧化养护技术架构图

2.基础数据归集标准体系

面向全资产数智化养护管理发展需求,基于全寿命周期理论,构建勘察设计、建设、运营、养护各阶段统一的数据管理标准体系,实现多维多源公路全资产管理数据的贯穿融合。从智慧养护、基础设施资产管理、智能交通等应用场景出发,设计公路行业的智慧养护数据中台架构,实现对不同公路设施的动态数据和静态数据的管理,并基于公路 GIS 地图,形成分层次的数据集成和可视化展示。

3.技术状况检测评价体系

多层次数据感知背景下,完善公路路面、桥梁、涵洞、隧道、交通安全设施等公路技术状况检测与评定体系。优先采用新技术、新设备和自动化检测手段。探索推广新型无损、便携式检测装备,开发推广应用经济高效自动化、轻量化检测装备,大幅提升智能检测水平。深入研究不同采集方式、采集设备的数据标准及标定关系;结合各地的气候、交通及环境特点,对各类检测数据进行深入分析挖掘,建立各地差异化的病害图谱,为养护科学决策提供直接依据。

4. 养护科学决策分析体系

确定全资产养护决策的决策目标、决策过程以及对应的差异化决策内容。建立养护分析相关模型，包括养护对策模型、使用性能预测模型、养护方案费用模型、优先排序模型等，并对模型参数进行定期标定和修正。完善养护决策分析方法，包括养护需求分析、养护预算分析、资金优化分配等，支撑中长期养护规划及年度养护计划编制，并将预防养护、修复养护等适合进行项目库管理的养护工程纳入项目库管理，实施动态调整、定期更新。注重路况大数据的积累和挖掘，综合利用信息化系统，为建成自学习、自适应的动态养护决策体系提供指导。

5. 养护施工过程管理体系

利用数据支撑仿真化设计，在大型养护施工前通过软件对交通流量进行模拟测算，最大限度地降低对交通的影响。以提升养护作业实施效率和质量为重点，依托精准定位与高可靠通信技术、安全状态与环境感知技术、一体化系统集成技术，开展机械设备自身的智能化改造，实现设备联网、辅助作业、自动作业。注重应用适应养护生产特点的人工智能装备和自动化生产机械，重点加强日常快速养护装备、应急抢险装备、养护作业安全防护设备配置，推广智慧化施工作业装备。加强智慧绿色的养护机械设备研发与应用，开发多功能一体化及新能源养护机械设备，探索无人驾驶在养护机械设备中的应用，深化无人机、爬坡机器人等设备的应用，探索开展无人化辅助巡检施工应用，开展路面无人机群摊压施工、无线遥控挖掘机等技术应用。加强机电系统运行维护，完善并构建系统、设备和网络的监测管理系统，通过系统、设备和网络的监测功能掌握运行状况，实现机电系统维护管理工作及时到位。加速完成网络化机电系统的构建，推动机电运维管理数字化、机电系统运行智能化。

6. 养护效益评估技术体系

采用定量评估与定性评估相结合的方法，对养护决策达到既定养护目标的程度开展效益评估，分阶段反馈养护决策各环节目标完成情况，以改善养护决策方法、优化养护决策模型。养护工程效益评估侧重于设施技术状况提升、设施服务水平改善、长期路用性能提升等，对效益较差或未达到预期目标的工程项目，分析原因并不断改善设计和施工水平，同时选择代表性路段，对当地典型养护方案、典型结构长期路用性能进行跟踪监测。路网养护效果评估侧重于养护科学决策使用率评估、路网技术状况改善情况评估、养护资金使用效益评估、养护预期目标实现程度评估，并逐年分析路网养护投入和路网技术状况的关系，为建立符合实际的养护投入和产出关系提供扎实基础。此外，还应通过资产评估的方法评价养护工程实施前后设施资产价值的变化情况。

五、重点任务

1. 建立智慧化养护发展的统一标准

智慧化养护应注重解决缺乏行业统一标准的主要问题。应结合智慧公路未来发展需求，建立完善的智慧化养护标准，为智慧公路提供养护管理规范和技术指导；建立智慧化养护行业标准，鼓励各地制定并出台智慧化养护地方标准，有效提升智慧化养护的标准化水平。

2. 建立智慧化养护的技术支撑体系

按照智慧化养护的技术架构，逐步健全完善的技术支撑体系，提出鼓励应用的相关养护技术、装备、材料等。智慧化养护技术清单见表0-17。

智慧化养护技术清单　　　　　　　　　　表0-17

类型	技术名称	说明
多层次数据感知体系	公路运营交通传感监测技术	研制推广公路养护智能化应用，重点是基于AI的自动化巡查，利用电磁传感技术、雷达探测技术、超声波传感技术、视频检测技术（视频图像检测器）、分布式光纤传感技术、5G技术等，进行公路基础设施状态和环境的实时感知，实现重点运输通道全天候、全要素、全过程实时监测
	桥梁健康监测技术	通过传感器的智能化、监测点布置方法的优化、数据传输方式的改进、受损识别方法训练等手段，进行桥梁健康状况的检测、评估与预警
	隧道健康监测技术	通过物联网、云计算、传感器、无线通信等技术，对隧道进行实时监测、分级预警、统计分析等
	边坡健康监测技术	通过基于3S技术[①]的集成监测、基于时域反射测试技术的边坡深部位移监测、基于地面激光扫描测距的边坡监测、数字近景摄影测量技术、分布式光纤传感技术及阵列式形变测量技术等进行边坡监测
基础数据归集标准体系	智慧养护数据中台	通过数据存储技术、数据集成技术、数据安全技术、大数据处理技术、数据可视化技术、数据治理技术等，提供更加高效、可靠的养护数据管理服务
技术状况检测评价体系	公路技术状况自动化检测技术	研制推广公路养护智能化应用，重点是基于AI的自动化巡查，通过无损检测和便携式、自动化装备，提高公路技术状况检测的范围、频率和精度，及时掌握公路技术状况
养护科学决策分析体系	公路养护科学决策管理系统	通过系统平台建设，实现公路资产、养护业务管理标准化
	决策模型与方法	加强公路养护科学决策方法研究，重点研发各类设施养护评价、预测、决策等分析算法与模型
	自学习决策技术	通过人工智能、机器学习大数据分析，优化养护决策算法，实现公路智能养护决策及性能预测，提升养护对策的准确度与预测的精确度，降低全寿命周期养护费用

续上表

类型	技术名称	说明
养护施工过程管理体系	绿色养护技术	加强绿色养护技术的研发与推广,重点包括旧路面材料再生、循环利用技术,节能、减排、降耗技术,路面结构优化技术,抗凝冰、降噪路面等技术,预防养护技术等
	工程耐久性技术	着力突破工程耐久性提升关键技术,包括沥青玛琋脂碎石混合料(SMA)路面技术,高性能级配碎石旋转剪切压实试验法(GTM)设计沥青混合料技术,灌入式半柔性抗车辙沥青路面技术,无车辙沥青路面技术,高黏结力环氧乳化沥青技术,常温精薄罩面、温拌极薄罩面、超薄罩面技术,高韧超薄磨耗层技术,振动成型法基层混合料设计技术,高聚物基层注浆技术,摊铺式应力吸收加强层间结合处置技术等
	新型养护装备	加快公路技术状况检测监测及养护装备研发,重点是公路桥隧、交通安全设施等自动化快速检测装备、无人化养护施工装备研发,推动多功能高性能智能检测养护机器人研发应用;结合北斗卫星导航、无损检测、无人作业等技术,制造高端公路养护装备,实现智能控制;开展专用保障装备研发,推动自然灾害交通快速抢通保通装备、交通事故救援机器人等研发应用;推动基于物联网的养护工程质量管理等研发应用
养护效益评估技术体系	长期路用性能技术	重点推进公路长期性能科学观测,开展公路全寿命周期性能演化规律等基础理论研究;运用图像识别、视频监控、网络传输等信息化技术对路面运营期长期性能进行跟踪监测,推动大数据、物联网等新一代空天信息技术在路面施工质量智能监测和性能评价方面的应用

注:①3S 技术指地理信息系统、全球定位系统和遥感技术。

3. 完善智慧化养护的管理运行机制

养护管理工作涉及发展改革、财政、人力资源和社会保障等多个部门,要明确有关部门职责与分工,争取更多的重视与支持,切实凝聚促进智慧化养护水平提升的发展合力。建立政府与市场合理分工的养护运行机制,加快构建统一开放、规范有序的养护市场,为智慧化养护产业发展营造良好氛围。

4. 促进智慧化养护的制度体系建设

细化加快智慧化养护发展的路径和阶段,聚焦每个阶段中要解决的核心问题,加强政府的支持和引导,从政府投入、技术创新、标准制定、产业促进、平台建设和整合、市场模式确立等方面进行引导,做好顶层设计工作,做好智慧化养护的基础保障,使智慧化养护有法可依,有效提升智慧公路养护管理的规范化水平。

5. 强化智慧化养护发展的要素支撑

全方位强化智慧化养护从顶层设计到底层支撑的人才培育体系,持续对智慧化养护各类人才开展专业技术培训,提高智慧化养护业务技术人员整体工作能力和业务能力。

稳定资金保障,推动建立养护管理资金投入增长机制,并从中安排专项资金用于推进智慧化养护提升。强化绩效目标管理,研究智慧化养护绩效评价指标体系,促进智慧化养护专项资金使用科学、有效。发挥重点科研平台、产学研联合创新平台作用,加大基础性、战略性、前沿性技术攻关力度,力争在促进智慧化养护水平提升的重大关键技术上取得突破。

6.创建智慧化养护的试点示范工程

创建智慧化养护试点示范工程,主要包括京津冀城市群一体化智慧养护示范工程、基于泛在感知的高速公路全寿命周期养护决策示范工程、高速公路全寿命周期智慧化养护示范工程、普通国省道智慧应急管理示范工程、农村公路智慧化管理平台示范工程等。

六、经济效益分析

以全寿命周期理论分析为基础,对全长100km的某高速公路以30年为分析周期,开展传统养护和智慧化养护的费用对比分析。

采用传统养护方式时,30年内进行了3个"中修—大修"养护周期,养护总费用为186170万元;采用智慧化养护方式时,通过智慧决策选择合适的养护技术,推迟了大中修时间,只进行了2个"中修—大修"养护周期,养护总费用为109010万元,降低养护成本约41.4%。

考虑智慧化养护模式的建设费用(重点包括相关技术应用、建立相关管理系统、实现智能感知和养护施工),全寿命周期内养护总费用为115470万元,降低养护成本约37.9%。传统高速公路养护费用测算见表0-18,高速公路智慧化养护费用测算见表0-19,智慧化养护模式建设费用测算见表0-20。

传统高速公路养护费用测算表 表0-18

运营期 （年）	日常养护 （万元）	养护工程 （万元）	路面状况指数 （PCI）预测	合计 （万元）	备注
1	120	0	100	120	
2	170	0	98	170	
3	180	0	95	180	
4	210	0	91	210	
...	...	...	...	...	
28	150	36000	99	36150	大修80%,600万元/km
29	170	0	97	170	
30	180	0	94	180	
合计	6170	180000		186170	

高速公路智慧化养护费用测算表　　　　　　　　　　　表 0-19

运营期 （年）	日常养护 （万元）	养护工程 （万元）	路面状况指数 （PCI）预测	合计 （万元）	备注
1	120	0	100	120	
2	170	0	98	170	
3	180	0	95	180	
4	210	120	92	330	预防养护 25%，60 万元/km
…	…	…	…	…	……
28	230	120	93	350	预防养护 25%，60 万元/km
29	260	180	92	440	预防养护 30%，60 万元/km
30	260	240	92	500	预防养护 40%，60 万元/km
合计	6590	102420		109010	

智慧化养护模式建设费用测算表　　　　　　　　　　　表 0-20

类型	序号	技术名称	费用预估 （万元）	估算说明
多层次数据 感知	1	公路交通多层次 监测检测技术	2600	公路自动化巡查、新一代基础设施运行状况监测、运行环境监测等设备购买及 30 年养护期运行、维修保养费
	2	桥梁健康监测技术	420	桥梁健康监测传感器布设及 30 年养护期运行、维修保养费
	3	隧道健康监测技术	360	隧道健康监测传感器布设及 30 年养护期运行、维修保养费
	4	边坡健康监测技术	440	边坡健康监测传感器布设及 30 年养护期运行、维修保养费
	5	公路技术状况自动化 检测技术	600	公路自动化巡查检测设备购买，30 年养护期内定期检测和数据处理费
智慧决策	6	公路养护综合 管理系统	800	管理平台建设费用分摊 200 万元，30 年养护期内每年运维费用按 10% 计算
	7	自学习决策技术 （智慧大脑）	300	公路大数据收集、存储、集成、分析处理，通过自学习进行决策
养护实施	8	绿色养护技术	240	引进新型绿色养护技术，同时考虑实施过程中较传统养护技术增加的材料、设备等成本
	9	新型自动化养护装备	500	引进自动化养护装备，并配套培训、使用、管理费用
	10	施工过程管控技术	200	基于施工场景智能采集，实现养护工程施工过程监管
合计			6460	

第六节　智慧服务区

一、概念与特征

　　智慧服务区是指以高质量服务出行者、服务在地发展为目标，通过应用物联网、大数据、云计算、人工智能等新一代信息技术，以全要素数字化和数据驱动为基础，具有服务一体化和智慧化能力，具备数字化、平台化、移动化、生态化和网络化等主要特征的服务区新形态。

　　智慧服务区具有数字化、平台化、移动化、生态化和网络化五个特征。

数字化：以全要素感知和泛在互联为基础，以数据融合应用为驱动，智慧服务区将车流、客流、商业、设施运行等服务区运营管理、经营服务的核心要素实现数字化。

平台化：通过海量多源数据汇聚，在智慧服务区的统一基础支撑体系、统一应用系统的平台基础上，应用场景的创新、数据资源的汇集和融合应用水平将呈现鲜明的平台化趋势和效应，从而推动业务标准化、规范化的 Pass 平台的不断升级，同时，在服务路网运营、交能融合、路衍经济和服务在地发展等方面，也将呈现出平台化的特征。

移动化：面向社会公众出行移动过程服务，以及满足管理人员移动办公需求等，以移动应用为核心，通过自主开发或第三方实现服务区管理和服务的移动化。

生态化：除了数字生态，智慧服务区发展需要政府、企业等多方协同发力，依托业务线上化和全要素数字化，在交旅融合、智慧物流、节能减碳、乡村振兴、共同富裕与电子商务等领域探索新的创新场景，打造开放式的服务区生态体系。

网络化：通过不同服务区之间的联网以及服务区与道路的联网，可以实现信息共享与统筹管理，体现为区区协同、区路协同与区地协同，并融入数字交通、数字中国等更大的数字经济体系。

二、发展目标

我国智慧服务区的发展按照"两阶段三步走"进行部署实施。两阶段即 2035 年和 2050 年两个阶段，三步走即近五年（到 2027 年）工作目标、2035 年发展目标和 2050 年发展目标。遵循新发展理念，按照交通强国、数字交通的发展要求，坚持服务为本、安全优先，坚持系统性、协同性和可持续观念，坚持分类分级、梯次推进的发展原则，加强顶层设计，建立政策和标准规范体系，逐步推动示范试点，形成融合发展、多跨协同的生态化、平台化智慧服务区"一张网"，建成世界领先的智慧服务区体系。

1. 近五年（到 2027 年）目标

公路服务区智慧化建设基本实现一体化融合发展，数字化、智能化、智慧化程度取得实质性进步；公路服务区的综合能力、服务品质、运行效率和整体效益明显提升；推动智慧服务区发展向世界一流水平迈进。着手打造服务区管理系统与省级平台联网，打造"人、车、区"信息智慧互联和数字化管理系统，全面提升服务区运营管理水平和公众出行体验，为形成横向打通、纵向贯通、协调有力的智慧服务区"一张网"打下良好基础。

2. 2035 年目标

基本建成平台化、生态化特征显著的智慧服务区"一张网"，初步实现出行服务一体化。智慧服务区关键技术实现安全统一、自主可控，建成多跨协同管理系统，部分智慧服务区达到国际一流水平。伴随式服务能力显著提升，服务品质与公众出行体验明显改善。

智慧服务区相关产业初具规模,成为智慧公路数字产业的重要组成和关键领域。

3.2050 年目标

全面建成智慧服务区"一张网",全面实现出行服务一体化,有力支撑智慧公路网体系,整体发展水平达到国际领先。服务区实现全要素、全流程、全场景的智慧化运营,平台化、生态化效应显著。全面实现伴随式服务,有效满足人民群众美好出行需求。智慧服务区相关产业辐射力显著提升,对智慧交通产业发展的支撑力持续增强,服务交通强国等国家战略的能力显著增强。

三、体系架构与应用场景

1. 整体架构

全国公路智慧服务区系统是部级智慧服务区综合管理平台,可以部署在云计算环境,能与省级、管理公司级、服务区级平台实现数据互联互通;同时能与省部级公共数据平台、高速公路监控中心、高速公路集团或高速公路所处路段的管理公司、全国行业监管以及外部的第三方出行信息服务平台数据互联互通,如图 0-16 所示。

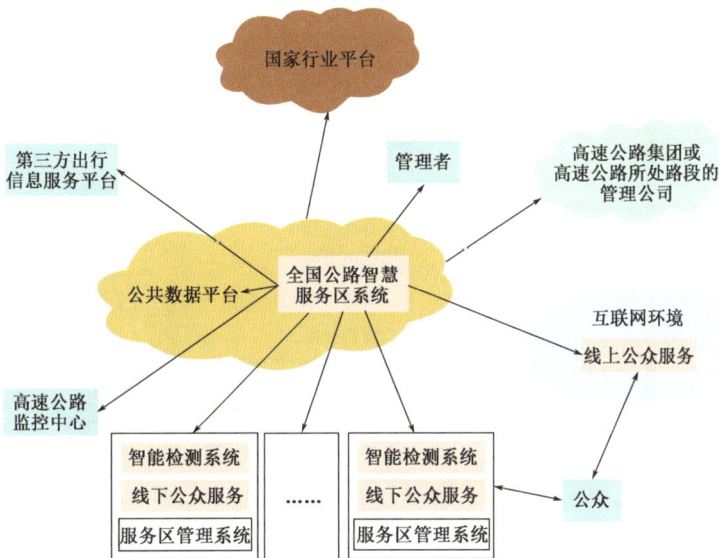

图 0-16 智慧服务区整体架构图

2. 层级架构

系统层级架构设计既要充分整合原有服务区信息化系统功能,又要全面考虑新一代信息技术在服务区的推广应用。服务区的管理层面从上到下分别为部级、省级、企业级,如图 0-17 所示。

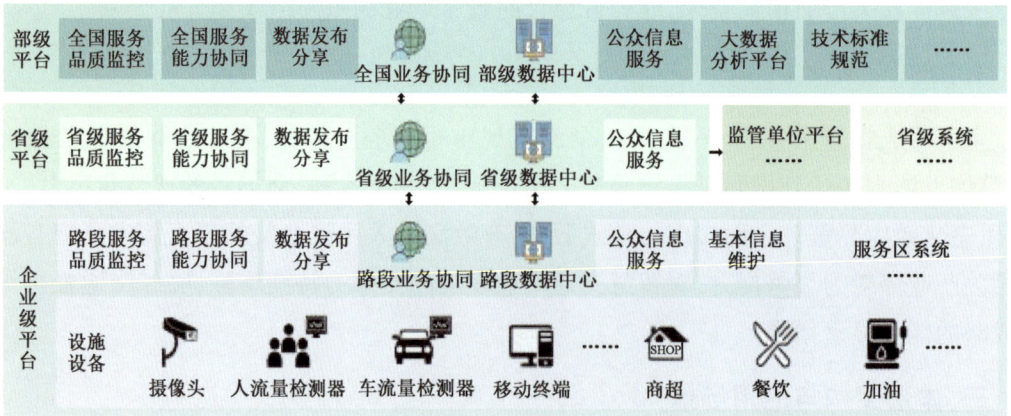

图 0-17　智慧服务区层级架构图

3. 业务架构

智慧服务区的业务架构按照业务属性可分为公共服务、运营管理、经营管理、产业服务、应急保障、社会治理六大应用系统、23 个子系统，如图 0-18 所示。

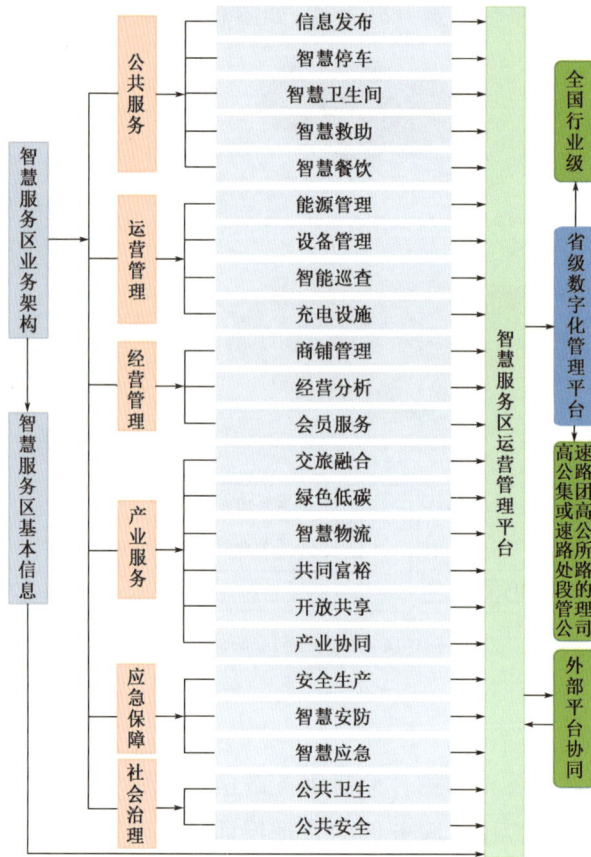

图 0-18　智慧服务区业务架构图

4.服务区操作系统

服务区操作系统(Service Area Operating System,SAOS)是服务区数字化建设的底座平台,通过对接物联感知设备及应用系统,实现对服务区信息资源整合分析及统一调度和管理,支持上层应用系统的快速开发和部署,如图0-19所示。

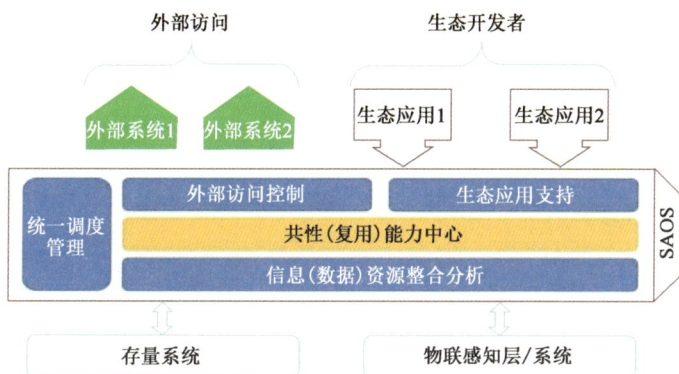

图 0-19　智慧服务区操作系统示意图

智慧服务区操作系统向下是对各类感知设备/信息资源的采集,向上为应用提供各类服务,实现服务区信息资源的统一调度和管理,从本质上解决"信息孤岛"问题,更好地为驾乘人员提供服务。智慧服务区操作系统技术架构如图0-20所示。

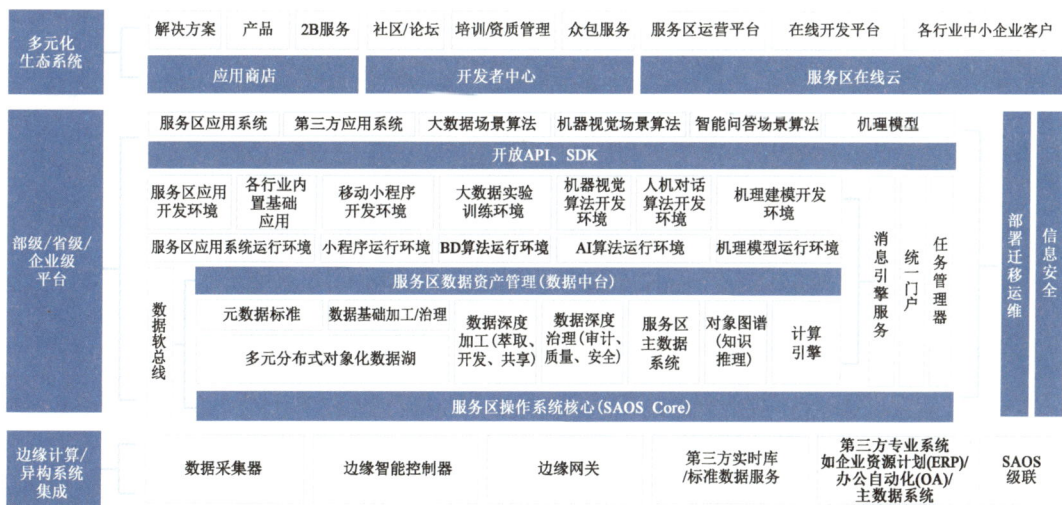

图 0-20　智慧服务区操作系统技术架构图

2B 服务-To Bussiness 服务,指针对企业客户提供的服务;API-Application Programming Interface,应用编程接口;SDK-软件开发工具包;BD 算法-块对角化算法

智慧服务区操作系统的技术架构从下到上分为边缘计算/异构系统集成、部级/省级/企业级平台、多元化生态系统。

5.智慧服务区应用场景

智慧服务区建设应在现有服务区的基础上，结合新一代信息技术及服务区操作系统，以具体应用场景作为服务区智慧化的落地点，建成多层级的智慧公路服务区。智慧服务区应用场景分类与定义见表0-21。

智慧服务区应用场景分类与定义　　　　　　表0-21

一级分类	二级分类	场景基础定义
公共服务	信息发布	利用服务区各类显示终端、指引系统和广播系统，在不同区域、不同时段发布信息内容，方便驾乘人员获得实时信息
	智慧停车	利用各种智能终端，对进入服务区的车辆根据车型进行诱导，实现分区停车和车位级精准引导，提升停车效率
	智慧卫生间	利用异味监测技术和异味处理设施解决卫生间异味，支持厕位引导、人流统计、厕位排队等功能
	智慧救助	利用一键报警器等各类救助服务设施设备，为驾乘人员提供救助服务，遇到物品丢失、突发疾病、人员走失等突发或紧急事件时，服务区及时提供人性化服务
	智慧餐饮	具备智能点餐、送餐机器人、自动结算、自助收银等功能
运营管理	能源管理	实现对用电、供暖、供冷、用水、燃气等能源使用情况信息的采集和监控，实现对能源的统一管理和优化
	设备管理	通过配置服务平台，提供无线网络、多功能自助终端、服务区内导向、新能源汽车补给、移动智能终端充电、客流车流检测、公共区域视频监视等智能化设备管理
	智能巡查	在日常巡查路径上设置打卡设备，准确记录巡查人员的巡逻时间、次数和线路，实现对巡查人员的工作监管
	充电设施	形成"固定设施为主体，移动设施为补充，重要节点全覆盖，运行维护服务好，社会公众出行有保障"的充电基础设施网络，有效满足电动汽车充电需求，服务公众便捷出行
经营管理	商铺管理	实现商品采购、入库到零售全过程信息化管理，通过对服务区店铺综合信息的监控，实现实时预警，集成服务区内的商户管理、招商管理、评分管理、结算管理功能，实现服务区商铺入驻资质评级、基本信息自动录入与审批管理。提升高速公路服务区商铺和管理者的经营管理能力，为驾乘人员提供便捷的消费体验
	经营分析	实现服务区运行指数计算和运行状态分析，提升服务区可视化管理、精细化服务水平，提升服务区的服务能力和管理品质
	会员服务	会员服务可向驾乘人员提供信息查询（停车信息、服务区业态布局、公共服务设施信息等）、餐饮提前下单（节假日高峰期节省排队等候时间）、会员增值服务（消费积分兑换商品、商品折扣信息获取等）、当地名优特产购买等
产业服务	交旅融合	结合服务区所在区域的自然资源、地理条件、人文景观和绿化设施，构建智慧化主题特色服务。宜因地制宜打造具有地方特色的旅游主题服务区，根据公众旅游需求，科学增设导游、休息娱乐、房车营地等旅游服务功能，丰富服务区经营业态，为驾乘人员提供更加多样、更高品质的服务

一级分类	二级分类	场景基础定义
产业服务	绿色低碳	利用服务区、边坡、屏障等高速公路现有场所或条件,建设光伏能源设备,为高速公路提供新能源补给服务。加强太阳能、风能等可再生能源及节能设备在服务区的推广应用,加快服务区充电、加气设施建设,积极引进先进技术和污水处理设施
	智慧物流	建立智慧物流信息化运作及保障机制,实现全供应链上的标准化、自动化、智能化、数据化与精细化运作和管理
	共同富裕	集服务驾乘游客、带动周边经济发展、地域文化展示交流于一体,扩大服务区的业态类型与服务范围,在服务区高质量发展中促进共同富裕
	开放共享	打造开放式服务区,打破传统服务区对地方区域经济的屏蔽效应,加强服务区与地方区域经济各方面的交流与联系
	产业协同	基于新一代信息技术,加强数字基础设施的高效联通,有效释放数字交通领域中蕴含的数据要素价值,对服务区产业链、价值链进行重塑和改造,形成服务区产业互联共建的生态
应急保障	安全生产	遵循"安全第一、预防为主、综合治理"的基本原则,实现服务区的停车安全管理、危化品车安全管理、加油充电安全管理、食品安全及风险预警管理等,保障服务区内安全生产总体稳定
	智慧安防	实现对服务区进出通道、广场、停车区域、加油站、经营场所等位置的视频监控和客流、车流的精细化检测,实现对服务区视频监控的全覆盖、全过程、全天候管理,自动识别垃圾乱丢、车辆违停等违规行为,营造安全舒适的服务环境
	智慧应急	实现事前风险隐患排查和治理,事中应急响应、突发事件处置和音视频会商等,事后事件处置效果分析和应急评估
社会治理	公共卫生	对服务区卫生状况进行监督管理,实时监测服务区环境卫生、特情防控情况等,提升服务区公共卫生的服务保障能力
	公共安全	视频监控与公安系统对接,实现服务区警情事件实时动态监控,确保警情事件得到及时处理。充分利用服务区信息发布屏、广播、警务栏等向驾乘人员宣传安全防范知识,切实提高驾乘人员自我防范意识与能力

四、智慧服务区分类分级与评价

1.分类分级

我国公路服务区分布规模广、资源禀赋各异、功能定位不尽相同,由于普通公路服务站(点)和高速公路服务区的基础条件不同、投入能力不同、需求目标不同,推进全国智慧服务区差异化布局、有序化建设是必然选择,是厘清目前我国部分智慧服务区建设"贪高求全""碎片分散"各类乱象的重要工作方向。从其他行业和各地的实践经验来看,分级分类是实现以上目标的有效方法。因此,公路智慧服务区可分为高速公路智慧服务区和普通公路智慧服务站(点)两大类。

智慧服务区分级主要考虑高速公路服务区的属性特点、资源基础、功能定位等因素，有条件开展智慧化建设的普通公路服务站（点）可参考高速公路服务区的智慧等级进行分级。智慧服务区的分级主要从技术、业务、数据三个方面进行划分，以便于管理和评估。

（1）基本智慧服务区

核心能力：技术方面，主要是基础设施建设，包括网络传输体系、运行保障体系等；业务方面，主要是基础服务，包括餐饮、住宿、商业等；数据方面，主要是基本数据采集和处理，包括车流检测、人流检测、监控等基础数据采集和处理。

等级特征：智慧化、信息化水平一般；具备基本服务功能。

（2）中级智慧服务区

核心能力：技术方面，主要是信息化建设，包括大数据处理中心和云服务平台等；业务方面，主要是协同服务，包括物流配送、信息共享等；数据方面，主要是数据分析、数据安全、数据恢复等。

等级特征：智慧化、信息化水平中等；具备保障服务功能。

（3）高级智慧服务区

核心能力：技术方面，主要是创新能力，包括创新应用智慧化软件系统和硬件设施等；业务方面，主要是提供个性化、多元化服务；数据方面，主要是对采集到的数据进行深层次分析并转化应用，提升服务区运营决策能力。

等级特征：智慧化、信息化水平高；具备高品质服务功能。

2. 评价指标

智慧服务区评价指标分为两个级别，一级指标包括公共服务、运营管理、经营管理、产业服务、应急保障、社会治理；二级指标为一级指标下分的场景指标，如公共服务一级指标对应的二级指标包括信息发布、智慧停车、智慧卫生间等。每一个二级指标下还包括具体的评价指标。智慧服务区评价指标及权重见表0-22。

智慧服务区评价指标及权重表 表0-22

一级指标权重	二级指标权重
公共服务（36%）	信息发布（10%）
	智慧停车（10%）
	智慧卫生间（6%）
	智慧救助（4%）
	智慧餐饮（6%）

一级指标权重	二级指标权重
运营管理(20%)	能源管理(4%)
	设备管理(8%)
	智能巡查(2%)
	充电设施(6%)
经营管理(18%)	商铺管理(6%)
	经营分析(6%)
	会员服务(6%)
产业服务(10%)	交旅融合(2%)
	绿色低碳(4%)
	智慧物流(1%)
	共同富裕(1%)
	开放共享(1%)
	产业协同(1%)
应急保障(12%)	安全生产(4%)
	智慧安防(4%)
	智慧应急(4%)
社会治理(4%)	公共卫生(2%)
	公共安全(2%)

五、重点任务

1.进一步深化研究关键问题,构建智慧服务区发展政策体系

一是加大智慧服务区相关课题的研究力度,进一步解决现有公路服务区智慧化改造和新建智慧服务区建设中的关键问题,凝聚发展共识。二是将智慧服务区建设纳入交通运输重大专项规划,全面系统规划、设计"智慧服务区"总体框架及发展目标。三是制定统一的智慧服务区标准规范体系,形成统一的建设发展技术规范体系。四是出台智慧服务区发展政策体系,加快完善智慧服务区发展的资金等领域的政策体系,加强不同领域政策的协同。

2.推动核心关键技术自主可控统一,实现数据生态良性发展

一是加速实现操作系统等核心技术的自主可控。二是高度关注技术的统一性、安全性和可持续性,高度重视技术的外部性和数据等数字资产的安全,高度关注关键技术的兼容性和可持续开发,构建可迭代、易升级、能兼容的技术体系。三是加快推进数据生态建设。加快推进智慧服务区数据互联互通、融合共享、服务联动和跨界协同,构建智慧化应用生态,推动形成智慧服务区良性数据生态,助力服务一体化进程。

3.加快建设高速公路服务区"一张网",推进出行服务一体化

一是建设全国统一的高速公路服务区出行服务平台,形成高速公路服务区"一张网"运行效应。二是建立全国统一的高速公路服务区大会员体系,形成线上线下一体化经营模式,为公众提供更方便、更快捷、更具人性化和个性化的伴随式服务。三是建议打通高速公路服务区业务与通行费积分兑换体系,将高速公路通行与服务区消费及服务场景有效结合,实现道路使用者即为会员,将通行费纳入积分体系,实现高速公路通行、服务区消费积分互换互通。

4.强化"两个服务"新理念,助力产业深度融合发展

一是加速推动开放式服务区建设,有效提升服务区商业辐射力。突破公路服务区过去只服务道路使用者的单一功能,积极推进其升级成为在地经济社会发展的节点、平台,有效提升服务区的商业辐射能力,以及对周边区域产业带动能力。二是大力发展路衍经济,推进服务区 + 能源、物流、旅游等深度融合,实现服务区与地方产业经济融合发展,互相促进。三是着力推动包含智慧服务区在内的智慧公路、数字交通产业发展,提升智慧公路、智慧交通产业自身支撑力和可持续发展能力。四是出台发展服务区经济、路衍经济相关政策,以大力发展"服务区 + "相关产业。

5.建立协同机制推进智慧服务区高质量发展

一是及时开展建设专项行动,进一步明确智慧服务区的发展目标、重要任务、实施路径和保障措施。二是建立协同发展机制,建立健全跨部门和相关方的协同发展和系统推进机制,进一步发挥政府政策的支持引导作用,充分调动相关主体积极性,鼓励参与智慧服务区建设与发展。三是完善智慧服务区建设推广、综合应用机制,借鉴高速公路智慧服务区发展经验,结合普通公路服务站(点)实际情况逐步建设普通公路智慧服务区,提前谋划、统一布局,持续提升普通公路服务区服务水平及品质。

第七节　伴随式出行服务

一、概念与特征

伴随式出行服务是指在智慧公路系统中,利用物联网、大数据、人工智能等新一代信息技术,为道路使用者提供实时、便捷、个性化的出行服务,包括实时交通信息、智能孪生导航、事故预警、交通管理与调度等,实现高效、安全、环保、舒适的出行体验。

伴随式出行服务具有以下四个特征:

实时性:智慧公路伴随式出行服务通过实时数据采集和处理,能够为用户提供及时的交通信息,包括路况、拥堵情况、事故警报等,帮助用户及时作出出行决策。

个性化:智慧公路伴随式出行服务根据用户的出行需求和偏好,提供个性化的导航和出行建议。它能根据用户的历史出行数据和当前情况,推荐最佳路线和出行方式,提高用户出行体验。

自动化:智慧公路伴随式出行服务借助自动驾驶技术,使车辆能够在夜间、雨雾恶劣天气等全天候情况下实现自动驾驶,提高驾驶的安全性和便捷性。

智能化:智慧公路伴随式出行服务运用人工智能和大数据分析技术,对交通数据进行智能处理和预测,提供智能导航和交通管理决策。

伴随式出行服务提供的服务功能有:

实时路况信息:智慧公路伴随式出行服务能够实时获取道路的交通状况,包括车流量、拥堵情况、交通事故等,为用户提供准确的实时路况信息,帮助用户规避拥堵路段。

智能导航:根据用户的出行需求和交通情况,智慧公路伴随式出行服务能够提供二维/三维孪生的智能化导航方案,推荐车道级最佳路线和出行方式,提供周边车辆提醒、事故预警、休息区/服务区状态提示等信息服务,减少出行时间和交通成本。

事故预警:智慧公路伴随式出行服务通过交通数据的分析和预测,能够提前预警交通事故和危险情况,帮助用户规避潜在的交通风险。

交通管理与调度:智慧公路伴随式出行服务提升道路运行主体对交通进行实时监控和智能调度的服务能力,优化交通流量,提高道路通行能力和交通运输效率。

二、发展目标

1.近五年(到 2027 年)目标

到 2027 年,在智慧交通基础设施建设、实时交通信息服务、个性化导航服务、智能驾驶服务、智能交通管理、节能环保、智慧交通应用、安全保障等方面全面提升,实现省域级基本智慧化的伴随式出行服务。

智慧交通基础设施建设:重点面向智慧高速公路新型基础设施的建设和升级,开展省域路网级智慧高速公路建设,布设全线覆盖的感知、通信、能源、计算、服务等新型基础设施设备,实时采集道路交通信息,保障通信、能源系统安全和冗余,提供稳定持续的智能运行管控和公众出行信息服务。

实时交通信息服务:通过路侧传感器、摄像头等设备,智慧公路将持续收集道路交通信息,为驾驶员提供精准实时的路况、拥堵、事故预警等信息,帮助驾驶员规划出行方案,提高出行效率。

个性化导航服务:根据驾驶员的出行需求,为其提供更加个性化的导航方案。通过大数据分析和人工智能技术,智慧公路将能够精准地推荐最佳行驶路线、预测到达时间,并提供实时路况信息,以提供更好的导航体验。

智能驾驶服务:推动车与路更高程度的互联互通。通过车联网技术,智慧公路将为自动驾驶车辆提供更加精准和实时的道路信息,以提高自动驾驶的安全性和可靠性。

智能交通管理:通过大数据分析、人工智能等技术手段,智慧公路将构建基于新一代人工智能技术的交通大模型,形成数字孪生、全天候监测、智能运维、运营管控、运行服务五大一体化平台,实现对道路交通的实时监测和智能调度,提升路网运营运维管控效率,提高道路通行服务能力,降低交通事故发生率。

节能环保:通过智能交通系统,智慧公路伴随式出行服务将提升车辆通行效率和平均行驶速度,减少拥堵和事故,降低能耗和排放,减少对环境的污染。

智慧交通应用:鼓励更多驾驶员和车主使用智慧交通服务。通过开展宣传活动和提供优惠政策,智慧公路将努力提高智慧交通的普及率和使用率,并在高速公路服务区、收费站等场景提供更多智慧化服务,提升出行体验。同时,积极探索应用到高速公路以外的国省干道、城市道路、大型园区道路乃至铁路场景。

安全保障:联合公安部门,建立健全交通安全监控系统,增强应急响应能力,确保道路交通的安全稳定运行。

2. 2035 年目标

到 2035 年,跨省域路网级智慧公路全面建成和应用,实现交通基础设施网、信息网、能源网、运输服务网融合发展,深度应用新一代人工智能技术,构建交通"元宇宙",为未来出行提供更加智能、安全、便捷的服务。

智慧交通基础设施建设:面向多省域协同互通的智慧高速公路网,开展统一标准的新型基础设施建设和升级,实现更大范围的智能运行管控和公众出行信息服务,提升交通运输调度和引导能力。

智能驾驶服务:全面辅助自动驾驶技术的商业化应用,车辆将能够在高速公路上实现全程自动驾驶。进一步提升自动驾驶系统的安全性和可靠性,保障驾乘人员的出行安全。

公网/V2X 网络服务:全面覆盖公网/V2X 网络,实现无缝通信和数据传输。

智能交通管理:建立更为智能、高效的交通管理系统,构建交通"元宇宙"。通过大数据分析和人工智能技术,实现对道路交通虚实融合的全面监控和智能调度,有效应对复杂的交通状况,提高道路通行能力和交通效率。

仿真与预测:发展更先进的智慧交通仿真与预测技术。通过深度学习和仿真预测模型,能够准确预测交通拥堵、事故发生等情况,提前采取措施,为驾驶员提供更加智能的出行建议。

节能环保:持续推动节能环保措施的升级。大力发展新能源车辆和智能交通管理系统,以降低能源消耗和减少对环境的污染。

安全保障:继续加强交通安全保障措施。通过智能交通管理系统,实现实时监测车辆和道路状况,及时发现和应对交通安全隐患,确保交通运输安全稳定运行。

用户体验:不断优化用户体验,提供更加个性化、便捷的出行服务。通过智能化导航、虚拟助手等技术手段,满足用户多样化的出行需求。

智慧服务场景:在智慧服务场景方面进一步拓展,拓展应用到高速公路以外的国省干道、城市道路、大型园区道路和铁路场景。

隐私与安全保护:加强用户隐私和数据安全保护,确保用户数据的安全和合法使用。积极遵循相关法律法规,保障用户数据的隐私权益。

3. 2050 年目标

到 2050 年,实现路与车的全面智能互联、零事故愿景,形成智慧公路产业链、生态链、服务链三链闭环系统,推动绿色出行倡导,实现无缝出行体验,实现全国路网级高级智慧化伴随式出行服务。

全国路网级智慧公路:面向全国,开展统一标准的新型基础设施建设和升级,实现全国范围的智能运行管控和公众出行信息服务,实现交通运输系统的智能化调度、引导等综合管控能力。

路与车全面智能互联:实现路与车之间的全面智能互联。通过更先进的通信技术,路与车将能够实现高效沟通和信息共享,从而形成更为智能、协同的交通系统。

实现零事故愿景:通过更先进的路端智能技术、智能交通管控和仿真预测技术,以及对道路新型基础设施的孪生运营和运维,最大限度地减少交通事故的发生,确保驾驶员和乘员的安全。

高可控通行效率:深化交通"元宇宙"应用,全面智能管控和仿真预测,实现道路资源的最优分配和实时调度,消除拥堵,实现高速畅通,提升平均限速,提高道路通行能力。

智慧公路生态系统:在智慧公路伴随式出行服务的引领下,交通、城市规划、环境保护等部门将形成紧密的合作机制,实现智慧交通与城市发展的无缝衔接。

绿色出行倡导:全面倡导绿色出行,推动低碳出行方式的普及,开展磁悬浮高速公路等新型公共交通运输模式的研究;为绿色出行提供更多便利和优惠,减少对环境的影响。

无缝出行体验:通过一站式智能导航服务,实现从行程规划到出行全程的导航和安全陪伴服务,让驾乘人员感受到更加智能、便捷、愉悦的出行体验。

智慧交通创新研究:不断推动智慧交通的创新研究,积极探索新技术、新理念的应用。通过引进、孵化和推广新的智慧交通技术,保持在智能交通领域的领先地位。

智慧服务场景:在智慧服务场景方面形成全面拓展,大规模应用到高速公路以外的国省干道、城市道路、大型园区道路和铁路场景。

强化网络安全:构建交通出行"一张网"安全管控体系,保障智慧交通系统的稳定和安全运行。通过加密技术和安全防护措施,确保用户数据的安全性和私密性。

三、技术架构

基于人工智能、大数据、边缘计算等先进技术,以触达公众、智能管控、服务运营为总体目标,通过构建形成交通基础设施网、运输服务网、信息网、能源网"四网融合",打造伴随式出行服务智慧高速公路应用,满足出行公众各种出行信息需求。综合考虑出行公众对各类信息服务的重要程度,为出行公众提供连续性信息触达、强时序导航、个性化定制的综合信息服务,打造全新的精准化、个性化出行体验。智慧高速公路伴随式出行服务技术架构如图 0-21 所示。

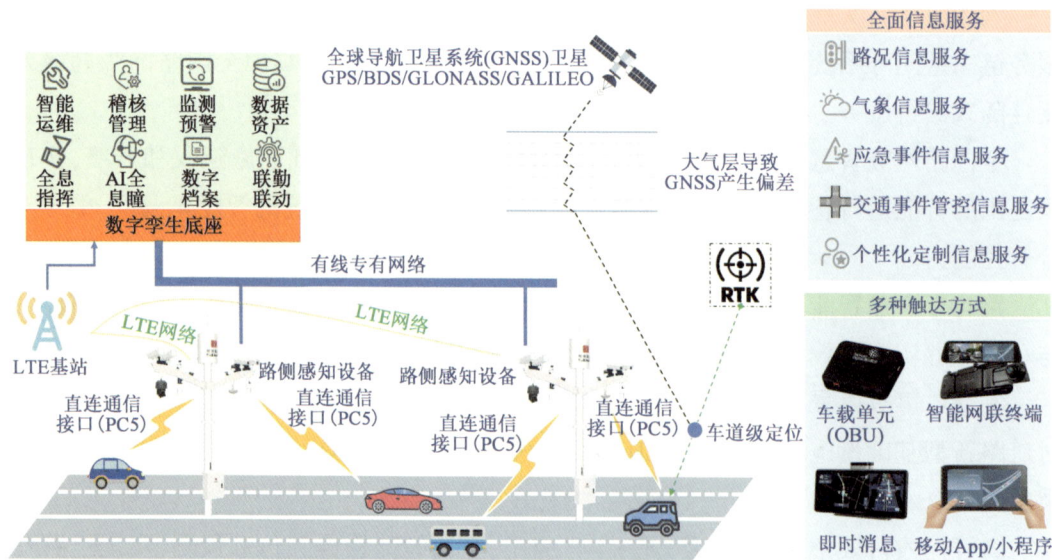

图 0-21　智慧高速公路伴随式出行服务技术架构图

1. 智慧公路伴随式出行服务专网

打造智慧公路伴随式出行服务专网,将专注于安全与隔离性、定制化网络架构、高带宽与低时延、边缘计算和本地处理、多级边-云协同架构、开放性与互联互通,以及可靠性与可扩展性等特点。这样的专网将为智慧公路伴随式出行服务提供高效、智能、安全的网络基础。

安全与隔离性:专网将与其他通信网络严格隔离,确保智慧公路业务数据的安全传输,并保护用户隐私。采用高级加密技术和安全措施,防范网络攻击和数据泄露。

定制化网络架构:专网将根据伴随式出行服务的不同业务需求,定制专属网络架构,传输视频侧重高带宽性能,信息下发侧重低时延性能。

高带宽与低时延:为满足传输视频和信息下发等高要求业务,专网将提供高带宽和低时延的网络性能,确保视频流畅传输和实时信息的快速下发,提高交通信息的实时性和准确性。

边缘计算和本地处理:专网通过在高速公路附近建设接入机房,部署边缘计算服务器,实现本地路侧和车端数据的实时融合处理分析,降低数据传输距离和网络负荷,减少时延,提高数据处理能力和响应速度。

多级边-云协同架构:专网采用多级边缘计算边-云协同架构,将边缘计算服务器与中心云相结合,充分利用边缘计算的实时性和中心云的数据处理能力,优化智慧公路服务的性能和效率。

开放性与互联互通:专网具备开放性和互联互通特点,可以与其他智慧交通系统和第三方服务进行集成,实现资源共享和协同。

可靠性与可扩展性:专网注重网络的可靠性和可扩展性,确保系统的稳定运行,并能适应业务扩展需求。

2. 智慧公路伴随式出行服务平台

智慧公路伴随式出行服务平台以多维信息整合、车路协同能力、实时性与低时延、大数据分析、AI 与智能决策、开放性与共享性、安全与隐私保护、可扩展性等特点,为智慧公路的发展和提供高效、智能、安全的出行服务奠定坚实基础。

多维信息整合:平台以多维信息整合为核心,将来自不同数据源和传感器的信息进行汇聚和融合,包括交通流量、车速、道路状态、天气状况等,从而形成全面、综合的交通信息数据库。

车路协同能力:平台具备强大的车路协同能力,能够实现车辆与路网之间的信息交互和通信,通过车载设备和交通基础设施的协同合作,为驾驶员和交通管理部门提供实时数据和决策支持。

实时性与低时延:平台注重实时性和低时延性能,可以及时捕捉交通状况的变化,并快速响应交通事件,以提供即时的路况信息和预警服务。

大数据分析:平台利用大数据分析技术,对海量的交通数据进行处理和挖掘,从中提取有价值的信息和模式,以优化交通流量调控和交通规划,提升交通效率。

AI 与智能决策:平台应用人工智能技术,包括机器学习和深度学习等,以实现智能决策和预测。

开放性与共享性：平台具有开放性和共享性，可以与其他交通系统和第三方服务进行集成，实现资源共享和协同，提供更全面、优质的公路伴随式出行服务。

安全与隐私保护：平台注重交通安全和用户隐私保护，采取一系列安全措施，防止恶意攻击和信息泄露，确保用户数据的安全性和私密性。

可扩展性：平台具有良好的可扩展性，根据需求和技术发展不断扩展和升级，适应未来交通发展的需求。

3.智慧高速公路伴随式出行服务应用

智慧高速公路云平台通过专用网络实时下发全量交通信息、环境信息、危险预警信息、服务信息，以车载电子标签（OBU）、手机 App、智能网联后视镜等多种方式触达公众，提供全面的伴随式出行服务，提高道路安全、运行效率及服务体验。

基于位置的路况信息服务。在出行前，能够提供当前全域路段的路况信息，如提供全域路段车辆平均速度、当前拥堵程度以及能够提供基于目的地位置的短期路况预测信息；能够提供基于目标位置的施工、事故、气象影响而造成的阻断信息查询服务。出行中，能够提供伴随式的微粒度路况信息服务；能够提供基于车辆位置和终端类型的个性化交通信息服务，如收费站拥堵状态、服务区信息等。

基于位置的气象信息服务。在出行前，能够提供当下的全域路段天气情况，例如雨雪情况、温度情况等；能够提供基于目标位置的未来短期气象预测信息。在出行中，能够提供伴随式的微粒度精准气象服务，例如局部路段雷暴天气、大雾等。

应急事件信息服务。事件发生时，指挥调度中心能够快速获取事件信息，并根据事件发生类型、地点、规模判断影响路域范围，提供车道级精准的事件信息；能够从多渠道（如可变信息标志、手机端、应急广播、车载终端等）提供应急事件信息服务。

交通事件管控信息服务。事件发生时，根据应急事件的信息，对出行公众开展基于导航的交通诱导和基于位置的伴随式辅助决策服务，如提醒变道、减速预警等；当遇到特殊气象条件时，对车辆提供减速预警、变换路线等建议。

基于个性化的定制信息服务。通过事前互动，获取出行公众的信息喜好，与出行公众已经习惯的驾驶状态完成匹配；驾驶过程中，以个人位置为中心本位，通过技术手段完成信息发布的筛选，锁定针对个体有效的信息，如服务区预订服务等。

四、技术支撑

1.打造车路协同数字孪生底座服务体系

针对智慧交通精细化服务与精细管理场景下多源融合感知定位与优化能力、精度不足的问题,研究构建标准车路协同数字孪生底座服务体系,提供更加规范和达到高精度高准确率的数据质量的数据支撑能力,全面推动路网数字化。研究多种计算引擎,利用引擎提供云端场景决策分析,结合多维信息实时将感知数据和车辆上报数据进行高精度、低时延、高准确率的实时关联、校对,并针对车辆移动进行数据定向分发,提供高并发的多用户计算能力。搭建一站式车路协同数据中台,对数据进行处理、分析、决策和分发。

2. 建设面向车路协同的一体化运营平台

研究基于一体化的多服务集成的运营服务平台,如车联网和4G/5G公网的导航关键技术,通过车辆与路侧设施之间的通信实现信息交换,通过移动通信技术提供高速网络连接,为驾驶员提供更加准确、实时、个性化的导航服务和超视距服务。研究基于数字孪生的高速公路应用服务,包括自动驾驶的支撑性技术和数字孪生娱乐体验的衍生技术。在自动驾驶方面,研究生成实际交通的孪生交通环境和驾驶场景,为自动驾驶系统提供真实世界的数据和反馈。在数字孪生娱乐体验方面,将真实的数字孪生场景通过开放外部应用程序编程接口(API)的形式,让体验者在虚拟环境中体验真实交通场景,获得更加真实的娱乐体验,扩大数字孪生系统的经济价值。

3. 推进智能路侧差分基准终端关键技术研究及应用

针对基于运营商网络进行差分服务存在4G流量、实时动态(RTK)服务费高昂,导致难以推广车端高精度定位服务的问题,开展路侧差分基准终端产品创新研发,利用路侧单元(RSU)内部直接集成芯片级微差分基站,RSU根据自身测量固定精确位置、北斗卫星导航系统实时观测到的位置,计算出RTK数据,并通过直连通信接口(PC5)广播给附近车辆。实现一次集成,永久使用,省去网络RTK服务费、差分基站建设费、多传感器设施费等。并可通过高速公路运营方完全自营的V2X通道提供服务,实现订阅收入,提高智慧高速公路的车辆用户智能网联覆盖率。

4. 推进智慧交通通感算一体化芯片平台及智能设备研发及应用

重点研发基于国产自研芯片的智慧交通通感算一体化的核心系列芯片与智能设备,解决智慧高速公路感知、通信、计算一体化难题。研究内容分为芯片和设备,芯片包含毫米波雷达感知芯片、毫米波相控阵通信芯片、高性能计算芯片。一体化设备是在自研芯片研究基础上,研究集成毫米波雷达、视频分析、毫米波通信、高性能计算等一体化智能交通路侧平台。毫米波雷达感知集成芯片着重提升硅基芯片功率和噪声方面的性能,实现交通雷达2000m以上高精度探测;毫米波相控阵通信芯片重点解决低成本小型化高性能相控阵通信难题;高性能计算处理芯片及设备重点在较高工艺节点上解决运算能力和功耗权衡的问题。智慧交通中的通感算一体化智能设备平台，基于自研芯片，包含多个关键子系统，重点实现多功能、高性能、低成本、全集成、全自主、易部署的一体化路侧智能设备平台。

5.研发路侧感知数据与协同算法融合技术

针对智慧高速公路高精度实时数字孪生的辅助驾驶应用闭环问题，突破协同感知、协同规划、协同控制技术，研究路侧感知数据与协同算法融合技术，推动L2级别配置车辆辅助驾驶能力进化，使之具备L4级别车辆辅助驾驶能力，进而开展高速公路场景路云协同驾驶的应用示范。

6.开展省域路网级与工程标准化人工智能算力终端设备应用

开展智慧高速公路场景下的人工智能算力计算机研发，在有效监测范围内结合道路应用场景实现动态与静态目标检测、车辆轨迹跟踪、车辆特征属性识别、异常交通事件检测及交通流参数统计，支撑道路精细化运营管理与伴随式出行服务的智能全息感知，形成适用于智慧高速公路规模化推广的标准化产品，并具备适配多种感知算法的能力。

第八节 智慧公路安全应急保障

一、内涵与功能

传统公路安全应急保障是通过技术和人力手段最大程度减少突发事件发生，或者在事件发生情况下将生命财产损失降至最低。智慧公路安全应急保障是在智慧公路背景下，通过新一代技术，在安全应急保障各个环节给予支撑。

智慧公路安全应急是以零死亡、全天候、经济高效为目标，融合应用新一代信息技术、智能装备技术等，具有精准感知、快速反应、主动管控、协同联动能力，实现公路事故预防、反应、处置、恢复、反馈全过程智慧化的新一代公路安全应急保障系统。

智慧公路安全应急保障系统功能包括：公路主体及附属设施监测预警（重点桥隧）；交通运行状态监测预警；公路气象环境监测预警；智慧公路系统信息安全状态监测预警；公路气象环境监测预警；紧急事件快速发现；分类事件处置管理；应急预案模拟；灵活指挥调度；协同联动处置；处置流程记录与统计；处置效果评价。

二、发展目标与分级

公路智慧化条件下，分场景、分阶段、分对象展开安全应急需求分析，从协调机制、通信网络、应急装备、运力救援、风险监控五个维度明确安全应急主要任务。从功能完备性、技术先进性等角度考量,对高速公路、普通国省干道、农村公路提出细化的智慧公路安全应急智慧化程度的能力分级。在安全应急主要任务与智慧能力分级基础上,确定总体发展目标,即全天候、主动管控、智能预警、一体协同、零死亡,并进一步分阶段细化发展目标。为进一步推动目标达成,从设施水平、保障能力、体制机制、安全行驶水平四个维度和主客观两方面制定评价指标,发挥指标考评工具作用,进一步推动智慧公路安全应急保障相关要求落地。

1. 总体目标

智慧公路安全应急保障总体目标有五个方面:

全天候通行安全保障。通过道路边界智慧诱导、风险控制、环境改善技术装备,保障恶劣环境下(如低能见度、雨雪天气等)的安全通行效率。

主动安全管控。通过智慧交互式公路信息处理发布系统、智能车载终端等,实现公路事故多发路段、施工路段、突发异常事件等场景主动安全管控,如智能语音提醒减速慢行、提示小心驾驶等。

危险驾驶行为智能预警。通过智能监控、视频识别、大数据挖掘、智能车载终端等智能分析管控技术,实现对道路违规变道超车、超速、疲劳驾驶、车间距离过近等危险驾驶行为进行网络实时主动监控预警提醒,防患于未然。

一体化协同快速响应。通过构建跨部门、跨区域的一体化道路安全应急响应信息服务平台,同时在多部门协调工作机制保障下,实现道路安全突发事件下的智慧快速响应与处置。

零死亡。通过综合应用一系列创新技术、体制管理手段,最终实现智慧公路零死亡管控目标。

2. 分阶段目标

近五年(到 2027 年),覆盖"三重一突出",高速公路和具备条件的普通国省干线基本实现智慧安全应急管理,实现准全天候通行安全保障、主动安全提示、危险驾驶行为监管、快速应急反应、较低死亡率。

到 2035 年,全面建成智慧化路网安全应急管理系统,部分智慧高速公路安全应急保障水平达到国际一流水平,实现全天候通行安全保障、主动安全管控、危险驾驶行为智能预警、一体化协同快速响应、极低死亡率。

到 2050 年,高水平建成智慧化路网安全应急管理系统,部分智慧高速公路安全应急保障水平达到国际领先水平,全面实现全天候通行安全保障、主动安全管控、危险驾驶行为智能预警、一体化协同快速响应、零死亡率。

3. 评价指标

评价指标的设置是为了进一步引导智慧公路在安全应急方面的建设,以评促改、以评促建、以评促管、评建结合。智慧公路安全应急保障评价指标见表0-23。

智慧公路安全应急保障评价指标表　　　　表0-23

一级指标	二级指标	分值
智慧安全应急设施水平 （24分）	智能安全监测设施水平	6分
	主体附属设施智能安全水平	6分
	气象智能监测水平	6分
	智慧安全应急系统建设水平	6分
智慧安全应急保障能力 （36分）	智能安全运行监测能力	6分
	智慧主动安全管控能力	6分
	交通安全事件智能预警能力	6分
	智慧诱导信息发布能力	6分
	跨部门智能协调联动水平	6分
	事故后恢复能力	6分
智慧安全应急体制机制 （15分）	智慧安全应急标准建设水平	5分
	智慧安全应急处理机制水平	5分
	灾后智慧重建机制水平	5分
智慧安全行驶水平 （25分）	万车事故率	10分
	万车死亡率	10分
	安全应急驾驶综合体验	5分
合计		100分

4.智慧能力分级

　　按照高速公路、普通国省道、农村公路三类，从建设项目、设计目标、智慧水平三个维度提出智慧公路安全应急智慧化程度的能力分级，其中，高速公路、普通国省道、农村公路安全应急保障智慧化程度分别划分为五级、三级、二级，见表0-24～表0-26。

高速公路智慧安全应急保障水平分级表　　　　表0-24

智慧安全应急 保障等级	建设项目	设计目标	智慧水平
一级	①实现全路网智能监控设施、智能安全应急设施、气象智能监测设施90%覆盖率以上； ②具备90%以上全路段实时智能安全监测与事故预警、主动安全管控、全环节信息发布、事故智能快速处置等，跨部门智能协调联动系统完全打通	①全部功能项均实现国际领先智能网联化水平； ②全路网实现极低事故率、零死亡率及边际效益最大化目标	高等
二级	①实现全路网智能监控设施、智能安全应急设施、气象智能监测设施80%覆盖率以上； ②具备80%以上全路段实时智能安全监测与事故预警、主动安全管控、全环节信息发布、事故智能快速处置等，跨部门智能协调联动系统逐渐成熟	①全部功能项均实现国际一流智能网联化水平； ②全路网实现较低事故率、极低死亡率及边际效益最大化目标	

续上表

智慧安全应急保障等级	建设项目	设计目标	智慧水平
三级	①实现全路网智能监控设施、智能安全应急设施、气象智能监测设施70%覆盖率以上； ②具备70%以上全路段实时智能安全监测与事故预警、主动安全管控、全环节信息发布、事故智能快速处置等,跨部门智能协调联动系统基本成型	①关键功能项实现国际一流智能网联化水平； ②智慧化路段及交叉路口实现极低事故率、零死亡率及边际效益最大化目标	高等
四级	①实现全路网智能监控设施、智能安全应急设施、气象智能监测设施60%覆盖率以上； ②具备60%以上全路段实时智能安全监测与事故预警、主动安全管控、全环节信息发布、事故智能快速处置等	①关键功能项实现国内领先智能网联化水平； ②智慧化路段及交叉路口实现较低事故率、极低死亡率及边际效益最大化目标	中等
五级	①实现关键路段、交叉路口智能监控设施、智能安全应急设施、气象智能监测设施全覆盖； ②具备关键路段、交叉路口实时智能安全监测与事故预警、全环节信息发布、事故智能快速处置等	①关键功能项实现国内一流智能网联化水平； ②智慧化路段及交叉路口实现低事故率、较低死亡率及边际效益最大化目标	基本

普通国省道智慧安全应急保障水平分级表　　　　表 0-25

智慧安全应急保障等级	建设项目	设计目标	智慧水平
一级	①实现全路网智能监控设施、智能安全应急设施80%覆盖率以上； ②具备80%以上全路段实时智能安全监测与事故预警、主动安全管控、全环节信息发布、事故智能快速处置等,跨部门智能协调联动系统基本成型	①全部功能项均实现国际一流智能网联化水平； ②全路网实现较低事故率、极低死亡率及边际效益最大化目标	高等
二级	①实现关键路段、交叉路口智能监控设施、智能安全应急设施、气象智能监测设施全覆盖； ②具备60%以上全路段实时智能安全监测与事故预警、主动安全管控、全环节信息发布、事故智能快速处置等	①关键功能项实现国内领先智能网联化水平； ②智慧化路段及交叉路口实现较低事故率、极低死亡率及边际效益最大化目标	中等
三级	①实现关键路段、交叉路口智能监控设施、智能安全应急设施、气象智能监测设施80%覆盖率以上； ②具备80%以上关键路段、交叉路口实时智能安全监测与事故预警、全环节信息发布、事故智能快速处置等	①关键功能项实现国内一流智能网联化水平； ②智慧化路段及交叉路口实现低事故率、较低死亡率及边际效益最大化目标	基本

农村公路智慧安全应急保障水平分级表　　　表 0-26

智慧安全应急保障等级	建设项目	设计目标	智慧水平
一级	①实现关键路段、交叉路口智能监控设施、智能安全应急设施、气象智能监测设施80%覆盖率以上； ②具备80%以上关键路段、交叉路口实时智能安全监测与事故预警、主动安全管控、全环节信息发布、事故智能快速处置等	①关键功能项实现国内领先智能网联化水平； ②智慧化路段及交叉路口实现较低事故率、极低死亡率及边际效益最大化目标	中等
二级	①实现关键路段、交叉路口智能监控设施、智能安全应急设施、气象智能监测设施60%覆盖率以上； ②具备60%以上关键路段、交叉路口实时智能安全监测与事故预警、全环节信息发布、事故智能快速处置等	①关键功能项实现国内一流智能网联化水平； ②智慧化路段及交叉路口实现低事故率、较低死亡率及边际效益最大化目标	基本

三、发展架构与技术体系

1. 总体框架

智慧公路安全应急保障建设总体架构为"1 + M + N"（图 0-22），其中"1"为基础支撑，"M"为配套体系，"N"为应用场景。应用场景"N"是建立在"1 + M"之上的。

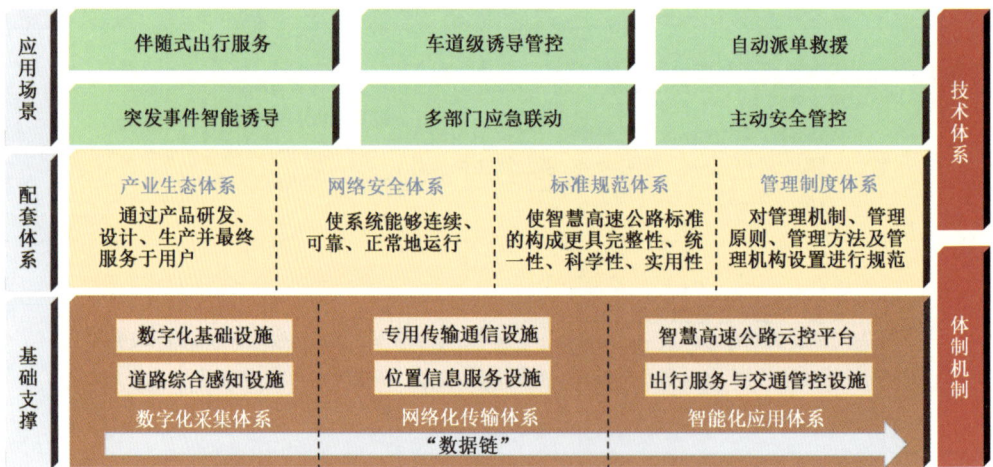

图 0-22　智慧公路安全应急保障建设总体架构图

2. 技术体系

智慧公路安全应急保障系统关键技术体系如图 0-23 所示。

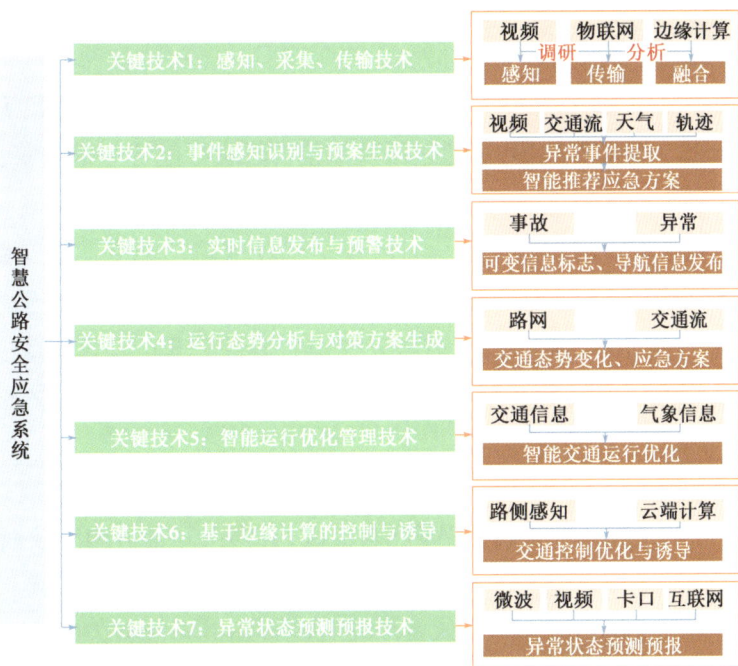

图 0-23　智慧公路安全应急保障系统关键技术体系图

四、实施路径

1. 功能要求

信息采集功能要求。信息采集功能要实现全要素信息感知,应包含公路主体(桥梁、隧道、道路状态)及附属设施状态(交通工程及沿线设施)监测、交通运行状态(交通量参数、视频监控)、交通突发事件(事件信息、用户上报、处置信息)、车辆微观行为信息(车辆身份、实时定位、行驶轨迹)、公路气象环境信息(路面积水结冰监测、团雾监测、温度湿度等)等。应选用可靠性高、成本低、维护性强、数据准确度满足基本要求并可大面积应用的设施。

运行状态分析判断功能要求。运行状态分析判断功能要实现断面交通量、速度等信息准确率不低于95%,实时上传数据;与公安交警、公路管理等部门、第三方出行服务平台共享的交通运行状态信息应实现定时自动传输与更新。

事故防范预报预警功能要求。事故防范预报预警功能要实现对交通拥堵、公路事件、车辆异常等进行分析与预警,其中车辆运行监测管理的重点对象包含"两客一危"车辆、公路巡检车辆、清扫车辆等。应对设施运行异常、基础设施病害等进行预警、记录和处理。

行车安全实时提示功能要求。行车安全实时提示功能要实现车辆近距离危险预警、后方车辆超车提醒、侧方车辆碰撞提醒、前方车辆紧急制动提示、道路前方障碍物提醒、周边紧急车辆提醒、前方事故预警、前方车辆故障提示、前方道路施工信息预警、极端天气气象预警、路段限速提醒等。

一键式交通事故报警功能要求。一键式交通事故报警功能要实现重点点位（桥梁、隧道、互通匝道）布设一键报警装置，可通过手机短信、微信、导航等一键报警，结合路段视频检测设备对报警事故进行确认。

全时段安全驾驶保障功能要求。全时段安全驾驶保障功能要实现车路协同，支撑安全辅助驾驶，包含以下场景：盲区预警/变道辅助，紧急制动预警，异常车辆预警，车辆失控预警，道路危险状况提示（事故、施工、恶劣天气等），限速预警。应实现雾天行车诱导，包含主动诱导、防追尾提示等。应能智能消除路面冰雪等。

2. 实施策略

预计到 2027 年，全部沿海经济发达省（自治区、直辖市）、部分内陆及西部人口密集或事故多发区域应达到基本智慧公路安全应急保障水平。

预计到 2035 年，全部沿海经济发达省（自治区、直辖市）、部分内陆及西部人口密集或事故多发区域应达到中等智慧公路安全应急水平，其他地区 50% 以上应达到基本智慧公路安全应急保障水平。

预计到 2050 年，全部沿海经济发达省（自治区、直辖市）、部分内陆及西部人口密集或事故多发区域应达到高等智慧公路安全应急保障水平，其他地区总体应达到基本及以上智慧公路安全应急保障水平。

3. 工作重点

智慧公路安全应急保障发展不能"一刀切"，应根据地区发展特点和阶段，以及当下面临的主要矛盾，结合实际需求特性，确定安全应急保障目标与标准，即评估安全应急保障水平差距，确定工作重点。

出行者工作重点与实施路径：完善安全出行及驾驶行为等相关法律法规，构建出行者数字化信息化管理系统，实时分析出行者出行行为，出行环境能够智能实时预测和主动提醒。

交通设施工作重点与实施路径：完善智慧公路交通安全设施（包括道路及附属设施）相关法律法规，构建全寿命周期的智慧公路交通安全设施系统，实时感知分析全要素道路安全环境，智能主动管理道路交通安全。

道路车辆工作重点与实施路径：完善智能车辆（包括机动车和非机动车）道路运输许可等相关法律法规，管理智能车辆的市场准入，实时监控与车路协同，车辆运行安全风险分析与主动诱导管控。

应急救援工作重点与实施路径:完善智慧公路环境下安全应急救援等相关法律法规,管理现代应急救援机构及队伍人员,智能响应调度管理,区域风险分析与主动巡检。

智慧协同工作重点与实施路径:完善跨区域、部门的智慧公路安全应急协同建设相关法律法规,建设智慧交通协同中心,事故区域协同管制与应急保障,生成道路交通实时仿真与资源协同调度策略。

4.场景示范

以智慧公路安全应急保障的典型场景(隧道、长大下坡)为视角,进一步明确智慧公路在安全应急保障方面应如何建设,系统性对比传统公路隧道与智慧公路隧道,明确数据驱动和智能驱动的智慧公路隧道特点,确定事前精准预警、事中及时发现高效管控、事后快速处置,尤其是防止二次事故发生的建设目标。同时,在长大下坡和桥梁路段场景,强调了长大下坡和桥梁安全预警技术,以及公路应急预警联动技术。

(1)隧道场景

建设目标:风险事件事前精准预警、事中及时发现高效管控、事后快速处置,尤其是防止二次事故发生。

新技术应用:雷视融合感知、数字孪生、人工智能算法等。

体制机制:应急预案制定应全面且充分吸收运用先进技术手段,保证新技术在应急响应中发挥应有的作用。根据《公路长大桥隧养护管理和安全运行若干规定》的要求,经营管理单位应当每年组织一次突发事件专项应急演练,研发应用孪生环境下的公路隧道运营与安全培训系统,实现多工况场景下的应急演练与培训考核。

(2)长大下坡场景

新技术应用:长大下坡安全预警技术,通过可变信息标志、广播、网络等,及时发布路面交通事故或路面通行情况等信息,提醒后方车辆驾驶员注意减速慢行,谨慎通过事故现场,避免次生事故的发生。桥梁安全预警技术,根据桥梁结构的主要性能指标,结合损伤检测和结构特性分析,从营运状态的结构中评估损伤的程度以及损伤对结构将要造成的后果。

应急预警联动:通过公路预警系统计算处理各点位的监测预警数据,并根据分析结果启动预警系统、发生预警反应,即根据现场预警和交通流情况,分别作出入口匝道控制、正线控制、优先通行权控制、远端分流和信息发布等反应。

五、重点任务

1.建立标准规范

在全面推进智慧公路安全应急保障建设之前,建立符合本地实际情况的智慧高速公路建设标准或建设指南,明确智慧公路安全应急保障的总体架构、建设内容、相关系统的建设要求和技术指标、数据接口规范等内容。统一技术标准或阶段性统一配置要求,同时推进基础设施数字化,推动数据充分在行业间、部门间实现共享。数字化和数据是公路运行管控与服务的基础,应将交通感知设施纳入公路基础设施工程建设内容,升级公路交通运行监测技术要求。建立覆盖多行业管理的综合交通运输信息资源目录体系,明确信息资源目录采集、更新和发布要求,建立信息资源共享交换机制和覆盖全寿命周期的基础设施数字化平台。

2. 夯实基础设施

完善路网感知设施。一是完善交通事件监测设施,应具备对车辆停止、逆行、倒车、行人或非机动车闯入、抛洒物、交通拥堵等交通事件的自动监测与报警提示功能,可兼具自定义的其他交通事件监测功能。二是完善气象与环境监测设施,应具备采集能见度、气温、相对湿度、风速、风向、降水量、路面温度、路面状况等气象和环境要素的功能,同时能进行报警。

提升基础设施数字化水平。通过提示基础设施数字化水平,及时发现道路问题,及时处理反馈,加强公路结构物技术状况自动评估,完善基础设施人工巡查系统,加强病害分析及效果评价。

推进公路应急装备现代化、专业化和智能化建设。研制新型专用无人机、机器人等装备,将灾害事故造成的损失降至最低。研发应急预案可视化、基于信息物理系统(CPS)的应急处置策略推演与仿真等新技术。

建设公路应急装备物资和运力储备体系。科学规划布局应急救援基地、消防救援站等,加强重要通道应急装备、应急通信、物资储运、防灾防疫、污染应急处置等配套设施建设,提高设施快速修复能力和应对突发事件能力。

建立健全行业系统安全风险和重点安全风险监测防控体系。强化危险货物运输全过程、全网络监测预警,在精准感知的基础上实现精确预警,尽可能避免二次事故的发生,避免造成更大的灾害事故。

3. 强化管理

一是建立统筹协调机制。智慧公路安全应急保障建设既需要行业内的管理单位、路段公司、养护单位配合,也需要工业和信息化、财政等行政主管部门的支持,需要建立统筹协调机制。二是建立创新引领机制。搭建开放性的创新应用试验平台,有条件地开放各类数据资源和图像资源,供企业、高校和科研机构开展研究,不断优化科研机制和成果转化机制。三是建立资金保障机制。通过专项资金的方式,支持智慧高速公路的建设。四是建立人才保障机制。建立跨领域、多层次人才培养体系,创新智慧高速公路人才培养机制和激励机制,建立智慧高速公路人才智库,培育层次多样、良性流动、激励有效的专业化人才队伍。

第九节 "四网融合"系统

一、含义

智慧公路"四网融合"系统是以服务公路用户为根本目的,以数据为融合剂,通过公路基础设施、能源基础设施、信息基础设施物理网络和数字网络的耦合互联,使车辆运行、能源供销、信息交互及衍生服务具有在线协同、业务智能、服务便捷、运行低碳等能力的新型公路融合基础设施系统,如图0-24所示。

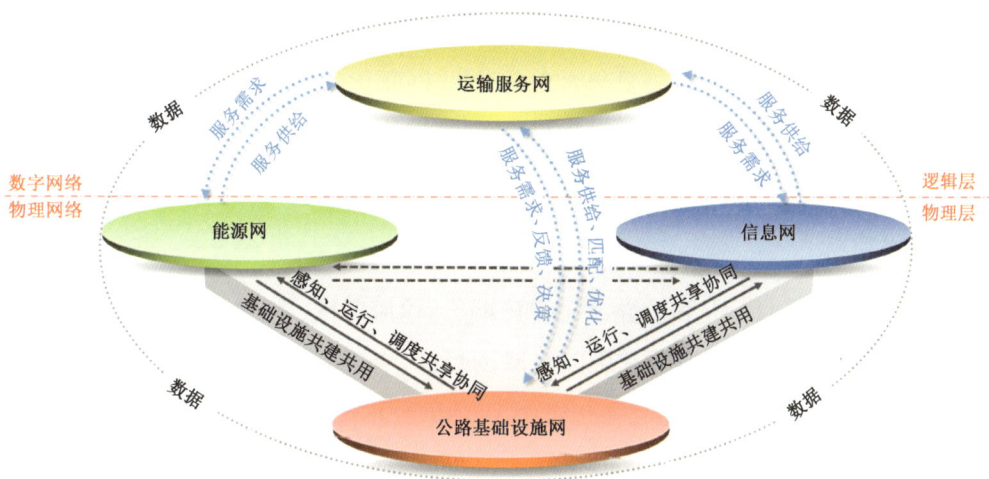

图0-24 公路视角下的"四网融合"系统概念示意图

1. 公路基础设施网

根据智慧公路的定义及其依托工程的实际情况,"四网融合"课题研究的落脚点是以高速公路为主的新型公路基础设施,即数字化、网联化、智能化的公路基础设施,不宜拓展到应用领域。

2. 运输服务网

面向智慧公路的运输服务,应重点研究客货运输新需求对公路交通运行服务的新要求,切入点在公路网的运行管理和服务,即:分析新一代公路交通载运工具的变化和公路交通运行组织的新模式、新业态的变革,研究两者共同作用对公路交通的影响,包括新能源汽车、智能网联汽车渗透率不断增长的影响,共享交通、预约出行等公路交通运行组织的变化等。

3.信息网

重点研究智慧公路沿线感知、传输、云计算等通信信息基础设施。

4.能源网

在"双碳"目标和能源互联网大背景下,研究智慧公路沿线多能互补的供能基础设施,以电能为主,并重点研究公路沿线分布式光伏发电、储存、消纳的智慧微电网。

从物理层面看,通过在公路基础设施空间通道内合理布设能源基础设施、信息基础设施,实现线网互通、资源互补、数据互联,推动公路、能源、信息的供给和调度从"粗放管理"向"精准可控"转变、从"局部平衡"向"全局最优"转变,最终形成数字化、网络化、智能化的新型基础设施网络。

从内容层面看,智慧公路发展要与汽车电动化、网联化、智能化趋势相协调,不断适应公路交通运行服务及衍生服务新模式、新业态发展,逐步从单一的交通运行服务向公路、能源、信息及衍生服务的综合运行服务转变,最终实现服务需求和服务供给智能、灵活、精准匹配。

二、发展目标

"四网融合"发展目标是将公路基础设施网、运输服务网、能源网和信息网进行融合和整合,以实现资源共享、信息互通和服务互联的目标。按其发展的过程,"四网融合"系统的发展应分为三个阶段:第一阶段基本融合、第二阶段深度融合、第三阶段一体化服务,分阶段发展目标如图0-25所示。

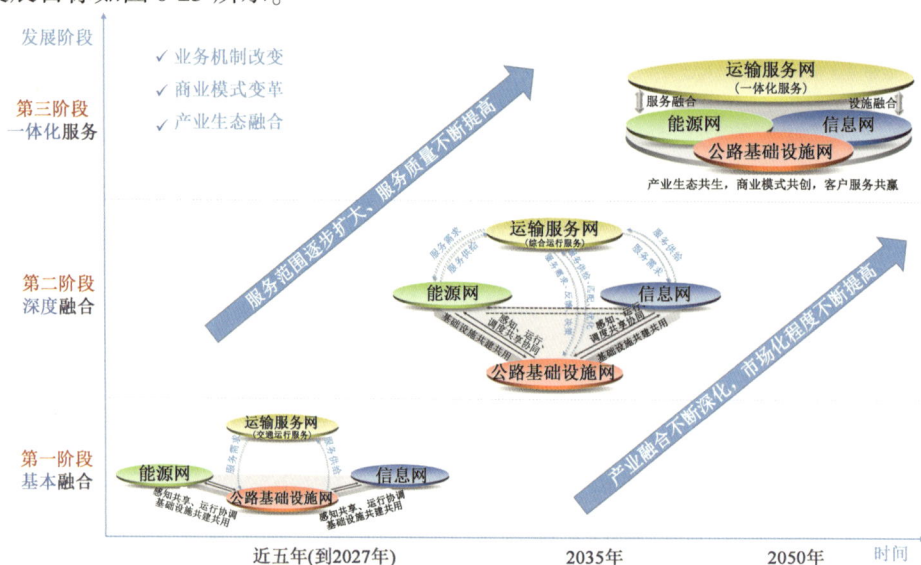

图0-25 "四网融合"系统分阶段发展目标图

1. 第一阶段目标:基本融合

近五年(到 2027 年)发展目标是:通过物理设施的统筹规划建设和数据的交换共享,推动公路基础设施网与运输服务网、能源网、信息网的基础设施之间融合,实现空间通道、设施设备的共用和运行数据的共享,以更少的资源要素投入产生更多的经济社会效益。

——公路基础设施网、能源网和信息网的基础设施协同规划、统筹布局、有序建设取得实质性成效。地上通道、地下管廊等通道资源共用比例,路侧智能感知、供电、通信等设备复用与共享水平得到显著提升。

——全国联网的公路运行管理平台基本建成,以公路基础设施网为主体,实现公路综合运行状况、公路沿线能源使用状况和公路沿线信息通信传输状况的动态监测,全网统一的运行标准、服务规则得到推行。

——统一的综合基础设施服务平台初步形成,初步建成公路交通、能源供销、信息通信集成的大数据中心,基本具备提供差异化、定制化服务的能力。

——高速公路服务区充电服务全覆盖。城市群区域高速公路服务区充电停车位占比超过 10% ,高速公路隧道、服务区基本实现智慧能源管控。

2. 第二阶段目标:深度融合

2035 年发展目标是:通过物理设施、数据、应用的共建共享共用,建成"四网融合"的综合基础设施供给网络,实现公路基础设施网、能源网、信息网的全面感知、即时互联、精准管控和智能调度,具备实时需求响应式"交通 + 能源""交通 + 信息""交通 + 旅游""交通 + 物流"等融合供给服务能力。

——区域联网的综合运行管理平台已建成,实现公路基础设施网、能源网、信息网等运行的全面感知、即时互联、精准管控和智能调度。

——统一的综合基础设施服务平台已形成,建成公路交通、能源供销、信息通信等高度集成的大数据中心,实现供需实时互动,可提供个性化、定制化的"交通 +"综合服务。

——以电力为主、多能互补的新型公路交通能源供给体系基本建成。公路沿线基本形成以大电网供给为主体、分布式光伏为补充,非化石能源消费比例逐渐提高的新型电力系统,全国高速公路服务区充电停车位占比不低于 20% (高寒高海拔地区除外)。重要货运通道重型载货汽车换电模式得到一定推广。高速公路和重要的国省干线公路基本实现智慧能源管控。

——天地一体、结构合理的公路交通信息通信网络基本建成,可提供高带宽、低时延、高可靠的通信服务。

——新模式、新业态更加丰富,综合基础设施运营商探索发展取得成效。

3. 第三阶段目标：一体化服务

2050 年发展目标是：公路基础设施网、运输服务网、能源网、信息网的物理实体空间和数字虚拟空间高度交互融合，综合服务"一张网"全面形成，交通与能源、信息旅游、物流等多业态融合的一体化服务更加完善。

三、技术架构

"四网融合"将独立发展的四个网络融合集成为协同服务社会的高级基础设施网络。以 5G、数据中心、云计算等前沿技术为支撑，实现"四网"终端互联互通，推动交通、能源、信息、运输服务各类数据跨平台共享，充分挖掘数据价值，实现"四网"高效协同、供需互动，使"四网"整体达到降低成本、提高效率、优化服务的目的。

"四网融合"系统的基本架构由物理层、数据层、平台层与服务层组成，如图 0-26 所示。

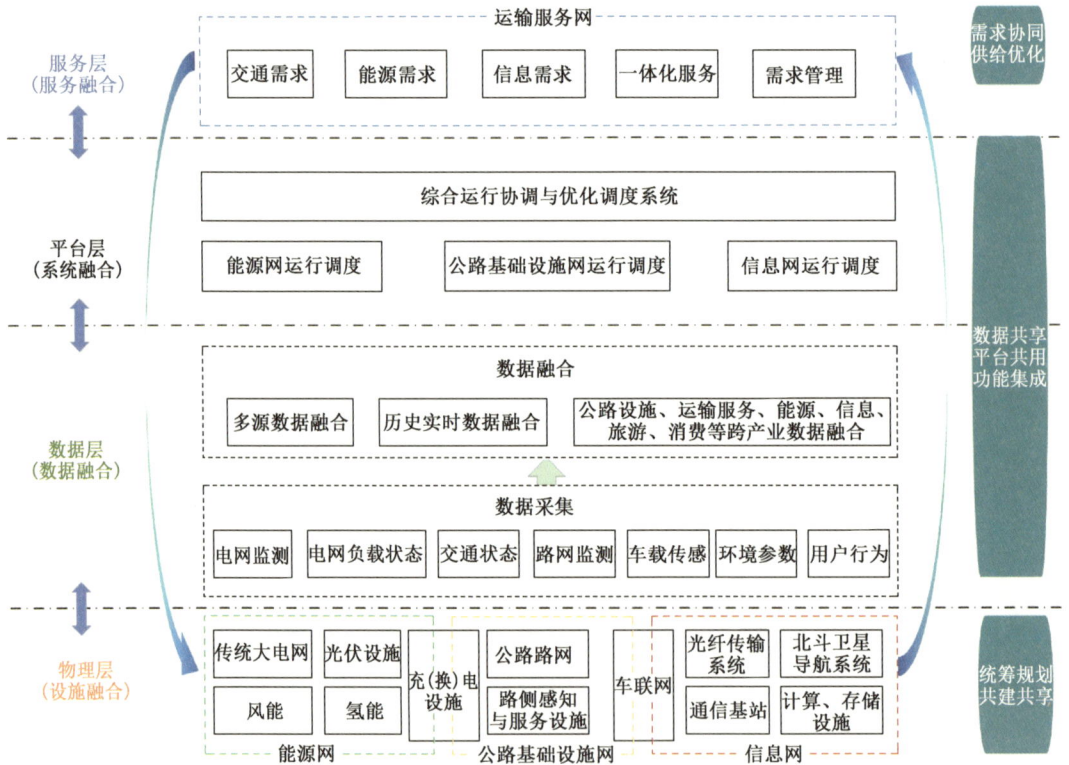

图 0-26　"四网融合"系统架构图

物理层由公路基础设施、能源、信息系统的一系列物理实体设施组成，包括公路路网、路侧感知与服务设施、传统大电网、光伏设施、光纤传输系统、通信基站等。通过各网基础设施的统筹规划、共建共享来降低建设成本，提高设施利用率，实现基础设施融合。

数据层在采集公路基础设施网、能源网与运输服务网的数据基础上，通过信息网采集物理层海量、高维、异构的运行数据，监测并感知物理层运行状态，实现数据融合。

平台层以数据处理与优化算法为核心，兼顾"四网"不同的运行特性，特别是需求和供给在时间、空间上的不同分布特性，形成统一的综合运行协调与优化调度系统，实现系统融合。

服务层是"四网融合"的核心，通过融合能源需求、交通需求、信息服务等需求，提供一体化的综合运营服务、能源互联网服务等，使综合服务全过程更高效、更节能、更便捷，最终实现"四网"绿色低碳、安全可靠、智慧协同和经济高效地融合发展。

四、重点任务

1. 推进公路基础设施网与能源网融合发展

推进公路基础设施网与能源网统筹布局、规划建设，强化公路基础设施与能源基础设施共建共享，推动地上通道、地下管廊等通道资源共用，促进公路基础设施网和能源网的协同互补发展，形成交能融合的新型基础设施网络，确保公路交通用能安全可靠，提高公路与能源的资源利用效率和综合效能。

建立安全稳定的智慧公路新型能源供给体系。推动智慧公路与骨干电网统筹布局、协同建设，新增跨省份跨区域电力输送通道时，优先考虑在公路通道沿线布设，配电网改造升级中充分考虑公路交通用能保障，满足快速增长的电动化公路交通工具和智慧公路装备运行的用电需求。因地制宜地积极推进公路设施分布式光伏建设。利用价格等机制，充分发挥公路交通就地就近消纳新能源、参与电力需求侧响应的潜力，高比例释放电动汽车用电负荷的弹性。结合燃料电池重型载货汽车技术成熟度和推广应用需要，适时布局建设加氢设施。

大力推进公路沿线光伏资源开发利用。公路基础设施网光伏发电潜力较大。初步估算，2035 年我国高速公路年光伏发电潜能为 448 亿 kW·h（表 0-27），根据东部、中部、西部、东北等区域太阳能资源禀赋，统筹智慧公路自身和电动汽车的用能需求（表 0-28），积极推进公路沿线服务区、下边坡等构造物光伏开发利用，推广光伏发电与建筑一体化应用，推动"源网荷储"一体化发展，就地补充公路设施设备运行和交通车辆电力需求，在满足交通用能的基础上实现余电上网。

2035 年高速公路光伏开发潜能表 表 0-27

地区	服务区数量 （对）	具备开发潜能的 边坡面积（m²）	平均年总辐照量 （kW·h/m²）	年光伏发电潜能 （亿 kW·h）
东部	1203	6.42×10^7	1349	115
中部	989	5.73×10^7	1226	92

续上表

地区	服务区数量（对）	具备开发潜能的边坡面积(m²)	平均年总辐照量（kW·h/m²）	年光伏发电潜能（亿 kW·h）
西部	1772	10.6×10^7	1463	203
东北	336	2.16×10^7	1340	38
总计	4300	24.91×10^7	1344	448

注：1. 服务区数量按现状里程和服务区数等比例测算；
    2. 仅计算下边坡，且具备开发潜能的边坡面积按照30%的下边坡面积计算。

2035 年高速公路用能需求表 表 0-28

地区	基础设施用电需求占比(%)	基础设施用电需求（亿 kW·h）	纯电动汽车用电需求占比(%)	纯电动汽车用电需求（亿 kW·h）	总用电需求（亿 kW·h）
东部	28	129	60	407	536
中部	23	106	28	190	296
西部	41	190	10	68	258
东北	8	36	2	14	50
总计	100	461	100	679	1140

　　完善公路服务区充（换）电设施网络。加快公路服务区大功率快充设施建设，全面推动车桩协同发展。促进电动汽车与智能电网间的能量和信息双向互动，开展光、储、充、换相结合的新型充（换）电站试点示范应用。按照估算，全国高速公路服务区充电停车位占比应与纯电动汽车在汽车保有量中的占比正相关，到2035年，东部、中部、西部和东北地区充电停车位占比分别达到60%、28%、10%和2%（表0-29）。结合新能源、清洁能源重型载货汽车应用试点，部署建设一批换电站、加氢站。在建设时序上，优先推动城市群区域服务区充电车位建设，逐步扩大至6轴7廊8通道沿线服务区，最后推广至全国。

2035 年各地区服务区充电车位占比表 表 0-29

地区	充电车位总数(个)	充电车位占比（%）
东部	129000	60
中部	60200	28
西部	21500	10
东北	4300	2
总计	215000	—

2. 推进公路基础设施网与信息网融合发展

　　推进公路基础设施网与信息网统筹布局，强化公路基础设施与信息基础设施共建共享，推动公路沿线基础设施、电力、管网等资源共用，强化新型基础设施和传统基础设施统筹建设，推动车路协同规模化应用。

多站融合:以变电站、5G基站的集约建设和运营为引领,以5G网络布点为切入,逐步引入边缘数据中心建设,带动包括芯片研发、设备制造、运营维护等在内的能源、信息通信领域全产业链发展;并通过5G基站和边缘数据中心形成的广覆盖、低时延、高带宽的通信网络和即时响应的边缘计算能力,支撑新兴智能化服务应用需求。随着核心基础业务的成熟,逐步引入环境监测站、北斗地基增强站、储能站、分布式新能源发电站等站点的建设和运营,逐步形成区域级的集约共享网络。

共享铁塔:以共享的方式在电力铁塔上加装通信设备,将光缆、通信基站、移动天线等通信设施附属在输电杆塔上,使电力铁塔设施实现再利用,大幅减少建设成本,缩短信息通信建站周期,有力推动5G等网络的推广应用。

升级完善全国高速公路沿线有线传输网。统筹高速公路沿线管网资源,升级完善覆盖高速公路全线的高速公路光纤网和电信运营商专线,形成双备份的行业传输网。其中,高速公路光纤网以传输海量的视频、图片等非结构化数据为主,电信运营商专线以传输可靠性要求高的路网运行状态感知、基础设施运行状态监测、行业管理与服务等结构化数据为主。

逐步推进高速公路沿线无线通信专网。探索5G在公路领域的应用场景,结合5G商用部署,充分利用高速公路沿线基础设施、电力、管网等资源,逐步推进5G在高速公路沿线的覆盖。到2027年,主要从城市周边公路网逐步推进对重点路段、服务区、桥隧等关键节点的覆盖;到2035年,重点面向车路协同、自动驾驶应用场景,结合专用短程通信(DSRC)、蜂窝车联网(C-V2X)等多种通信方式,建设新一代车用无线通信网络(5G-V2X),逐步覆盖骨干高速公路全线。高速公路信息传输网通信需求参见表0-30。

高速公路信息传输网通信需求类型   表0-30

网络类型		主要传输需求
有线	高速公路光纤网	视频、图片等海量非结构化数据传输为主,行业管理与服务业务数据为辅
	电信运营商专网	行业管理与服务业务数据、路网运行状态感知和基础设施运行状态监测等结构化数据传输为主,视频、图片等海量非结构化数据传输为辅
无线	蜂窝移动通信(4G/5G)	路网运行状态感知和基础设施运行状态监测等结构化数据
	窄带物联网(NB-IoT)	基础设施运行状态监测等结构化数据
	新一代车用无线通信网(5G-V2X)	车车、车路实时通信数据

完善北斗地基增强系统。在国家北斗地基增强框架网和各地区、通信运营商、行业等建设的加密网的基础上,在国家统一规划和标准的指导下,重点结合高速公路、跨径1000m以上长大桥梁和长隧道等应用场景需求,在公路沿线补点加密建设北斗地基增强站,逐步覆盖高速公路全线。

统筹推进新型基础设施建设和传统基础设施建设。完善修订公路基础设施工程建设规范,将公路新型基础设施纳入公路基础设施工程建设内容,实现同步规划、同步设计、同步建设、同步运维。构建智慧公路评价指标体系,指导智慧高速公路设计和建设。

构建统一的信息共享交换平台。加强跨区域、跨路网之间的信息共享和协同,推进信息服务范围从区域路网、跨区域路网向跨路网(高速公路和普通公路)的逐步拓展,实现公路信息服务"一张网"。

推进车路协同规模化应用。逐步丰富车路协同应用场景,构建全国统一的车路协同系统架构和标准体系,推动不同品牌、型号之间车路协同设备实现全面互联互通,推动车路协同跨区域、跨路网规模化部署应用。

3. 构建"三网融合"的基础设施供给网络

在公路基础设施网和能源网、公路基础设施网和信息网两两充分融合的基础上,以提高基础设施运营效率为导向,推动公路基础设施网、能源网、信息网的共建共维共享,构建"三网融合"的综合基础设施供给网络。

建设综合基础设施智能调度体系。持续完善公路网运行监测管理与服务平台,建立全天候路网监测调度中心,实现云网边端互联的全息感知、精准预警、科学决策和智能调度,实现可视、可测、可控、可服务。推进公路基础设施网与能源网、信息网各自独立的感知-决策-控制系统之间的融合感知、即时互联、精准管控、协同决策与智能调度,实现基于实时信息的优化决策与控制。

培育综合基础设施运营商。激发高速公路运营企业投资路域资源综合开发的活力,充分利用高速公路沿线空间资源、通信管道资源、旅游资源等,探索低碳绿色的清洁能源开发、下一代长途干线光缆网的联合构建,以及"交通 + 自驾车营地""交通 + 休闲小镇"等交旅融合产业的新路径、新模式,推动其向综合基础设施运营商转型发展。

推动"三网融合"示范工程建设。充分发挥示范工程的标杆引领作用,选择京港澳、沪蓉高速公路等重大通道、连霍高速公路新疆段以及长三角城市群,分别开展综合基础设施、绿色综合能源、绿色智慧服务区等重点方向的示范。

4. 构建"四网融合"的一体化服务网

以高品质的综合服务需求为导向,推动"四网融合"产业生态联合创新,引导构建跨领域、跨区域的"一张网"协同运营服务模式,实现服务融合、生态融合,提供交通、旅游、商贸、物流、能源等多业态融合的一体化服务,全面实现"人享其行、物畅其流"。

构建统一的综合服务平台。利用大数据、互联网、人工智能等技术,研究用户的交通、用能、通信等行为习惯和特征,建立"1 + 1 > 2"的全局最优的供需匹配策略,通过统一的综合服务平台,实现站点供给能力、动态线路规划、实时定价策略等的优化调整,引导用户调整出行、充电、消费等行为,提供需求响应式的"交通＋能源＋通信"的融合服务,提升用户体验。

促进产业生态圈融合创新。发挥市场机制在"四网融合"资源配置中的决定性作用,引导社会各方投入"四网融合"发展,共同构建基于市场机制运营的"四网融合"运营服务新模式。推进智慧公路、智慧能源、互联网、出行服务、物流服务、信息服务、汽车制造业等的融合。

第四章
政策建议与示范工程

第一节　政策建议

一、国家出台智慧公路指导性文件，加强顶层设计

由于智慧公路发展涉及的行业部门较多，为加快智慧公路建设，建议交通运输部、国家发展改革委、工业和信息化部、公安部、科学技术部等多部委合作，由中共中央办公厅、国务院办公厅联合发布关于全国智慧公路发展的指导性文件或规划纲要，制定智慧公路发展目标，明确数字化基础设施、车路协同自动驾驶、新一代公路智能税费征收系统、智慧养护、智慧服务区、智慧安全应急保障、"四网融合"等重点建设内容，指导全国各地智慧公路建设，并从体制机制、标准规范、产业协同、关键技术突破、生态建设、投融资、人才队伍、政策支持等方面综合推进。

二、加快研究制定智慧公路标准规范体系

完善既有公路标准规范中的数字化相应内容，及时调整与数字化不相适应的条文，保障公路数字化设施与公路基础设施同步建设、一体运营、一体养护。研究制定智慧公路的标准规范体系，涵盖智慧公路全寿命周期、全过程管理服务以及基础支撑。汲取各地智慧公路建设指南的经验，按照服务牵引、技术融合、数据连通共享原则，打通智慧公路的技术通用标准、产品标准、管理服务标准、数据标准，指导全国智慧公路建设。按照智慧公路分级分类的要求，制定不同类型公路的标准指南。顺应先进通信、信息、人工智能、物联网等技术发展趋势和技术迭代特点，建设开放、包容、可迭代的智慧公路标准框架和技术标准。根据现实技术条件和业务场景需求，逐步有序建立和完善重点场景的标准体系，不断丰富

完善。推进智慧公路的技术、数据、产品标准规范与智慧公路数字底座研发的协同建设。

三、建立跨部门、跨行业协同推进机制

建议由交通运输部牵头,会同相关部门推动建立涵盖政府、企业、科研院所、社团组织等的协同推进机制,促进智慧公路数据共享和业务协同。由相关部委牵头,组织"产学研金服"成立智慧公路技术和产业联盟,搭建产业协作平台,开展智慧公路共性和关键技术的联合攻关,共同研究统一的技术标准和规范,开展一致化行动,加快产业化进程。

车路协同自动驾驶是全球工业和科技竞争的热点,是智慧交通的明珠。当前,我国车路协同自动驾驶面临三大突出问题:一是自动驾驶车辆尚无合法身份,自动驾驶车辆上路缺乏法律依据,发生交通事故权责不清;二是缺少统一的指导纲领和发展计划,部门间和产业链缺乏协作协同,各自为战;三是缺乏统一的标准规范体系,标准与规范不配套,一体化进程缓慢。迫切需要在国家层面推动车路云一体化自动驾驶产业加快发展。

建议多部委协同合作支持和推进车路云一体化自动驾驶产业发展。建议将车路云协同自动驾驶上升为国家战略,成立国家层面领导机构,设立车路协同自动驾驶(车路云一体化)跨部门沟通协调机制,由交通运输部、国家发展改革委、工业和信息化部、科学技术部、财政部等部委和金融机构参加,打通智慧公路和智能网联汽车两大领域,加强跨产业融合发展和协同创新。具体工作有:组织研究编制车路协同自动驾驶的中长期战略,共同制定统一的发展路线图、分级分类标准,对法律法规、技术标准和效能评价进行整体架构;制定协同化的产业政策;各部门分工协作,采取一致化行动,分别制定国家层面的行业标准;构建一体化系统产业生态发展基础平台和协同创新平台;多渠道利用金融工具,搭建消费和金融服务场景,推动产业生态建设,打造智慧公路智能网联汽车、车联网通信等多个万亿级产业。

四、加快研究并推进实施公路里程税改革,部署研发新一代公路智能税费征收系统

当前,新能源汽车发展势头迅猛,未来传统燃油车将逐步退出已是必然趋势。成品油改革新增价格附加费(简称"燃油税")是我国500多万 km 普通公路养护的主要资金来源,目前燃油税用于公路养护及其他支出规模每年约2000亿元(规模已经连续6年没有变化),但"十四五"期间全国普通公路养护管理的资金需求平均每年约3400亿元,缺口很大。随着我国路网规模扩大和路龄增加,养护资金需求还将不断增长,经研究测算,到2030年,全国普通公路的养护资金总需求将超过5000亿元,财政供给压力巨大。因此,迫

切需要研究推进公路里程税替代燃油税改革。

公路里程税是指，通过精准记录车辆的行驶轨迹，根据车辆的行驶消费里程而向车辆征收对应的费用，精准体现"多使用者多付费"原则，与燃油税相比，更具公平性、可持续性。随着智慧公路技术发展，新一代公路智能税费征收系统可为里程税改革提供可靠的技术支撑。为此建议：

1. 着手公路里程税改革的顶层设计

建议建立由国务院领导，交通运输部、财政部、国家发展改革委、工业和信息化部、国家税务总局、司法部等相关部委参加的公路里程税改革专门机制，启动公路里程税改革的研究论证，明确改革方向，制定改革框架，分析改革影响。

2. 组织开发公路里程税征收系统

建议在交通运输部和相关部委组织下，按照安全可靠、经济适用、适度超前的要求，充分吸收已有相关技术平台的研究成果，开展新一代里程税征收系统的技术方案论证、系统研发、系统试验和工程示范等，为未来开征里程税提供扎实的技术保障。

3. 适时启动公路里程税立法研究工作

建议交通运输部、财政部牵头适时启动相关法律的研究工作，内容包括税收属性、征税对象、覆盖范围、差异化税率、征收规则、资金使用管理、法律责任等，为全国人大制定公路里程税法做好前期准备。

五、实施支持智慧公路的产业政策和举措

建议跨部门、跨区域、跨产业协作，实施一揽子支持智慧公路发展的产业政策和举措，解决法律支撑、全国统一标准、重大关键技术、有效的投融资模式等问题，具体有：

推进支持智慧公路发展的相关法律法规研究和制修订，包括车路协同自动驾驶的支持性法律法规。允许高速公路通过延长收费期为智慧化改造投资提供支持。

研究设立国家级政府引导性智慧绿色公路产业投资基金，重点投向智能公路上下游产业、系统研发与技术集成、数字底座和大数据开发、应用场景建设与服务、公路数字产业经济等方面。通过国家级基金撬动社会资本跟进，鼓励社会资本设立相关产业基金，共同推进技术研发、成果转化和产业融合发展。

结合国家重要公路通道扩能改造，加快实施智慧公路技术应用。位于运输大通道、交通主骨架的国家重要公路是交通运输的主经脉，运输压力大，但往往土地资源也较为紧张。预计到2030年，还有10万km普通国省干线公路需要改造提升，工程需求较大。建

议结合国家重要公路通道扩能改造项目,提前规划,同步建设智慧系统,打造成智慧公路赋能工程项目,根据项目的需求、痛点,针对性地匹配经济适用技术,搭建管理和服务应用场景,解决安全、效率和服务问题。可总结形成通道扩能改造智慧项目的一揽子技术方案目录和指南,加以推广。建议将在役公路的智慧化建设纳入工程改扩建范畴,争取资金、收费政策的支持。

第二节 试点示范建议

围绕智慧公路建设重点,选择规划建设和正在开展的依托工程或项目,开展试点示范建设,进一步积累经验。

一、公路智能建造

1. 项目名称

"两桥两隧"智能建造示范。

2. 示范目的

随着高质量发展、数字交通等政策的出台,交通新型基础设施建设对智能建造提出了新的要求,更加突出人工智能与工业制造的深度融合。需要探索信息化、智能化技术研究与应用,以 BIM 技术为核心,融合物联网、5G、云计算、大数据、人工智能等数字化技术手段,研发应用多种智能化装备,形成现代化智能建造体系,提升桥隧智慧化建设水平。

3. 建设内容

(1)超大跨径桥梁智能建造

跨江大桥主塔钢筋部品智慧施工。依托张靖皋长江大桥、常泰长江大桥,开展索塔部品化钢筋智慧化施工。开发钢筋加工云平台,自动优化断料,科学编码,便于上料机械手准确抓取物料;利用机械辅助人工穿插主筋至主筋定位工装孔中,用六自由度机器人配备视觉识别系统进行自动焊接。施工现场将索塔所需块体在胎架上拼装成钢筋部品,穿插剩余主筋并进行焊接,整节段钢筋部品成型。研制万吨级超高塔式起重机整体吊装钢筋部品,采用锥套完成主筋快速连接,实现索塔部品化钢筋精准拼接。项目优化算法和设备数字化加工技术,精细化打造钢筋加工环节数字控制技术,提升钢筋加工精度,降低钢筋损耗;提升钢筋施工智能化,保障塔柱建造速度,减少人力投入,提高施工工效。

跨江大桥节段钢梁智能制造。依托张靖皋长江大桥钢箱梁及常泰长江大桥钢桁梁制造,基于三维模型和西阁玛(Sigma)套料系统的 BIM 技术,实现钢梁板材智能下料三维模型数据与加工数据准确协同。融合板材切割下料管理系统与车间制造执行信息化管控系统,实现智能提料、排版、切割和报工等功能,达到半成品下料智能管控。项目实现钢梁制造及施工三维模拟,发现碰撞、干涉问题及时优化,自动生成二维施工图、材料表、机床加工代码,用以指导现场施工,并对接信息化系统,提高工作效率和准确性。

过江接线节段混凝土梁智能预制。依托张靖皋长江大桥、常泰长江大桥南北接线节段梁生产,研发自行式台座、智能测量、自动化浇筑等工厂化流水作业新技术。钢筋骨架制作采用流水作业方式,通过横移系统实现工位间循环流转。混凝土搅拌建设精确智联搅拌与运输系统,实现智能往返、自动输送。混凝土布料机通过激光定位笔精准定位,自动调整出料落差,实现精准布料。阵列分布排式振捣机振捣,由程序控制振捣动作和参数并进行自动化收面机复振和收面。混凝土浇筑完成后,预制台座自动流转至蒸养窑,智能控制窑内温湿度梯度调节。项目实现钢梁各个环节的质量效率提升的数字信息化控制,实现预制场标准化、工厂化、机械化、装配化、信息化、绿色化建设,提高作业工效和机械化、智能化水平,提升产品品质。

(2)超长水下隧道智能建造

盾构自动导航掘进。依托江阴靖江长江隧道、海太长江隧道,在盾构掘进导向测量时通过盾尾间隙系统自动测量出盾尾间隙,管环选型系统考虑隧道设计轴线、管环设计、盾尾间隙、油缸行程、机器姿态与方向等,选出最优的管片选型点位。在盾尾间隙系统的协助下,现场人员无须在盾构机盾尾附近进行盾尾间隙的手动测量工作,可以减少人员的安全隐患。项目实现管环中心拼装,避免管片和机器的损坏;实现自动连续计算,减少掘进与管环拼装之间的时间间隔,加速施工进程;优化管片物流,避免等待时间。

智能化地质超前预报。依托江阴靖江长江隧道、海太长江隧道,在盾构掘进地质勘探阶段,配备智能化地质超前预报系统(SSP-E 系统),在常压下更换所有组件,并且可在管片拼装期间对掌子面前方异常物体进行声波测量,测量数据可自动计算处理。能够对前方 40m 内范围进行探测,及时调整盾构机掘进参数;新设备可以在拼装期间使用,测量时间仅需 8~10min,不影响盾构掘进。

隧道盾构管片智能化生产。依托江阴靖江长江隧道、海太长江隧道,管片厂配置自动化钢筋生产设备,包括钢筋剪切线、数控五机头弯箍机自动化钢筋加工设备。管片生产过程配置自动化、精细化设备,管片模型质量采用高精度激光扫描仪检测,管片运输采用GPS 定位设备,实现管片生产、质量控制、运输全流程数字化管理。

4.预期成效

跨江大桥应用智能建造技术,能够实现主塔钢筋部品智慧化加工、精准拼接,提升钢梁加工精度与施工准确性,实现节段梁全过程信息化管控,有利于提高作业效率,推进精细化施工。隧道应用智能建造技术,一方面实现管片生产、质量控制、运输全流程数字化管理,另一方面实现隧道盾构过程安全保障与效率提升。

二、公路智慧养护

1.项目名称

山东高速公路智能养护管理系统项目。

2.示范目的

加快推进传统养护与新一代信息技术深度融合,实现养护管理由粗放型向精细型转变,打造理念先进、科学智能、自主创新、融合开放的高速公路智能养护管理系统,构建高速公路“一张图”、养护大数据中心库和智能养护综合管理平台,面向决策层、养护管理层、实施作业层等各个层级的需求,建设自上而下、统一架构、统一数据资源、统一管控机制的高速公路智能养护管理系统,全面提升高速公路养护的全业务、全过程、全要素养护管理和养护科学决策智能化水平。

3.建设内容

研究构建基于 GIS 技术的养护业务可视化“一张图”。实现数据资产联动展示(多连接),路网资产概览、技术状况等信息联动可视化;实现宏观到微观可视化展示(多尺度),路、桥、隧、机电设备多源异构数据实现从宏观到明细的展示;实现统计分析数据展示(多维度),数据资产基于业务需求,实现多维度、精细化统计。

研究构建基于大数据和中台技术的养护中心库。基于中台技术和大数据技术,通过汇总整合山东高速集团养护类数据资源,融合交通流(收费 + 交调)、气象环境、监控等外部数据,按照集团统一标准进行建设。形成标准化数据资产,并建立数据共享机制,支撑山东高速集团各类综合应用,充分发挥数据资源价值,盘活养护数据资产,为跨地区、跨部门、跨系统信息资源共享和大数据应用提供坚实的数据资源保障。

研究构建养护综合管控平台。养护综合管控平台实现多业务子系统集成,具体包括日常养护管理系统、机电设备智慧管理系统、路面智能养护决策系统、交通安全设施智能养护决策系统、桥隧智能养护决策系统。

4.预期成效

通过示范建设,改变原有高速公路养护管理模式和管理手段,实现养护各业务之间的协同工作和信息共享,提高路况养护质量和工作效率,降低管理成本,使资源实现合理化、最大化利用。建立具有山东高速公路特色的智能养护管理体系,基于一图、一库、一平台,预计养护管理效率提升30%。

三、车路协同自动驾驶

1.项目名称

S600 酒泉—明水干线物流自动驾驶(专用)公路柳沟至红沙梁段。

2.示范目的

基于车路协同自动驾驶,以车路云一体化为技术主线,建设全封闭、全控制干线物流自动驾驶系统。测试验证车路协同感知、协同决策技术,实现部分典型场景协同控制。探索验证车路协同自动驾驶系统安全性、经济性平衡,实现长距离干线物流商业化运营。

3.建设内容

S600 酒泉—明水干线物流自动驾驶(专用)公路柳沟至红沙梁段工程位于河西走廊腹地,起于甘肃省酒泉市瓜州县柳沟镇常乐电厂北侧,向北布设,止于甘肃省酒泉市肃北蒙古族自治县马鬃山镇红沙梁天宝煤矿,路线全长 125km。

项目车路协同自动驾驶系统包括自动驾驶车辆、路侧设施、云控平台、支撑系统设施四个部分。其中,自动驾驶车辆采用具备 L4 级别自动驾驶性能的载运车辆;路侧设施包括交通感知设施、路侧边缘计算设施、车路直连无线通信设施、气象环境监测设施、路面状态监测设施、射频识别设施;云控平台硬件部分包括边缘云、路段云、中心云三级结构的云计算设施,软件部分包含数字底座、运行中枢等云控基础平台以及车路协同自动驾驶、仿真测试、物流调度、运营养护等云控应用平台;支撑系统包括网络安全、融合通信设施、供电设施、高精度地图、北斗高精度时空服务设施。

4.预期成效

车路协同感知、协同决策提高自动驾驶系统运行安全性、高效性,显著降低干线物流人力成本、能耗成本、维修成本、事故损耗成本。示范项目预计形成可复制、可推广的干线物流自动驾驶解决方案以及商业化运营模式,培育发展符合我国战略发展方向的车路协同自动驾驶相关产业链。

四、公路里程税智能征收系统

1. 示范目的

按照"用路多者多付费"的原则,需要有关键技术对车辆行驶的轨迹和里程进行精准感知和判别,同时,里程税征收需要依托基于北斗卫星导航系统的新一代公路智能税费征收系统。本示范项目通过组织交通产学研、互联网科技企业和金融机构、汽车企业等,对里程税智能征收系统的物理解决方案及应用生态系统架构进行整体设计,开展系统建设、终端研制、测试验证等工作,为未来国家推行里程税改革提供一个安全、可靠、成本低、性能优、生态好的技术系统。

2. 建设内容

搭建系统平台。面向公路里程税改革试点的需求,通过北斗卫星导航系统融合高精度定位和路径识别技术、云计算、5G/4G、互联网、大数据等多种信息技术,研发以"北斗车载终端定位 + 云端计费"为架构的里程税系统。推进云服务平台、多功能智能车载终端、路侧单元、车辆行驶路径精准记录及校验、计量管理、里程税专项地图、安全系统、区块链清分结算、稽核系统、隐私保护管理、信用管理等关键技术应用。搭建里程税征收试验平台,平台具有空间数据服务、计费服务、清分结算服务、支付服务、稽查和信用服务、数据统计分析等功能。

开发系统应用生态。开展车联网创新应用、金融服务创新应用,打通"路、人、车、货"的传输通道,实现里程税与路网运行监测、应急救援、交通智慧执法、伴随式出行服务的融合。组建智能税费征收技术与产业联盟,积极利用市场上的关于科技创新、智慧发展、战略性新兴产业相关的产业投资基金、创投基金,支持智能税费征收系统平台建设。

开展里程税终端研制。统筹考量里程税及应用生态的多方面业务需求,由交通运输、工业和信息化等部门联合国内北斗终端企业、汽车厂家开展北斗卫星导航里程税终端研制,逐步建立国家统一的技术标准体系、终端检测体系及计量体系,确保全国里程税征收的公平性和统一性。

开展网络信息安全体系构建。做好里程税数据安全保障工作,组织开展终端、平台安全体系架构,结合互联网区块链技术,确保里程税数据安全、支付安全。建立里程税数据隐私安全管理制度,确保用户个人信息安全不泄露。

完成示范路网测试。实现对安装了北斗车载终端车辆的无收费站模式下车辆高效快速通行、精准计费与收费稽核。同时,在测试路网关键点位补充建设路侧设备,实现里程税实时稽核。

3. 试点范围

在试点区域,开发里程税征收试验平台,研制具有高精度、高可信、可计量的北斗车载终端计量应用装置,验证里程税智能征收系统的经济性、可靠性。

拟选取海南、山东、江苏、浙江、河北等省份的路网进行系统验证,包括地级市范围的所有路网、省级范围的高速公路网。试点区域的公路建设具备一定的信息化能力。选用包含"两客一危一重货"车辆、营运车辆、私家车、新能源车等不同种类、不同类型的车辆作为试点测试车辆,车型按照交通运输部标准《收费公路车辆通行费车型分类》(JT/T 489—2019),包含1类~4类客车、1类~6类货车全部类型。

4. 实施计划

项目建设涉及终端部署、主机、存储、网络及安全设备的安装调试,应用系统的需求调研、软件开发、测试集成、数据的清洗转换,以及整个系统的测试验收,总计约需36个月。

五、"四网融合"

1. 示范目的

以高品质的综合服务需求为导向,建设公路基础设施、能源基础设施、信息基础设施深度融合的综合基础设施供给网络,打造国家级"四网融合"智慧公路示范,实现全面感知、即时互联、精准管控和智能调度,开展跨领域、跨区域的"一张网"协同运营服务模式创新,引导培育综合基础设施运营商,显著提升智慧公路综合服务水平。

2. 建设内容

在公路沿线有条件的下边坡、服务区、收费站等,建设光伏发电系统,构建路域供能微电网;推动通道沿线管网资源的统筹利用,实现高速公路光纤、电信专线、5G网和北斗地基增强加密网的天地一体融合通信服务;开发智慧高速公路管理平台示范软件,实现多元化智能感知、主动式交通管控和伴随式出行服务;开展车路协同应用示范路段建设;打造零碳服务区。

3. 依托工程

山东枣庄至菏泽高速公路交能融合示范工程。线路全长177.767km。利用高速公路沿线南侧符合建设条件的护坡,以及高速公路沿线服务区、收费站内符合建设条件的建筑物屋面、建筑物周边地面建设分布式光伏电站,总装机容量124MW,其中路域光伏

119MW、服务区和收费站光伏约5MW,建有充电桩32座、智慧路灯16套、风机16套,建有智慧能源系统1套。

山东京台高速公路泰安至枣庄段智慧高速公路与济南东零碳服务区示范工程。线路全长189.483km,全线构建涵盖视频感知、交通流感知、交通事件感知、交通环境感知、基础设施监测感知为一体的多元智能感知网,建设20km车路协同试验段。在济南东打造零碳服务区,建设可再生能源利用系统、零碳智慧管控系统、污废资源化处理系统、林业碳汇提升系统,实现"零碳"运营。

四川攀枝花至大理高速公路分布式光储项目。线路全长41.002km。充分利用公路边坡、建筑屋顶、弃土场、隧道隔离带、服务区、收费站、沿线电子设备七大类场景,建设分布式光储系统,集成光伏发电、电能储存、车辆充电等多能供应,装配总装机容量为2.68MW的分布式光储设备,平均每天发电约1.31×10^4kW·h。

河北京哈高速公路智能化建设项目二期(京津冀大流量高速公路准全天候通行试验示范路)。线路全长238.243km。破解京哈高速公路跨部门(交通、气象、交警)气象数据协同互认、管控制度协同互认和跨区域(河北、北京、天津)协同互认两大难题,打造跨省域京津冀联合的准全天候通行示范路,实现全量感知、全线可控、全端触达、全天通行和非特殊情况不管控、不分流。

太湖隧道超长堰筑法水下隧道智慧化建管养运关键技术研究与应用。太湖隧道全长10.79km,隧道主体全宽43.6m,是国内最长、超宽水底隧道。研发隧道智能建造、智能运维及智能管控成套技术,创建全时、全域、全事件的智慧隧道成套技术体系。构建堰筑隧道建造全过程数字底座、L4级别数字设计模型,开发智能建造孪生平台。研发结构开裂渗漏监测装备与设备多模态交互控制技术,实现水下隧道设备的秒级交互控制与高效管理。研发超长水下隧道全事件甄别技术,开发建管养运数字孪生平台,实现L4级别数字传递与动态更新。

4.预期成效

构建公路基础设施、能源基础设施、信息基础设施深度融合的综合基础设施供给网络,打造国家级"四网融合"智慧公路示范标杆,实现高速公路通行效率显著提升,交通能源自洽率显著提升,二氧化碳排放量显著降低。五个示范项目的具体预期成效见表0-31。

"四网融合"示范项目预期成效表 表0-31

序号	项目名称	预期成效
1	山东枣庄至菏泽高速公路交能融合示范工程	高速公路沿线服务区、收费站和光伏车棚产生电能实现"自发自用、余电上网",高速公路沿线护坡区域所产生电能实现"全额上网"。项目建成后每年可为电网节约标准煤约4.15万t,每年减少二氧化碳排放约11.4万t

序号	项目名称	预期成效
2	山东京台高速公路泰安至枣庄段智慧高速公路与济南东零碳服务区示范工程	京台高速公路平均拥堵时长减少19%，交通事件平均处置时长降低20%；建成国内首个零碳服务区，年均减少二氧化碳排放3400t，日均发电量10000kW·h以上，年节约标准煤1200t，实现服务区100%"绿电"供应和100%中水回收利用
3	四川攀枝花至大理高速公路分布式光储项目	实现年平均发电量285万kW·h，运营25年总发电量达7125万kW·h，节约标准煤约2.34万t，减少二氧化碳排放约5.7万t，减少二氧化硫排放约0.052万t
4	河北京哈高速公路智能化建设项目二期（京津冀大流量高速公路准全天候通行试验示范路）	实现准全天候通行，恶劣天气下高速公路通行能力提升30%，因恶劣气象导致的封路时长降低20%，因事故导致的拥堵时长减少30%，应急指挥调度事件发现及处置时长降低10%
5	太湖隧道超长堰筑法水下隧道智慧化建管养运关键技术研究与应用	创建全时、全域、全事件的智慧隧道成套技术体系，显著提升超长水下隧道结构韧性和运维管理水平。实现全事件甄别精度95%以上，构建应急救援与协同管控体系，实现"1min有反应，3min有措施，5min见成效"，开发建管养运数字孪生平台

六、智慧高速公路测试基地

1. 项目名称

浙江智慧高速公路开放式测试场。

2. 示范目的

智慧高速公路创新发展是一个创新、试错、再调整的过程，因此，建立一个全面、真实、贴合现场需求的测试环境十分必要。截至2022年底，交通运输部、工业和信息化部认定了10余家封闭式测试基地，但主要聚焦自动驾驶等智能网联汽车车端技术，智慧高速公路路端技术还缺少系统化、开放式的实景测试环境。有必要围绕行业痛点问题，建立一个实景、兼容，并具备统筹型和科研型特质的智慧高速公路路端技术测试基地，从而具备实景验证能力和前沿技术研究能力，并串联从产品到方案的技术验证链条，为智慧高速公路建设改造标准化提供技术与场景支撑。

3. 建设内容

选定杭州绕城西复线湖州扩容段莫干山至舞阳段约11km的实景路段作为浙江智慧高速公路开放式测试场的外场基础。该路段具备主线分合流、匝道通行、隧道通行、弯道、服务区、收费站及上下坡等多样化场景。初步建立了感知设备基础测试环境，包括外场高密度测试专用杆件、测试软件平台、数字孪生平台、配套服务器等。按照"主动感知、主动

管控、主动服务"的技术目标,测试场将持续推进以下重点内容的建设:

建立智慧高速公路设备性能/功能测试试验室。从设备性能/功能入手,总结建设运营中遇到的各类问题,在内场区域建立室内试验室测试设备性能,在外场实景路段测试设备功能,包括感知、通信、诱导等功能,以及环境适应性、可靠性等性能。

建设路侧跨场景多尺度测试标定系统。充分发挥外场测试路段实景优势,在单一断面构建形成多源数据融合精准感知能力,形成断面级测试标定系统;通过多个断面级测试标定系统的分场景高密度布设,将其拓展至路段级;将各场景串联形成外场区域级的跨场景多尺度测试标定系统,为技术方案测试提供精确"标尺"。

建设测试软硬件配套平台。配套平台包含物联网中台、边缘计算平台、测试平台、外场车路通信平台、数字孪生平台和宏观交通在环仿真平台等软硬件平台。

构建车路协同基础环境。建立支持 L4 级别车路协同系统的高兼容性路侧基础测试环境。依托测试标定系统、软硬件平台,搭建车路协同系统综合验证平台,为自动驾驶专用道、车辆队列、伴随式出行服务、主动交通管理、广播式信息服务等应用验证测试提供环境、设施和系统支撑,开展车路协同关键技术和设备的研究与开发。

4.预期成效

围绕统筹型与科研型定位构建真实、闭环、高兼容性的开放式高速公路测试环境,打造全面服务行业的高智慧等级高速公路示范路段,形成智慧高速公路设备性能/功能一体化测试中心、智慧高速公路技术方案实景验证中心、智慧高速公路前沿技术科技研发中心。

● 中国工程院重大战略研究与咨询项目

课题报告 ①

数字化公路基础设施研究

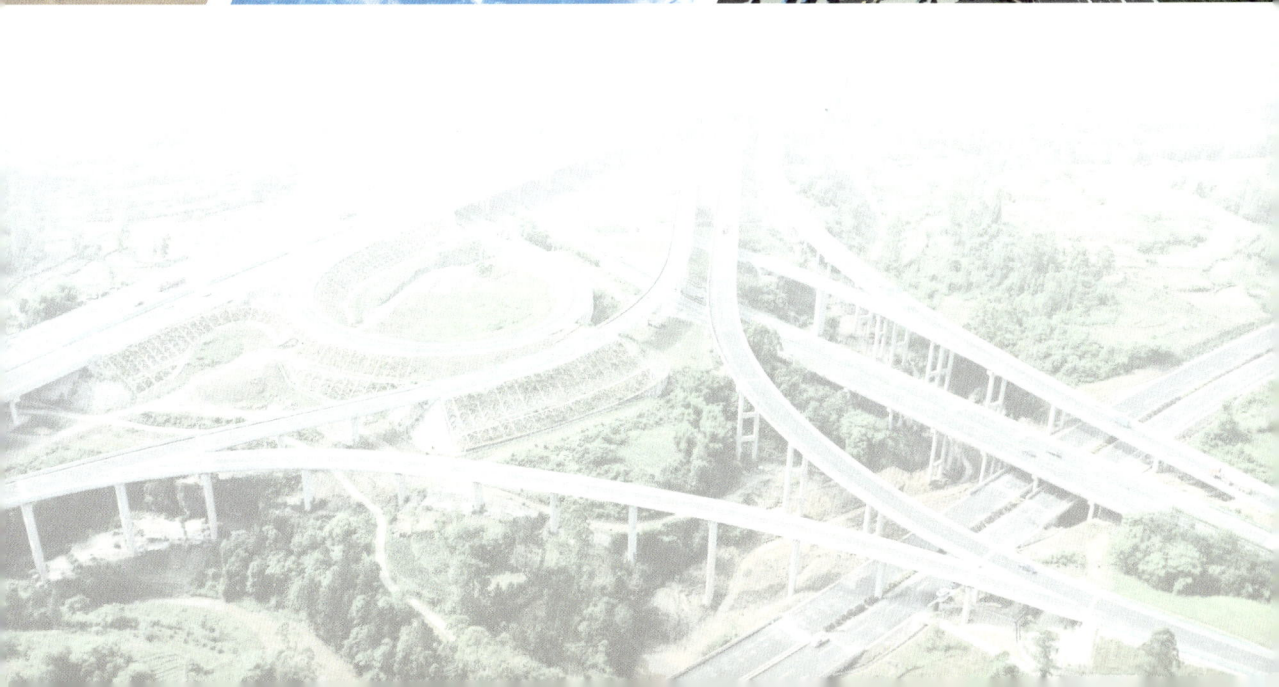

课题组主要研究人员

课题顾问

聂建国

课题组长

张劲泉

课题组主要成员

李法雄　李　斌　李万恒　王其峰　蒋振雄

牟　涛　卢　毅　王　川　汪　林　沈鸿飞

张纪升　王　琰　刘　诚　苟双科　陈英昊

毕玉峰　赵　杰　霍晓宇　孙灿顶

课题主要执笔人

李法雄　李　斌　王　琰　刘　诚　苟双科

内容摘要

　　本课题围绕公路基础设施数字化是什么、做什么、怎么做的问题,开展调查研究,摸清公路基础设施数字化背景、现状、问题和需求,明确公路基础设施数字化的内涵、特征和基本要求;结合国内外及相邻行业数字化实践经验,研究提出我国公路基础设施数字化的发展目标、技术架构和实施路径,提出公路基础设施数字化五项重点任务,并指出公路基础设施数字化所需的关键支撑技术;并基于上述研究成果,提出公路基础设施数字化的对策建议,支撑公路数字化转型及智慧公路高质量发展。

第一章
研究背景

中国工程院重大战略研究与咨询项目"智慧公路发展战略研究"共设 7 个课题研究任务(表 1-1),本部分为"课题 1:数字化公路基础设施研究"的成果。

"智慧公路发展战略研究"课题研究任务　　　　　　　　　　表 1-1

序号	课题名称
1	课题1:数字化公路基础设施研究
2	课题2:车路协同自动驾驶系统研究
3	课题3:新一代公路智能税费征收系统研究
4	课题4:智慧公路养护研究
5	课题5:智慧服务区发展研究
6	课题6:智慧公路安全应急保障研究
7	课题7:"四网融合"系统研究

一、研究目标

一是厘清我国公路信息化数字化历史、现状与发展需求。

二是研究提出公路基础设施数字化的发展目标、实施路径和重点任务。

三是研究提出公路基础设施数字化的对策建议。

二、研究内容

1.研究内容一:公路基础设施数字化现状调查研究

开展调查研究,摸清公路信息化数字化现状基础、现有数字化相关产品及应用情况、存在问题、发展要求及技术攻关需求。明确公路基础设施数字化的内涵、特征及基本要求。

2.研究内容二：公路基础设施数字化技术架构、实施路径与建设任务研究

结合调查研究，深入了解公路基础设施的数字化发展态势和方向、关键技术演进、核心软件突破及其创新模式。在对产业规模、市场环境、创新模式、技术成熟度等因素进行科学评价的基础上，分析制约公路基础设施数字化的主要矛盾和瓶颈，识别其产业化应该突破的关键问题，明确公路基础设施数字化的技术架构、实施路径、建设任务和示范工程应用，形成产业发展路径。

3.研究内容三：公路基础设施数字化对策建议研究

结合上述研究成果，研究提出公路基础设施数字化对策建议，支撑公路数字化转型及智慧公路高质量发展。

三、参加单位及分工

课题负责人：聂建国院士、张劲泉研究员。

牵头单位：交通运输部公路科学研究院。

参加单位：中路高科交通检测检验认证有限公司、山东高速集团有限公司、江苏省交通工程建设局、浙江省交通投资集团有限公司智慧交通研究分公司、山东省交通规划设计院集团有限公司、华为技术有限公司、深圳市城市交通规划设计研究中心股份有限公司。

第二章
内涵及定义

《中华人民共和国国民经济和社会发展第十四个五年规划和 2035 年远景目标纲要》中提出要加快建设数字经济、数字社会、数字政府,以数字化转型整体驱动生产方式、生活方式和治理方式变革。美国盖特纳(Gartner)咨询公司对数字化的定义存在狭义和广义之分。

狭义数字化(Digitization):将物理世界中复杂多变的数据、信息、知识,转变为一系列二进制代码,形成可识别、可存储、可计算的数据,建立起相关的数据模型,进行统一处理、分析、应用,这就是数字化的基本过程。

广义数字化(Digitalization):利用数字技术,对企业、政府等各类组织的业务模式、运营方式进行系统化、整体性的变革,更关注数字技术对组织的整个体系的赋能和重塑。

在不同场景、语境下,数字化的含义不同。对具体业务的数字化,多为狭义的数字化;对企业、组织的数字化变革,多为广义的数字化。

公路基础设施数字化不只是一个系统,更是一个系统能力,其核心特征是以数据为生产要素,以信息通信技术和业务数据模型为支撑,赋能公路全周期价值链、供应链和管理链等活动,实现业务数据化、在线化,提高信息共享和工作效率,优化资源配置,支撑分析决策。

国务院发展研究中心课题组在《传统产业数字化转型的模式和路径》中提到了数字化转型的定义:利用新一代信息技术,构建数据的采集、传输、存储、处理和反馈的闭环,打通不同层级与不同行业间的数据壁垒,提高行业整体的运行效率,构建全新的数字经济体系。

现阶段,国内外数字化相关规划和研究主要为广义的数字化,具体包含三个层次的含义。①融合:打破"信息孤岛",让数据自由流动,数据价值得以充分发挥。②赋能:以数据为主要生产要素,赋能企业生产及经营。③重构:以数据智能化应用为核心驱动方式,变革生产关系,提高生产力。

数字公路在某种程度上可以被理解为公路的数字孪生体。2019 年 12 月,数字孪生体实验室与安世亚太科技股份有限公司正式联合发布《数字孪生体技术白皮书(2019)》。文件指出,数字孪生体广义上是由物理对象、数字镜像及互动系统构成的一个体系,狭义上是物理对象的数字镜像。数字孪生体逻辑如图 1-1 所示。

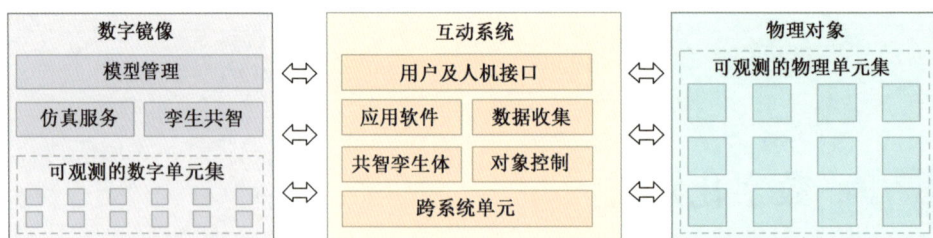

图 1-1　数字孪生体逻辑

数字孪生体不仅是物理世界的镜像,也要接受物理世界实时信息,更要反过来实时驱动物理世界,并进化为物理世界的先知、先觉甚至超体。这个演变过程称为成熟度进化,即一个数字孪生体的生长发育将经历数化、互动、先知、先觉和共智等过程,如图 1-2 所示。

图 1-2　数字孪生体成熟度进化模型

"数化"是对物理世界数字化的过程,即将物理对象表达为计算机和网络所能识别的数字模型。建模技术是数字化的核心技术之一,例如测绘扫描、几何建模、网格建模、系统建模、流程建模、组织建模等技术。"互动"主要是指物理对象和数字对象之间的实时动态互动。物联网是实现虚实之间互动的核心技术。利用物联网,物理世界的状态可以被计算机和网络感知、识别和分析,数字世界负责预测和优化,同时根据优化结果干预物理世界。"先知"是依据物理对象的确定规律和完整机理来预测数字孪生体的未来。这需要数字对象准确表达物理世界的几何形状,更需要在数字模型中融合物理规律和机理。"先觉"是依据不完整的信息和不明确的机理,通过大数据和机器学习技术来预测未来。"共智"是通过云计算技术实现不同数字孪生体之间的智慧交换和共享。

数字孪生体的定义、逻辑和功能启发我们形成一些关于公路基础设施数字化的特征、内涵以及功能方面的思考。

(1)公路基础设施数字化首先应实现公路静、动态属性的全面数字化,因而需要构建数字化的采集体系和网络化的传输体系。采集和传输体系是建设数字公路的根基。

(2)公路基础设施数字化不仅是公路静、动态属性数据的汇集,更重要的是,在此基础根据公路管理和服务的目标构建业务数据模型。这是实现数字公路智能化应用的基础和关键,也是亟须攻克的技术难点。

(3)公路基础设施数字化能够通过数字公路模型的不断发展、成熟和完善,一方面为公路管理提供数据驱动的决策支持,提高管理效率,降低管理成本,这与以往经验驱动的决策支持有本质区别;另一方面,可对公路服务模式进行创新和重塑。

第二节　与智慧公路的关系

公路信息化、公路基础设施数字化、智慧公路是一脉相承的,都是基于信息技术与公路行业的深度应用,提升公路管理与服务水平。只有深入分析公路信息化、公路基础设施数字化和智慧公路的联系与区别(图1-3),才能科学合理地界定公路基础设施数字化的内涵。

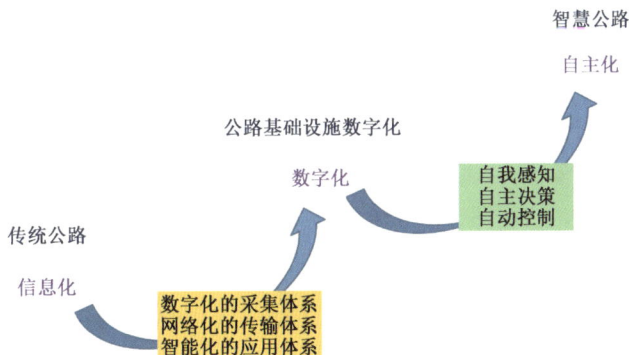

图1-3　公路信息化、公路基础设施数字化、智慧公路的关系

结合我国公路信息化发展历程,信息化在无纸化办公和单项业务的支持方面发挥了重要作用。信息化建设所带来的海量数据积累为管理和服务水平的进一步提升提供了基础,但信息化建设过程中的数字化短板也日渐突出。核心数据质量低下甚至缺失所带来的系统运行低效,不同系统之间数据不共享所形成的数据烟囱,此类问题的出现使得现有

公路信息化系统难以有效支撑公路管理与服务水平的进一步提升。

公路基础设施数字化正是基于公路信息化发展遇到的问题和公路行业转型升级的需求提出的，其目标是构建数字化的采集体系、网络化的传输体系和智能化的应用体系，核心是打通数据，通过有效的公路数据治理，形成权威的公路数据资源，构建数字公路模型（公路数字孪生模型），支持现代化公路管理和服务应用。

公路基础设施数字化应包括全要素、全周期、全业务等多个维度。从要素维度看，公路基础设施数字化应包括公路主体设施、交通安全设施、交通管理设施以及交通服务设施等全要素的数字化；从时间维度看，公路基础设施数字化应包括公路勘察、设计、建造、养护、运营等全寿命周期各阶段的数字化；从业务维度看，公路基础设施数字化应能够支撑公路建设、管理、养护、运营等各项业务协同高效开展。公路基础设施数字化的内涵和边界如图1-4所示。

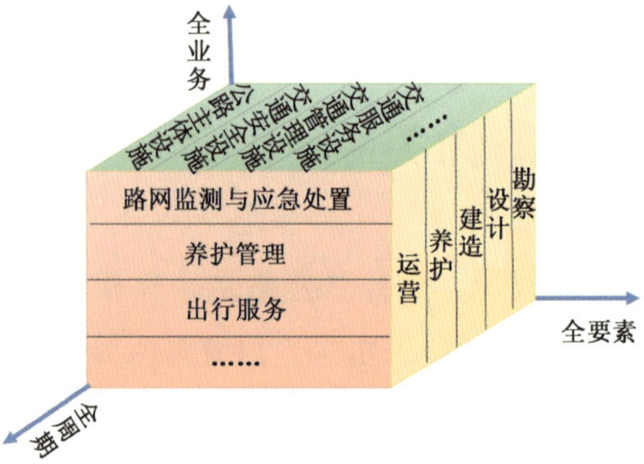

图1-4　公路基础设施数字化的内涵和边界

第三节　价值体现

当前，公路发展还面临许多问题和挑战：

建设阶段：投资驱动，技术进步跟不上发展需求；勘察设计工期短，设计成果质量低；低价中标，恶性竞争；施工企业面临"用工荒"；监理作用较难发挥，低价竞争；交通建设企业信用评价阳光透明程度不高；等等。

运营养护阶段：汽车能源结构发生重大改变；智能网联汽车快速发展向交通基础设施提出新需求；路网规模逐年增加，基础设施老龄化严重，但养护资金不升反降，如何合理规划存在挑战；路网运行安全感知和应急保障能力尚显不足；低等级公路交通安全事故数量逐年上升；东部地区高速公路超负荷运行，服务水平逐年下降；等等。

数字化的价值主要来源于两个方面：一是连接（协同），连接带来效率和协同，协同带来生产关系变革,如 ETC 联网;二是可信计算,计算机具有远超人类的数据处理能力,且保证无差别化稳定输出。从公路基础设施数字化发展现状来看,公路建设、养护、运营等领域在连接和数据可靠性方面仍存在巨大差距,公路基础设施数字化的发展任重道远。

第四节　内涵定义

公路基础设施数字化的定义为:深度应用新一代信息技术,对公路基础设施本体、建设过程、服役性态、运行服务等静、动态数据进行全方位的采集和处理,构筑数字底座,激发数据潜能,构建新型能力,加速业务优化,创造新价值,助力公路建设、管理、养护、运营、服务提质升级。

第五节　主要特征

公路基础设施数字化的主要特征表现为四个方面:

(1)全周期全要素。公路基础设施数字化的对象包括全资产设施和全周期业务两个方面,即包括静态设施和动态业务。全资产设施是对象载体,全周期业务是对公路资产设施的全过程动态刻痕,公路资产设施在全周期不同阶段开展数字化采集、分析和表达,静态数据源于采集,动态数据源于业务。

(2)价值导向。公路基础设施数字化必须坚持价值导向,通过技术赋能和模式创新,实现对实体公路传统业务的价值增量,再利用规模化效应获得边际效益,使政府、企业、从业者、公众等主体均有获得感。

(3)动态的。高速公路、普通国省道公路、农村公路等数字化目标是动态变化的;随着技术迭代演进,公路基础设施数字化建设目标、技术手段是动态发展的;公路资产设施和业务数据的时空特征是动态变化的。

(4)双向的。数据可信计算是数字化的前提要求,物理世界资产设施和业务活动通过数字化采集、感知,映射到数字世界;数字世界通过建模、运算、仿真、演练,指导物理世界活动。

第三章
现状与需求

第一节　数字化现状

公路基础设施数字化不能脱离现有的公路信息化基础。改革开放 40 多年来，以高速公路信息化为代表，整个公路交通信息行业实现快速发展。以公路 CAD 设计、高速公路机电工程为例，公路交通信息化已经走过一段跨学科交叉融合、对国外先进技术引进、消化、吸收、再创新的发展道路。从全周期角度看公路交通信息化发展历程，重点包括以下四个部分。

一、公路勘察设计信息化

路线 CAD 设计：始于 20 世纪 80 年代，以同济大学、西安公路学院和科研院所等为代表，开始公路 CAD 软件的研发。随着交通部组织实施的国家"九五"重点科技攻关项目"GPS、航测遥感、公路 CAD 集成技术"的完成，我国实现了对公路 CAD 设计技术的引进、消化、吸收、再创新。目前，国内市场主流产品包括纬地道路三维集成 CAD 系统（Hint-CAD）、路线大师、EICAD、海地等，国产产品占比达 90% 以上。

桥梁结构分析：20 世纪 80 年代，交通部组织实施的国家"八五""九五"重点科技攻关项目开始涉及桥梁结构分析相关内容。目前，国内市场主流产品包括桥梁博士、midas Civil、桥梁通、GQJS、GQS 等。并且，已形成各大设计院以 midas Civil 为主体、国产分析软件互为校核的局面。

桥梁辅助设计软件：目前，国内市场主流产品包括桥梁设计师、方案设计师、桥梁大师等，国产产品占比达 90% 以上。

工程造价：1987 年，交通部公路工程定额站开发推广"公路工程概预算程序"，开始利用电子计算机编制概预算。目前,国内市场主流产品包括同望 WECOST 工程造价管理软件、纵横工程造价软件等,国产产品占比接近 100%。

近些年,随着 BIM 技术的推广,国内各大设计院加大了对基于 BIM 的设计软件的研发投入,大致形成两种技术流派。第一种技术流派是在国外通用建模软件平台上二次开发,实现参数化快速建模;第二种技术流派是在既有公路 CAD 设计软件平台上实现三维可视化设计。

三维几何建模引擎是三维 CAD 软件最核心的底层技术,也是工业设计软件的核心。几何约束求解引擎是公认的 CAD 参数化设计的关键核心技术,是 CAD 的关键基础组件,技术难度大,可靠性要求极高,目前被国外垄断。约束求解引擎也是最基础的核心组件,在草图轮廓表达、零件建模参数表达、装配约束以及碰撞检查等场景中广泛使用,为快速确定设计意图表达、检查干涉、模拟运动提供了强有力的支持。目前行业主要使用的产品有 D-Cubed DCM(西门子公司)、CGM(达索公司)、LGS(俄罗斯 LEDAS 公司)和 DCS(山东华云三维科技有限公司),几乎被国外产品垄断。

二、工程建设管理信息化

工程建设管理信息化始于 20 世纪 90 年代后期,功能包括计划合同、计量管理、质检管理、安全环保管理等。目前,该类产品标准化程度低,市场较分散,以个性化定制为主流。

2010 年 8 月,时任交通运输部副部长冯正霖在全国公路建设座谈会上指出,当前和今后一段时期,公路建设管理工作要以"五化"——"发展理念人本化、项目管理专业化、工程施工标准化、管理手段信息化、日常管理精细化"为重要抓手,加快推进现代工程管理,不断转变公路发展方式,全面提高公路建设管理水平。此后,每年近 2 万亿元新建公路市场规模加速了工程管理信息化的发展。

近些年,BIM + 项目管理、智慧工地(工地监测)等的发展,促使产生了更多产品形态。

三、公路养护管理信息化

20 世纪 90 年代,交通部开始着手全国公路数据库的开发及应用。2006 年开始,委托交通部公路科学研究所(现为交通运输部公路科学研究院)开展干线公路养护统计调查,截至 2022 年,已形成覆盖 31 个省(自治区、直辖市)、跨越 16 年的公路时空数据库。

20 世纪 80—90 年代,交通部组织实施"七五""八五""九五"重点科技攻关,建成路面管理系统(CPMS)、桥梁管理系统(CBMS)、隧道管理系统(CTMS)等养护管理系统并推广应用。截至 2023 年底,350 万 km 路面状况、90 多万座桥梁(100%)、4000 多座隧道(20%)在库。

2011年起，交通运输部组织开展国省干线公路网技术状况监测工作，对重点国家公路网桥梁、隧道及路面进行长期性能监测。

2020年3月，交通运输部办公厅印发《公路长大桥梁结构健康监测系统建设实施方案》，开展重点长大桥梁联网监测。

四、智能交通系统（ITS）

20世纪80年代，始于京津塘、沪嘉、沈大等高速公路，我国高速公路开启了建设高潮，带动了高速公路机电系统（包括收费、监控、通信）的快速发展。

2013年底，交通运输部提出加快推进"四个交通"（即综合交通、智慧交通、绿色交通、平安交通）发展。时任交通运输部党组书记、部长杨传堂指出：信息化智能化水平是衡量交通运输现代化发展水平的重要标志。

2018年，交通运输部组织开展"新一代国家交通控制网和智慧公路试点"，全国13个省（直辖市）进行基础设施数字化、路运一体化车路协同、北斗高精度定位综合利用等六大主题的试点。交通监测、车路协同、云控平台等新业务形态逐步出现。

2020年1月1日零时起，全国29个联网省（自治区、直辖市）的487个省界收费站全部取消。这是近20年来对公路交通信息化影响最为深远的事。

近些年，毫米波雷达、视频识别、5G、北斗高精度定位等新技术的涌现，给高速公路运营数字化带来了更多想象空间。

第二节　存在的问题

从数字化、网络化、智能化的发展趋势来看，公路基础设施数字化发展仍然存在以下突出问题：

1. 数字化制度标准体系不完善

目前，我国公路数字化管理的制度和标准尚不完善，"一数一源、一源一责"的规章制度和标准体系尚不完善，"一张表、一张图、一张网"的数字化管理模式尚未形成。数据标准及制度建设滞后于工程应用需求，项目审查审批和工程实施依据不足。

2. 路网采集感知能力尚不足

路网重要节点监测体系的统一规划和部署亟待增强，数据采集类型、更新频率、覆盖范围、数据质量等不足之处逐渐显现。

基础设施状态数据自动化采集能力低，公路基础设施检测、养护自动化作业程度低，生产环节数据入口狭窄,过程数据难以顺畅进入管理系统,动态数据实时采集难。长大桥结构安全监测系统建设技术标准不统一,数据交换和开放共享能力弱。边坡安全风险防控仍存在大量盲区。

道路交通运行状态感知更多依靠人工上报主观判断,自动化识别算法精度有待提升和推广应用。高速公路基本设置了车辆检测器、可变信息标志、视频摄像机(车牌识别系统)、高清卡口、事件检测系统、气象监测器等感知设备,但从实际应用效果看,大量车辆检测器、气象监测器后期维护不够及时,应用效果不理想;还存在大量的模拟视频摄像机,难以满足数字化应用需求;外场事件检测系统误报率较高,导致运营管理基层班组经常弃之不用。总体来看,公路网全域、全量、全时的感知体系尚未建成,感知监测范围需进一步拓展。

3. 公路数据治理能力亟待增强

纵向维度,设计向施工交付纸质图纸、交竣工验收交付纸质档案仍是主流形式,建管养运各阶段的数据链条联系薄弱,甚至断裂,全周期、全要素数据链条尚未打通。

横向维度,以路产养护管理为例,路产养护管理仍以专业为对象,公路路面、桥梁、隧道养护管理系统各自独立运行,数据难以融合共享。

此外,数据质量未得到有效控制,数据资源开发利用水平有待提升,数据分析以统计展示为主,跨业务、多维度的综合大数据挖掘及智能决策分析能力亟待增强。

4. 一体化协同应用尚未充分整合

早期开发的勘察设计软件、建设和养护运营阶段的管理信息系统均以单项业务应用需求为导向,并未考虑业务协同和信息交换共享的需求,一方面造成"信息孤岛"现象,全寿命周期数据断链,另一方面导致业务孤立,建管养运业务协同能力弱。行业内外的信息互联互通不够、共享程度不高、业务协同不足等问题依然存在,信息化的整体效益和规模效益未充分体现。行业"纵向到底"的全省范围内一体化协同应用较少,"横向到边"的综合性应用尚未充分整合。

5. 数字公路服务用户获得感不强

公路出行信息服务主要利用外场可变信息标志和手机移动应用 App。外场可变信息标志展示的信息仅限于单一路段,缺乏路网调度信息,路网分流和信息发布功能有限,路网管理系统用户规模有限,活跃用户与公路实际用户群体相比比例较小。实时在线的出行服务,需要彻底改造现有的以机电系统为主的系统结构和管理模式,需要根据实际情况加大投入,以不断完善数据感知和采集系统、数据存储系统及处理决策系统,加强顶层规划和用户体验设计。

第四章
发展要求

第一节　政策背景

《中华人民共和国国民经济和社会发展第十四个五年规划和 2035 年远景目标纲要》中提出迎接数字时代，激活数据要素潜能，推进网络强国建设，加快建设数字经济、数字社会、数字政府，以数字化转型整体驱动生产方式、生活方式和治理方式变革。

《"十四五"国家信息化规划》中提出信息化发展目标，到 2025 年，数字中国建设取得决定性进展，信息化发展水平大幅跃升，数字基础设施全面夯实，数字技术创新能力显著增强，数据要素价值充分发挥，数字经济高质量发展，数字治理效能整体提升。

中共中央、国务院印发的《交通强国建设纲要》和《国家综合立体交通网规划纲要》中，均对行业数字化发展的抓手与目标提出明确的指导方向。

交通运输部印发的《数字交通发展规划纲要》提出，促进先进信息技术与交通运输深度融合，以"数据链"为主线，构建数字化的采集体系、网络化的传输体系和智能化的应用体系，加快交通运输信息化向数字化、网络化、智能化发展，为交通强国建设提供支撑。《数字交通发展规划纲要》明确提出，应推动交通基础设施全要素、全周期数字化，布局重要节点的全方位交通感知网络，推动载运工具、作业装备智能化；明确要推动交通运输基础设施与信息基础设施一体化建设，促进交通专网与"天网""公网"深度融合。

2021 年 2 月和 3 月，交通运输部办公厅先后发布《关于健全完善国家公路桥梁基础数据库的通知》和《关于印发〈公路长大桥梁结构健康监测系统建设实施方案〉的通知》，要求全力推进国家公路桥梁技术状况监测和公路长大桥梁结构健康监测工作，健全完善国家公路桥梁基础数据库,组织开发公路长大桥梁结构健康监测系统部级数据平台和省级监测平台模板。

2021年7月,交通运输部组织召开全国公路养护管理工作会暨公路桥梁安全耐久水平提升视频会议,会上明确提出,"十四五"期间,要围绕公路高质量发展主题,着力推进设施数字化、养护专业化、管理现代化、运行高效化、服务优质化。强调要强化科技支撑,加快推进公路基础设施数字化。推进基础数据归集,推进应用场景集成,推进数字赋能提升。

2021年12月,交通运输部印发《数字交通"十四五"发展规划》,明确提出,到2025年,"交通设施数字感知,信息网络广泛覆盖,运输服务便捷智能,行业治理在线协同,技术应用创新活跃,网络安全保障有力"的数字交通体系深入推进,"一脑、五网、两体系"的发展格局基本建成,交通新基建取得重要进展,行业数字化、网络化、智能化水平显著提升,有力支撑交通运输行业高质量发展和交通强国建设。

2022年4月,交通运输部印发《"十四五"公路养护管理发展纲要》,明确提出着力推进设施数字化,其中推进基础数据归集是首要任务。文件指出:"构建标准统一、信息全面、融合共享的数据体系。推进公路基础数据库升级改造,重点汇集基础地理信息、路基路面、桥梁、隧道等静态数据。继续推进高速公路视频云平台、交调系统、长大桥梁结构健康监测单桥系统及数据平台建设,不断收集完善公路基础设施及路网运行管理动态数据。结合全国自然灾害综合风险普查,健全公路承灾体灾害风险点数据库。"

2022年9月,交通运输部办公厅印发《关于开展在役干线公路基础设施与安全应急数字化试点工作的通知》,确立三类主题十个方向任务,主要试点工作内容包括:①基础设施数字化,包括但不限于技术标准完善、公路基础数据库建设、数据治理、数字孪生应用等试点方向;②智能养护,包括但不限于公路养护智能装备研发、公路养护智能化应用、科学决策研究等试点方向;③安全与应急,包括但不限于监测预警体系完善、应急指挥体系建设、应急处置数字化应用等试点方向。

2023年9月,交通运输部印发《关于推进公路数字化转型加快智慧公路建设发展的意见》(简称《意见》),提出六个方面22项主要任务。主要任务可概括为:"六提升、五推动、一筑牢",包括提升设计施工、养护业务、路网管理服务、政务服务、技术标准、基础支撑的数字化水平,推动智慧建造、智慧养护、智慧出行、智慧治理、标准升级,筑牢数字底座,具体如下:

(1)《意见》提出依托建设期BIM数据、历史数据等,并应用先进测量与快速建模等技术,结合既有养护系统以及养护大中修工程、改扩建工程等,推进公路资产数字化,重点完善地理信息、线形指标、安全设施、服务设施等信息,推广在线巡检、设施监测、防灾应急等场景应用,提升路况检测能力,逐步实现数据信息现场采集、填报,加强基于数字技术的养护评价、预测、决策等算法模型研究应用,优先构建基层路网智慧养护平台。

(2)《意见》提出构建农村公路数字化综合监管体系。应用建设期资料和相关数据资源,结合日常巡检和路况检测、数字扫描和快速建模等技术,逐步推进农村公路数字化,完善基础设施数据库、高质量发展评价体系和养护管理数字化系统,构建部省两级农村公路数字化综合监管体系,实现农村公路"一张图"管理。

(3)《意见》提出构建公路安全应急数字管控体系。利用公路数字模型,完善公路基础设施安全监测预警体系。加强自然灾害综合风险公路承灾体数据库动态更新,提升地质灾害易发路段安全预警保障能力。推动应急管理多元数据汇聚融合,构建"公路综合风险一张图",强化风险辨识和智能感知能力,逐步实现重要通道灾害事故仿真推演、灾情研判、应急预案、辅助决策智能化。推动应急信息共享。

(4)《意见》提出打造路网智能感知体系。在充分利用高速公路既有感知设施的基础上,综合利用 ETC 门架系统、通信基站等设施,应用摄像机、雷达、气象检测器、无人机等各类感知手段,建设覆盖基础设施、运行状态、交通环境、载运工具的公路全要素动态感知网络,拓展各类数据应用,加强对车路协同和路网管理的支撑服务。提升重要国省干线视频监测覆盖率和综合感知能力。

由上可知,推进公路基础设施数字化、加快推进公路基础数据平台建设是贯彻落实国家"十四五"发展规划、加快建设交通强国的内涵要求,是实现公路高质量供给的需要,也是加快公路数字经济发展的重大需求。

第二节 发展需求

公路基础设施数字化建设的根本目的是:①提升公路工程建设质量安全;②提升公路基础设施服役性能;③提高路网安全运行效率;④提升道路应急处置和服务水平;⑤促进公路交通可持续健康发展。

为实现以上目的,公路基础设施数字化建设重点要围绕四个能力进行建设。

1. 数字底座能力建设

建立公路基础设施全要素、全周期数字底座,实现公路基础设施数据的全面、及时、准确、可视,实现公路资产"一本账"、设施要素"一张图"、数据共享"一平台"。将公路数字化底座打造为数据枢纽,而非数据末梢,实现公路基础数据跨层级、跨部门、跨系统的交换共享。

必须高度重视公路基础数据全周期质量管理,视数据质量为数字化工作生命,这是数字底座产生价值的前提。各地区各单位应建立完善、长效的数据质量管控流程,加强数据入库事前、事中、事后控制。

提供公路数据综合查询分析能力,通过"一图、一库"实现公路全要素数据的定位、查询、分析。

2.路网感知能力建设

以路网运行安全为驱动,以数字底座为依托,有重点、有步骤、有层次地实施路网感知能力建设。

推进自动化、智慧化巡检设备应用,发展多种载体形式,包括但不限于手持、车载、无人机载等,提升公路设施早期病害和涉路安全事件发现及处置的及时率。

推动基础设施日常巡查、定期检查向自动化、快速化、数字化发展,推进日常巡查和定期检查成果数字化交付,提升对公路(路桥隧交安等)技术状况的精准把握能力,提升数据感知的速度、广度与精度。

对重要路段、重点设施、重要节点等进行智能化监测,监测内容包括但不限于结构安全、运营安全以及自然灾害等,加强监测数据分析与应急管理相结合,形成快速、安全、高效的监测预警和应急管理体系。

3.业务支撑能力建设

数字化转型的最终目的是提升业务能力。以公路数字底座为基础,建立支撑公路工程建设、养护管理、路产保护、运营管理、应急处置等业务的数字化应用。一方面,尽可能把业务搬到线上,应搬尽搬;另一方面,通过数字底座实现各业务应用的横向协同,坚持"数据最多填一次"。将设施数字化、路网感知、业务管理和出行服务深度融合,以流程驱动数据,大力推进"工作即数据,数据助管理",降低管理成本,提升业务执行效率,提升公路服务管理水平。

4.决策分析能力建设

通过行业基础数据、业务管理数据、感知监测数据的深度融合,运用云计算、大数据、人工智能等现代信息技术,对行业数据进行深度挖掘、关联计算、智能分析,建立不同层级的囊括设施性能预测、资金效益分析、处置技术方案、考核评估等的决策分析应用,逐步提升数据辅助决策和指挥调度能力。

第五章
国内外发展经验

第一节 国际经验

2010 年,欧洲交通研究机构总结了公路基础设施发展的历史,针对当前国际道路发展的趋势,提出了"第五代公路"的概念。第五代公路的核心目标是打造永远畅通的道路(Forever Open Road),服务未来。

2016 年,美国公路政策资讯办公室发布了公路性能检测系统(Highway Performance Monitoring System,HPMS),详细介绍了公路基础设施数据收集和上报要求,要求各州运输局每年上报更新公路数据,并由联邦公路管理局进行数据汇总。HPMS 对所需的数据格式设置了统一标准。HPMS 的数据是联邦政府的官方数据来源,数据涵盖美国国家高速公路的范围、路况、性能、用途和运营特征,用于联邦公路管理局的战略规划流程评估和报告公路系统的性能。HPMS 的数据还可以提供给美国联邦政府、各州政府以及当地的交通主管部门分析不同交通方式之间的利弊,服务于城市交通和全州交通的规划过程。美国联邦公路管理局于 2010 年发布了道路元素模型清单(Model Inventory of Roadway Elements,MIRE)1.0 版,提供了道路和交通数据元素及相关数据字典,构建了系统化的道路元素数字模型,支持数据驱动的道路安全改善决策。2017 年 7 月,美国联邦公路管理局修订发布了 MIRE 2.0 版本,在 MIRE 1.0 版本的基础上修改了数据格式,使其与其他数据库标准更加一致。除此之外,MIRE 2.0 版通过简化数据类型与数据元素描述,实现了从孤立的数据集向现代数据库环境的转变。

日本政府高度重视构建数字经济和数字社会,日本 IT 综合战略本部于 2019 年 6 月发布《创造世界最先进数字国家,推动官民一体数字行动计划》,并于 2020 年 7 月发布修订版本。其中,将交通与物流、基础设施建设与金融、政务等划为数字化发展的重点领域。

2020 年 6 月,日本国土交通省发布《2020 年国土交通白皮书》,在 ITS 领域将重点推进交通大数据、地理信息系统、基础设施物联网等相关工作。日本国土交通信息平台将建立基础设施数据平台和国家交通数据平台,链接有关经济活动的数据,如公共和私营部门拥有的公共交通、物流商流以及有关自然现象(如天气)的数据。日本依托广泛的 ETC 系统平台,开发了兼容 ETC 系统和更高带宽的 ITS Spot 系统来解决安全和效率问题,实现车车、车路的高效率、安全通信,而欧美国家在 ETC 应用方面并无规模化应用情况。

欧盟于 2010 年 5 月发布《数字议程》(Digital Agenda)。在《数字议程》框架下,欧盟各国积极制定本国的数字化发展规划。2020 年 3 月,德国制定了《数字化战略 2025》。此前,在 2013 年,德国联邦交通、建设与城市发展部(The Federal Ministry of Transport, Building and Urban Affairs)更名为德国联邦交通与数字化基础设施部(The Federal Ministry of Transport and Digital Infrastructure),旨在加快推进数字化基础设施建设,稳步推进车路协同通信技术的研究与应用,鼓励开展自动驾驶、数字化出行服务和数字化物流服务等方面的创新技术研发。欧盟对基础设施分级要求见表 1-2。

欧盟对基础设施分级要求 表 1-2

分类	等级	项目	描述	数字化地图和道路标识信息	可变信息标志预警事故天气	交通全局情况	引导:车速、行车间距、车道建设
数字化基础设施	A	协同驾驶	基础设施能够结合车辆运动实时信息来引导自动驾驶车辆(单台或车群),以达到优化整体交通流的目的	√	√	√	√
	B	协同感知	基础设施能够获取整体交通情况并实时向自动驾驶车辆传输	√	√	√	
	C	动态数字信息	所有动态和静态的基础设施信息都能以数字形式传输给自动驾驶车辆	√	√		
传统基础设施	D	静态数字化(信息地图支持)	可提供数字地图信息及静态道路标识,可通过物理参考点来补充(如地标),交通灯、临时道路施工和可变信息标志等仍需由自动驾驶车辆识别	√			
	E	传统基础设施(不支持自动驾驶)	无法提供数字化信息的传统基础设施,自动驾驶车辆需要识别道路几何及道路标识				

2017 年 11 月,欧盟国家在塔林召开专题会议讨论交通运输数字化,提出的主要观点包括数字化能够而且必须使所有运输模式实现安全自动化和无缝一体化,并提高不同运输模式的能力和质量,加强利益相关方的合作至关重要等。欧盟 2017 年发布的各行业数字化评估结果显示,交通运输领域的数字化水平平均在 20% 左右。

第二节　国内相邻行业经验

1. 中国民用航空局经验

民航系统与国际接轨程度高,信息化能力在交通运输领域一直处于相对较高水平。中国民用航空局于 2022 年 1 月正式发布《智慧民航建设路线图》。《智慧民航建设路线图》将智慧民航建设分解为五大主要任务、四个核心抓手、三类产业协同、十项支撑要素和 48 个场景视点。其中,四个核心抓手为智慧出行、智慧空管、智慧机场、智慧监管。此外,路线图明确,到 2035 年,智慧化融合实现全要素、全流程、全场景覆盖,全面实现"五个一"(出行一张脸、物流一张单、通关一次检、运行一张网、监管一平台)目标;民航数字感知、数据决策、精益管理、精心服务能力大幅提升。

2. 水利部数字孪生经验

2022 年 10 月 13 日,水利部党组书记、部长李国英主持召开部务会议,审议《数字孪生水网建设技术导则》。

水利部坚持把建设数字孪生流域和数字孪生水利工程建设作为推动新阶段水利高质量发展的重要路径,出台《数字孪生流域建设技术大纲(试行)》《数字孪生水利工程建设技术导则(试行)》《水利业务"四预"基本技术要求(试行)》《数字孪生流域共建共享管理办法(试行)》四个文件。

按照需求牵引、应用至上、数字赋能、提升能力的要求,以数字化、网络化、智能化为主线,以算据、算法、算力建设为支撑,以数字化场景、智能化模拟、精准化决策为路径,加快建设、持续完善具有强大"四预"(预报、预警、预演、预案)功能的数字孪生流域。

第三节　各地实施标准

一、浙江省

2020 年 3 月,浙江省交通运输厅发布《智慧高速公路建设指南(暂行)》。《智慧高速公路建设指南(暂行)》根据智慧高速公路的内涵和建设要求,结合建设实践,充分吸收了浙江省试点项目经验和既有研究成果。《智慧高速公路建设指南(暂行)》内容可以概括为"1941":

"1"为一套调研工作方法:提出一套适用于新建高速公路、营运高速公路、改扩建高速公路的调研方法。

"9"为九大基本应用建设:实时交通信息监测系统、多网融合通信系统、云控平台、伴随式信息服务系统、车道级交通控制系统、桥隧安全提升系统、服务区智能化系统、自由流收费系统、基础配套系统(设施)。

"4"为四大创新应用建设:准全天候通行、货车编队行驶、全寿命周期智能养护、自动驾驶支持。

"1"为一系列建设管理要求:提出一系列针对智慧高速公路建设的管理要求。

二、江苏省

1.《江苏省智慧高速公路建设技术指南》

2020年11月,江苏省交通运输厅发布《江苏省智慧高速公路建设技术指南》。该指南适用于新建、改(扩)建智慧高速公路的建设、养护、运营、管理各阶段,主要包括总体思路、全要素感知、全方位服务、全业务管理、车路协同与自动驾驶、支撑及保障六部分内容。

(1)总体思路包括建设目标、建设原则、总体架构三部分内容。

(2)全要素感知包括公路主体及附属设施监测、交通运行状态监测和公路气象环境监测。

(3)全方位服务包括车道级服务、全天候通行、自由流收费、在途信息发布和智慧服务区。

(4)全业务管理应能面向公路全寿命周期实现建设管理、运行监测、应急指挥、养护管理、收费管理、决策支持等主要功能,相关功能可继承至云控平台,便于管理人员基于同一平台实现可视、可测、可控、可服务。

(5)车路协同与自动驾驶包括车路协同和自动驾驶的详则。

(6)支撑及保障包括设施供电、融合通信、数据中台、服务中台和信息安全,确保信息可获取、可传输、可处理、可应用。

2.《江苏省普通国省道智慧公路建设技术指南》

2020年12月,江苏省交通运输厅发布《江苏省普通国省道智慧公路建设技术指南》。该指南在总结江苏省342省道等普通国省道智慧公路建设经验、融合先进技术、参考已有标准的基础上编制完成，提出了普通国省道智慧公路的建设目标、建设原则、建设框架和建设内容，聚焦智慧公路感知、管控和服务应用，强调了全路网、全周期和全行业发展理念，提出了"智能感知、智能管控、智能服务、基础支撑"的总体架构，满足新基建背景下普通国省道智慧公路设计、建设、养护、运营管理全寿命周期建设需求，同时规范了支撑保障等内容要求。

在建设目标方面，《江苏省普通国省道智慧公路建设技术指南》提出以下几点：

（1）普通国省道智慧公路建设总体目标包含安全提升、效率提升和服务提升。

（2）安全提升：通过主动预防交通事故，降低公路事故发生频次和事故严重程度，实现恶劣天气、复杂环境下行车事故率降低 10% 以上。

（3）效率提升：通过提升公路网实际通行能力，缩短车辆行程时间和延误，及时感知交通事件，减少事件处置时间，提升交通运行稳定性与路网可靠性，实现关键节点及路段通行效率提升 20% 以上。

（4）服务提升：通过构建多元信息服务渠道，打造伴随式出行服务体系，提升公众出行的体验感和获得感，路网综合运行实时信息可查询率达到 100%，收费站、服务区等关键节点公众出行满意度达到 95% 以上。

三、宁夏回族自治区

2021 年 2 月，宁夏回族自治区交通运输厅发布《宁夏公路网智能感知设施建设指南（试行）》。该试行指南首次明确了全区桥隧健康监测、路网监测和超限超载非现场执法三个方面的智能感知设施建设的基本标准和要求。

一是描述桥隧健康监测要求。

二是从交通量调查站、高清监控视频、气象检测等设备的指标、性能、布设思路方面，提出通过科学布设宁夏公路网运行监测设施，加强公路网信息的采集，提升全区公路网重要路段、重要节点运行监测覆盖率。

三是对动态称重检测设施、车牌识别及电子抓拍设备等方面的指标、性能提出具体指导要求，通过科学布设全区公路治超动态称重检测设施，加大路面联合执法和非现场执法力度，完善公路超限检测监控网络。

下一步，宁夏回族自治区交通运输厅将把车路协同、服务区智慧管理、高边坡监测等内容逐步纳入《宁夏公路网智能感知设施建设指南（试行）》的指导范围。

四、山东省

2021 年 6 月，山东省交通运输厅发布《智慧高速公路建设指南（试行）》。该试件指南由山东省交通运输厅组织山东高速集团及有关单位，在广泛调研国内外智慧高速公路相关技术实践情况,系统总结京台南段、济青中线智慧高速公路及智能网联测试基地建设等交通强国试点项目经验的基础上,参考借鉴有关省(自治区、直辖市)标准,结合山东省高速公路发展和技术发展实际编制。

《智慧高速公路建设指南(试行)》规定,智慧高速公路总体架构包含智慧建养体系、智慧运营体系和支撑体系三大板块,同时明确了各部分内容的建设要点与技术要求。

(1)智慧建养体系包含智慧建设(勘察设计、建设管理、智慧工地、智能建造)和智慧养护(基础设施检测、基础设施监测、养护科学决策)等内容。

(2)智慧运营体系包含路网管控(交通运行监测、主动交通管控、全天候通行保障、应急保障)和出行服务(伴随式信息服务、智慧服务区、车路协同与自动驾驶)等内容。

(3)支撑体系包含智能中台、信息安全、感知、通信与供电设施等内容。

五、川渝两地

2021年12月,川渝两地智慧高速公路地方标准经两地市场监督管理局批准后正式发布。标准明确了智慧高速公路建设总体技术要求、智慧化分级、路侧设施设置规范和车路协同系统数据交换四个方面的内容。

(1)《智慧高速公路 第1部分:总体技术要求》从整体性视角出发,围绕智慧高速公路总体要求、路侧设施、云控平台、应用服务和信息安全等,明确智慧高速公路的定义、组成等内容,着重回答了智慧高速公路"是什么"的问题。

(2)《智慧高速公路 第2部分:智慧化分级》按照服务能力和系统条件,将智慧高速公路从低到高分为4级,并从实现目标、实施方式、基本条件和能力要求方面对不同等级做了具体要求,着重回答了智慧高速公路"建什么"的问题。

(3)《智慧高速公路 第3部分:路侧设施设置规范》规定了高速公路沿线的感知设施、通信设施、定位设施、边缘计算设施、管控设施以及配套设施的基本组成和基本技术参数要求,着重回答了智慧高速公路"怎么建"的问题。

(4)《智慧高速公路 第4部分:车路协同系统数据交换》规定了车路协同系统数据交换总体架构以及路侧设施和云控平台的数据交换内容和方式,着重回答了智慧高速公路"怎么用"的问题。

六、北京市

2022年1月,北京市交通委员会发布《智慧高速公路建设指南(试行)》。该试行指南为智慧高速公路总体架构、建设、管理、养护、运营、服务及支撑体系提供了建设指导与技术建议。

《智慧高速公路建设指南(试行)》的总体架构分为智慧化感知、智慧化服务、智慧化管理、智能中台、云平台、支撑保障六部分内容。

1. 智慧化感知

智慧化感知包含高速公路建设工程过程中的状态感知、重点区域等基础设施感知、交通状态监测和环境感知，主要是融合应用多种监测设备实现人、车、路、环境的状态感知，为智慧化服务和智慧化管理提供数据支撑。

2. 智慧化服务

智慧化服务包含通行收费服务、车道级服务、准全天候通行、精准气象服务、伴随式信息服务和智慧服务区服务，主要面向高速公路驾乘人员等使用者。

3. 智慧化管理

智慧化管理包含建设阶段的管理、运营阶段的管理和养护运维阶段的管理以及决策支持，主要面向高速公路行业管理者、运营者及所有者。

4. 智能中台

智能中台包含基础中台和知识中台。基础中台包括算法及模型管理中台、数据服务中台和空间地理信息中台，可为知识中台智慧化管理、智慧化服务提供通用的、智能的 IT 服务。数据服务中台提供数据封装服务，打通跨系统的数据壁垒。知识中台包括交通流算法等，为交通业务提供智能业务服务，为智慧化管理和智慧化服务提供高效的 AI 和大数据支撑。

5. 云平台

云平台提供云计算、存储、安全等基础资源。平台具备大规模和扁平化接入能力，具有快速动态、安全可靠的计算、存储、网络资源分配功能。数据资源层为感知层的数据接入提供数据通用的治理和管理，为智慧化管理和智慧化服务提供信息基础设施资源支撑。

6. 支撑保障

支撑保障包含融合通信、设施供电以及边缘基础设施，为智慧化管理和智慧化服务提供基础保障。融合通信确保物理层的互联互通；设施供电确保感知层监测设备设施、边缘基础设施以及云平台供配电；边缘基础设施确保靠近用户侧的服务保障。

七、云南省

2022 年 1 月，云南省交通运输厅发布《云南省智慧高速公路建设指南（试行）》。该试行指南规定了智慧高速公路总体框架、智慧化等级及应用配置、支撑型应用建设要求、业务型应用建设要求和创新型应用建设要求。

1. 智慧高速公路总体框架

智慧高速公路总体框架由行业管理体系、企业运营体系、建设技术体系、交互机制和信息安全保障构成。

2. 高速公路智慧化等级及应用配置

高速公路智慧化等级及应用配置应根据国家政策、工程特点、运管需求和指南规定的相关要求等综合定级。

3. 支撑型应用建设要求

支撑型应用不直接处理具体业务,但为业务型、创新型应用提供数据、网络等支撑与保障。建设主要内容包括但不限于:高速公路专用通信网、多网融合通信系统、电子地图、公路数字孪生系统、定位系统、关键结构物监测系统、设备设施监测系统、交通运行状态监测系统、气象环境监测系统。

4. 业务型应用建设要求

业务型应用面向行业管理、企业运营、公众服务等,为其提供智能化应用。建设主要内容包括但不限于:云控平台、智慧建设管理系统、智慧收费运营系统、大件运输管控平台、特殊车辆管控系统、灾害预警及应急救援系统、车道级交通管控系统、数字化智能养护系统、伴随式信息服务系统、服务区智能化系统。

5. 创新型应用建设要求

创新型应用为现阶段不具备大规模推广的应用,可结合自身需求、工程特点开展示范性建设。建设主要内容包括但不限于:交旅融合服务系统、准全天候通行、全寿命周期智慧化综合应用、车路协同应用、自动驾驶支持、自由流收费系统。

CHAPTER SIX

第六章
发 展 目 标

按照"顶层设计、分步实施"原则,分别规划近五年(到 2027 年)、2035 年、2050 年三个阶段建设目标。

1. 近五年(到 2027 年)目标:完善支撑,重点覆盖

完善数字化标准规范,开展核心产品和关键技术攻关;初步构建标准统一、信息全面、融合共享的公路全周期数据资源体系和路网云平台;推进公路规划、勘察、设计、建设、管理、养护、运营等业务"上云用数赋智";推进公路网重要通道、重点路段和重大构造物的全周期全要素数字化。

2. 2035 年目标:全面普及,全面升级

制度、政策和标准完善,核心产品自主可控,行业应用全面普及;建成标准统一、信息全面、融合共享的公路全周期数据资源体系和路网云平台;推进公路建设、管理、养护、运营等全过程业务智能升级;建成国家实体公路网和数字孪生公路网两个体系;公路数字化、智能化发展水平达到世界前列。

3. 2050 年目标:全域智慧,数字增能

公路基础设施数字化具有广度和深度,全资产设施和全周期业务全域数字化,系统富有韧性;公路建设、管理、养护、运营等全过程业务高度自动化、智能化;实体公路网与数字孪生公路网高效协同一体化运行;公路数字化产业生态更健全,实数经济协同发展,成为拉动公路经济发展的主要增长点。

第七章
技术架构

公路基础设施数字化的总体架构包括七大部分,如图1-5所示。

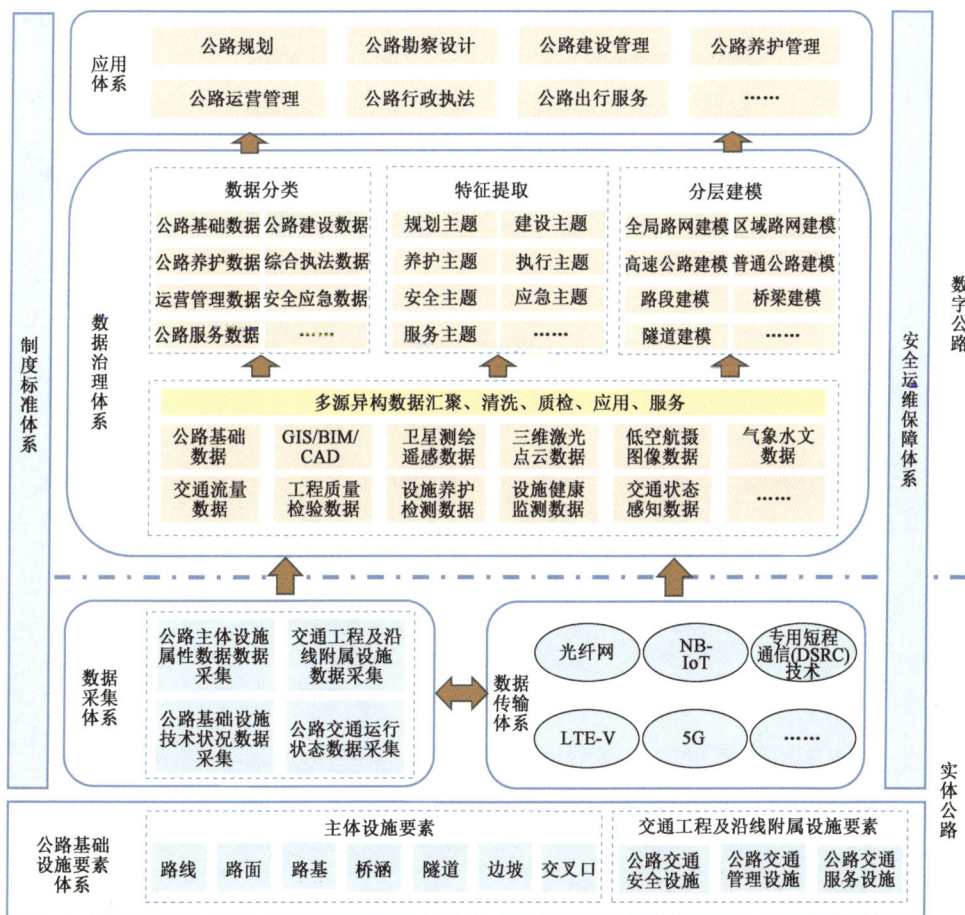

图1-5　公路基础设施数字化技术架构图

（1）公路基础设施要素体系：包括主体设施要素和附属设施要素。

（2）数据采集体系：包括公路主体设施属性数据采集、交通安全设施数据采集、交通管理设施数据采集、服务设施数据采集、基础设施状态感知信息采集等。

（3）数据传输体系：包括光纤网、移动互联网（5G）、窄带物联网（NB-IoT）等。

（4）数据治理体系：包括数据汇聚、数据清洗、数据质量管理、数据资产管理、数据安全管理、数据服务等。

（5）业务应用体系：涵盖公路规划、勘察、设计、建设、养护、运营、路政、执法、运输服务等。

（6）制度标准体系和安全运维保障体系构成公路基础设施数字化的基础保障体系。

公路数据库总体架构如图1-6所示。

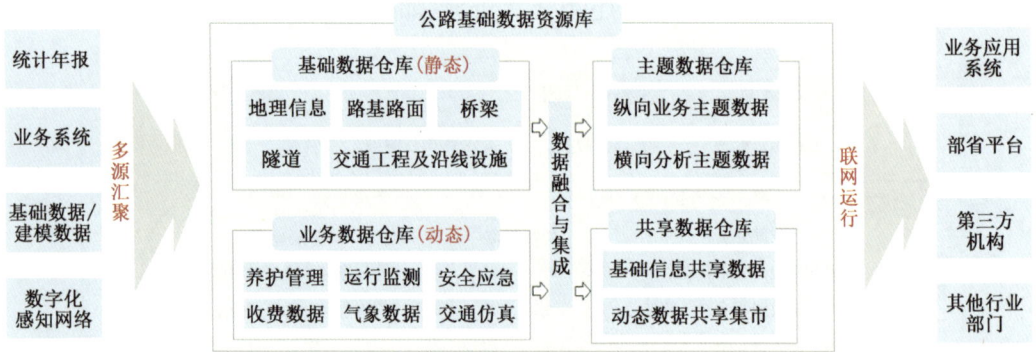

图1-6 公路数据库总体架构图

数据中台架构与数据治理体系如图1-7所示。

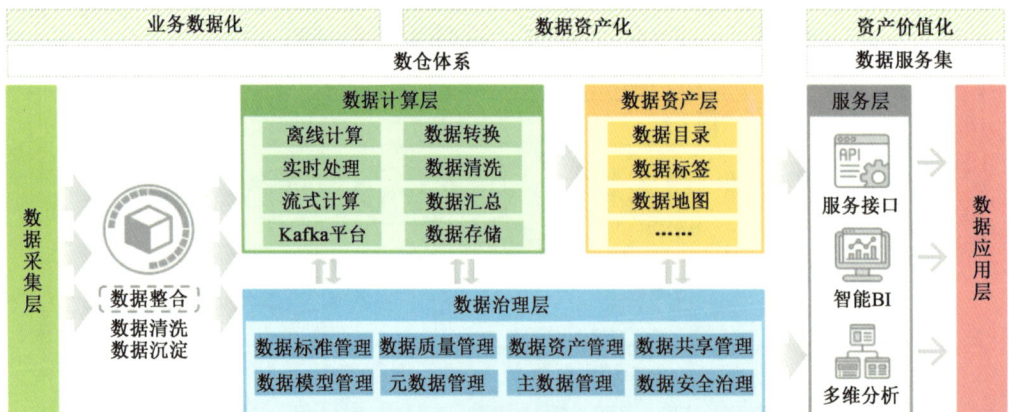

图1-7 数据中台架构与数据治理体系图

第八章
实施路径

按照"整合资源、统筹集约、数字增能"的理念,加速新一代信息技术与实体业务的融合应用创新,全面推进公路建设、管理、养护、运营业务数据化、在线化、协同化,构建标准统一、信息全面、融合共享的公路数据体系,开展公路行业大数据治理与应用,支撑跨部门、跨层级、跨区域数据交换共享,全面提升公路行业管理和公共服务水平。实施路径如下:

一是开展顶层设计。明确公路基础设施数字化的内涵、特征、建设目标(分阶段)、总体架构和建设任务。

二是推进制度变革和标准规范建设。全面梳理公路数字化制度改革和标准规范制修订需求。

三是加快核心产品技术攻关和关键技术研究。提供公路基础设施在建设和养护阶段高效低成本的数字化采集和建构手段。

四是加强系统集约建设。全面推进公路全周期数据高效协同共享。

五是推进示范应用建设。开展新改建公路和在役公路基础设施数字孪生应用试点示范,构建实体公路和数字孪生公路两个体系。

六是完善体制机制。强化公路基础设施数字化制度标准和网络安全基础保障体系。

CHAPTER NINE

第九章
重点任务

按照公路基础设施数字化的建设目标和总体架构，提出 5 项重点任务。

一、完善全流程数字化制度和标准体系

以数字化推动审批监管制度重塑。以公路行业全链条数字化推动公路规划、勘察设计、工程质量安全监督、交竣工验收、养护及运营管理等流程再造、制度重塑、机构改革，促进公路审查、审批、监管制度变革，逐步构建适应数字公路的规则、政策与组织体系。

完善公路数字化技术标准体系。研究完善公路全周期数字化标准体系，加快公路数据资源体系、数据治理等相关标准规范制修订，完善既有标准规范的相应数字化内容，调整与数字化不相适应的条文，保障公路数字化基础设施与公路基础设施同步建设、一体运行，打造"体现高质量、贯彻新理念、适应数字化"的公路标准规范体系。

二、加快关键技术和核心产品研发供给

推进新型测绘技术融合应用。推进高分遥感、倾斜摄影、激光雷达、北斗高精度定位、合成孔径雷达干涉测量（InSAR）、视觉测量等先进测量技术在公路勘测、施工放样、施工监控、非现场监督、资产调查、养护检查、设施监测、交通调查、道路运营等实际业务中的融合应用，实现对公路路域环境、设施资产、技术状况、安全风险、道路事件的高效数字化采集、分析计算与可视化呈现。

加快公路多专业三维设计软件研发供给。在安全可靠、自主可控前提条件下，以公路全专业勘察设计成果数字化交付、审查与呈现为目标，加快三维可视化公路多专业（地质、路线、桥梁、隧道、交通工程）综合设计、桥梁及隧道结构计算分析、公路工程造价等软件的研发供给，实现基于三维可视化公路勘察设计多专业协同和数字化交付，提升设计效率与质量。

加快公路数字化智能化装备研发供给。加快公路路面、桥梁、隧道、交通安全设施等养护检查智能装备的研发供给,提升公路日常巡查、定期检查和特殊检查自动化水平和工作效率,实现对在役公路基础数据、资产设施、技术状况等数据自动化采集、分析计算和动态溯源。

三、推进公路全周期业务"上云用数赋智"

推进公路勘察设计数字化。推广无人机(车)载激光雷达、倾斜摄影、高分遥感、北斗高精度定位等数字化测绘手段;推广普及公路工程地质勘察信息系统;建立基于BIM的公路勘察设计工作流程,开发参数化建模设计工具,构建数字化协同设计平台;统一设计文件数据格式标准,完善基于BIM的全过程数字化咨询、审核和交付验收的流程和机制;推进公路勘察设计成果数据化交付,实现与公路基础数据库的数据交换共享。

推进公路建设管理数字化。推广面向参建多方协同一体化的公路建设管理系统,功能涵盖前期管理、项目管理、钢结构制造、预制件管理、电子档案管理、数字化移交等;推广公路工程质量安全监督数字化监管系统;推广智慧工地系统,推进料场、拌和站、试验室、预应力张拉、视频监控、设备监控、环保监测、人员管控、施工监控等系统集成;实现公路建设管理向养护运营管理数字化移交。

推进公路养护管理数字化。建设部省市(企)县各级公路综合养护管理系统,加强公路基础数据多层级、多业务系统整合和流程再造,实现扁平管理、一体协同和系统联动;加强公路养护评价、预测、决策等算法模型研究,优化养护资金分配,提高养护工作效能和科学决策水平;构建部省两级农村公路综合管理系统,完善农村公路基础数据库,加强农村公路技术状况评价。

推进公路运营管理数字化。加快推动高速公路视频上云和联网行动,开展普通国省干线重点路段视频设施升级改造,开展长大桥隧、灾害多发路段以及恶劣天气的在线监测,构建云网边端互联的感知监测网络;建成部省联网的路网云控平台,优化路网监测调度与协调处置;完善灾害风险监测预警体系,推动应急管理多元数据汇聚融合,实现灾害事故仿真推演、灾情研判、应急预案、辅助决策智能化;推动跨部门、跨区域、跨层级应急信息共享,全面提升公路灾害预防与应急处置水平。

推进公路政务服务数字化。完善公路行业从业单位和从业人员信息库,规范市场主体信用信息管理机制,推动资质、业绩、信用、人员等的信息动态联动管理;建设部省两级公路政务服务系统,促进公路政务服务事项"一网通办",资质许可网上办理,跨省大件运输并联许可"掌上办",推动与相关部门政务系统的互联互通。

四、构建公路全周期数据资源体系

建设公路行业数据中心。加快建设部省市(企)县多级公路行业数据中心。各级公路数据中心实现"三统一"，即统一信息基础设施、统一应用支撑体系、统一数据资源体系。推动公路建设、管理、养护、运营、服务各环节之间数据通识通用，沉淀公路数据资产。

建设全国公路数据库和行业"一张图"。依托全国公路行业数据中心，建设部省市（企）县多级公路基础数据库，并实现联网运行。重点汇聚基础地理信息、路基路面、桥梁、隧道、交通工程及沿线设施等静态数据，不断汇聚公路勘察设计、建设管理、养护管理、运行监测、安全应急及政务服务等业务动态数据。构建标准统一、信息全面、融合共享的公路数据体系，推动跨区域、跨行业、跨部门、跨层级数据交换共享，推进公路"一张图"建设。

强化公路数据治理。建设统一规范的数据制度，打通数据链条，优化数据资源全寿命周期质量管控；开展数据架构、数据质量、数据安全、数据服务等内容研究，加强公路基础数据治理、融合应用和交换共享，支持公路资产管理、路网规划、质量安全监督、技术状况监测、养护统计分析、安全态势感知、应急指挥调度、养护资金分配、养护绩效评价、可视化应用等。

推进公路数字孪生应用。充分运用高分遥感、激光雷达、机器视觉、高精度地图、BIM、虚拟现实（VR）等可视化技术，构建三维可视化的数字孪生公路应用体系，融合公路建设、管理、养护、运营等业务流程，推进实体公路网和数字孪生公路网一体化运行服务，有效支撑行业管理、出行服务、车路协同和自动驾驶。

五、筑牢公路数字化基础支撑保障体系

构建行业大数据应用体系与生态。强化市场主体和行业部门共建共享、行业数据与相关领域数据资源深度融合的大数据应用，构建公路行业大数据应用体系和生态。重点加强公路行业大数据的算法模型研发及数据共享服务，发挥数据潜能，孵育数字产业，壮大公路数字经济。

强化网络和数据安全保障体系。完善公路网络和数据安全管理制度，开展数据安全分级分类管理、等级测评、监测预警、应急响应等工作，构建公路端网云一体化的安全防护体系，打造公路网络和数据安全产业生态圈，保障公路安全稳定运行。

第十章
关键支撑技术

公路基础设施数字化的本质是新一代信息技术与公路业务的融合应用,公路数字化体系是基于公路业务构建的一个复杂系统,从当前发展来看,其大致由地理信息、感知互联、数据治理、仿真推演、交互共享五类技术紧密结合而成。

公路基础设施数字化系统技术体系如图 1-8 所示。

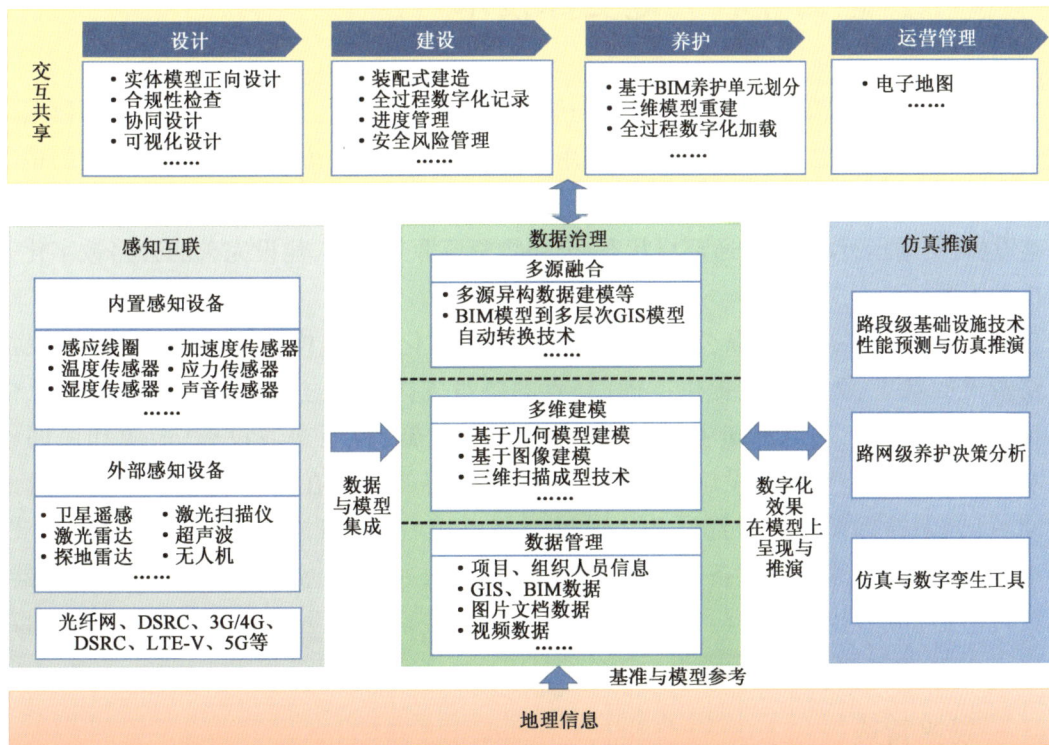

图 1-8　公路基础设施数字化系统技术体系

地理信息系统（GIS）

地理信息系统（Geographic Information System，GIS），即以空间分析、空间数据库和三维可视化为核心，以地理空间数据为对象进行存储、管理、分析、显示和描述的信息系统。目前，GIS在科学调查、资源管理、财产管理、发展规划、绘图和路线规划等方面均有比较成熟的应用，可以对工程线路中的环境监测、地质分析等外部空间进行分析，便于相关图形数据的输入和输出。

GIS作为公路数字化应用支撑平台建设的支撑系统之一，主要通过融合公路交通路网基础数据建立公路空间基础数据库和专题数据库，利用地理信息可视化技术为公路管理人员提供各种地图资源服务及各项决策支持展示服务。GIS作为基础性平台，通过数据采集、共享、交换的方式进行基础地理信息服务的更新；通过建立公路数据资源库和空间服务平台，结合空间数据分析模型综合展现交通运行状态信息、态势信息、气象环境信息等，为各平台系统提供服务支撑。

感知互联关键支撑技术

公路资源数据采集对提升公路管理与服务水平至关重要。当前对公路采集的数据尚不完整，且缺乏动态更新。采集主要是采用摄像和人工检测的方法，采集到的数据的精确度易受到环境、人员的干扰和影响。因此，有必要采用有效的采集手段，采集和融合公路基础设施、交通运行状态、交通环境状态、公路物资资源等信息，建设完善的公路数字化采集技术体系。

通过各种采集技术获取公路资产数据，以结构化、半结构化、非结构化数据表征公路资产的状态，为应用层提供准确、高效的决策支撑。通过定位追踪、传输接入、信号转换、监控处理，动态感知主体工程、交通安全设施、智能交通设施、能源和照明设施及其他沿线设施等基础设施的状态。按照采集感知设备在基础设施中布设位置的不同，可分为外部设备和内置设备。通过卫星遥感、激光扫描仪、激光雷达、超声波、探地雷达、无人机等外部设备扫描基础设备的状态，并结合感应线圈、加速度传感器、温度传感器、应力传感器、湿度传感器、声音传感器等内置设备感知基础设备的内部变化。

一、激光雷达

激光雷达是激光技术与现代光电探测技术相结合的先进探测方式，由发射系统、接收系统、信息处理等部分组成。利用可见光和近红外光发射信号,经目标反射后被接收系统收集,通过测量反射光的运行时间,可以确定目标的距离。与普通微波雷达相比,激光雷达由于使用的是激光束,工作频率较微波雷达高了许多,从而具备了较多优点,如分辨率高、隐蔽性好、抗有源干扰能力强、低空探测性能好、体积小、质量轻等。

由于公路沿线环境复杂,部分区域线路无人机巡检困难,运用车载一体化激光雷达采集系统,集成激光雷达传感器、高精度定位模块等,记录现场公路空间三维结构状态、设备工作状态、路面状态、交通状态等特征,服务现场公路病害与位置识别。

二、机器视觉

机器视觉系统是通过机器视觉产品(即图像摄取装置)将被摄取目标转换成图像信号,传送给专用的图像处理系统,得到被摄目标的形态信息,根据像素分布、亮度、颜色等信息,转换成数字化信号。图像系统对这些信号进行各种运算,抽取目标的特征,进而根据判别的结果来控制现场的设备动作,实现机器代替人眼进行测量和判断。

传统公路病害识别、资产管理等主要依靠人工识别。随着机器视觉技术的发展,可采用机器视觉快检系统,实现路面等资产信息状态的高效采集。采集到的视频数据被上传到系统中,系统可自动辨别路面损坏的类型、损坏程度和损坏范围,立即生成路面状况指数(PCI)数据,实现养护巡检的高效性和便捷性。

三、卫星遥感

遥感技术从远距离感知目标反射或自身辐射的电磁波、可见光、红外线,进而对目标进行探测和识别。卫星遥感技术因其观察范围广、信息全面真实、成本低、更新便利等特点,在交通运输领域得到越来越广泛的应用,其中以公路交通领域的应用最为广泛,涉及公路勘测设计、路网及车辆提取、道路健康状况识别、交通设施变形监测和公路灾害损毁评估等多个方面,取得了良好的社会效益和经济效益。

高分卫星遥感技术利用高分辨率可见光遥感和微波遥感等,可以周期性、自动获取道路路域影像数据,针对性地分析多类道路变形、灾害等场景,为日常道路灾害监测提供更加优质、可靠的手段。利用高分辨率卫星可见光遥感和微波遥感、北斗卫星导航系统等,可以大范围、快速获取和掌握公路水毁灾情信息,能够在短时间内对道路损毁位置、规模等信息进行采集,结合路网基础数据、水系基础数据、雨情数据、地质构造数据、业务上报数据和野外调查数据等,对公路域的路基、边坡路面、桥梁、涵洞、挡墙等目标受洪水、泥石流、滑坡等灾害的冲毁情况进行识别,为后续的分析评估工作及决策工作提供准确的数据支撑。

四、三维激光扫描

三维激光扫描根据激光的往返时间、速度角度判断测点与被测点的矢量距离，对基础设施整体进行全面坐标测量与收集，从而得到测量目标的全面且连续的坐标数据（即"点云"）。三维激光扫描技术对基础设施沉降和收敛变形等状态的准确监测，是建立在获取全面点云数据的基础上的，由于点云数据量庞大，导致后期数据处理较复杂且对数据处理算法要求较高。目前，可通过开发车载激光雷达、机器人携带激光扫描等自动化移动巡检装备，提高检测效率。

通过集成激光扫描测量，同步、快速、精确地获取地表三维空间坐标和影像数据，基于海量高密度激光数据的动态管理与建模技术，快速生成大比例尺的数字高程模型、数字正射影像图和数字线划地形图。基于高密度机载激光雷达（LiDAR）点云的任意点高程快速插值及断面三维地面线的自动生成，实现激光测量数据与公路 CAD 设计系统的数据交互，建立一套困难复杂地区三维激光扫描测量和与公路初测、定测阶段一体化设计紧密集成的协同设计模式。

五、物联网技术

物联网技术是正处于蓬勃发展中的互联网技术之一，其本质是基于互联网的信息传输交换系统，即利用各种传感器，使用通信协议，将物体的各种信息及周边环境信息通过互联网连接起来，实现信息的交换与传输，从而实现自动化识别、定位、监管、控制。物联网的基础虽仍然是互联网，但它又是互联网的扩展和延伸。物联网将应用端扩展至物品与物品间，目标是实现万物互联。

建筑施工现场是由人、材料、设备及半成品构成的具有流动性的作业场地，现场的局部无序性和环境复杂性是导致工程事故发生的原因之一。传统的安全管理强调人的主观能动性，期望通过现场管理人员事无巨细的管理行为防止安全事故的发生，其主要障碍是现场信息的不透明和资源配置的不合理。传统安全管理无法实时监控各种危险源，在危险发生时也无法对危险源范围内的作业人员发出预警，由于无法获取详尽的现场信息，所以资源的配置不能及时得到优化，难以协调安排，安全事故的发生率很难降低。

基于物联网的特点和施工现场的实际情况，将物联网应用在现场施工安全管理中势在必行。对于现场中存在的大量不透明信息源，可以利用无线射频识别技术（RFID）和无线传感器网络（WSN）来获取，同时还可以实时监控场地作业情况，将电子标签附着在施工场地内各类物品上，通过无线传感器网络来组建一套现场安全管理预警网络，将收集到的各类信息上传至设置在现场监控室的服务器中,实现对现场人员、设备、材料的轨迹监控,以及危险区域危险信息的收集与预警。

第三节　数据治理关键支撑技术

通过数据预处理、数据分析、数字化建模等模块,支撑全寿命周期的业务应用。面对实际采集数据中存在的缺失、噪声、重复、异常、冗余等问题,数据预处理模块综合运用大数据清洗、整合、约简、转换等技术,按照异常样本数据筛选、数据约简、数据整合的工作流程完成对数据的处理,提升数据的准确性、完整性和可用性。数据分析模块按照建模需要输入数据,对预处理数据进行数据分类、萃取、识别、存储管理等,将数据输入数字化模型中。数字化建模模块对基础设施进行建模,以支撑应用层的业务需求。

一、数据清洗

数据清洗一般在数据进行重新审查和校验的过程中使用,目的在于删除重复信息、纠正存在的错误,并提供数据一致性。数据清洗主要包括缺失数据清洗、格式内容清洗、逻辑错误清洗、关联性验证等。缺失数据清洗是数据清洗中最重要的步骤,需要通过确定缺失值范围、去除不需要的字段、填充缺失内容(利用经验、统计数据指标、重新采集等)等实现。而后,根据缺失数据和格式内容的清洗,利用去重、去除异常数据等手段分步实现逻辑错误清洗。

由于实际操作中检测设备老化、传输线路故障、检测环境不良、设备调试和使用不当等原因,采集到的基础设施数据存在各种质量问题,将直接影响后续应用层各阶段的业务效果。因此,需要利用数据挖掘算法进行清洗,实现数据的异常值识别与修复、缺失判断与修补等,综合提升数据质量。

二、数据存储管理

数据存储管理综合运用大数据仓库等存储技术,实时调用存储数据实现对道路工程业务数据、模型数据、空间数据和公用基础数据的综合管理,同时提供项目类、组织机构类、人员类、文档类以及模型构件类基本信息。在数据存储管理过程中,将需要实时调用的数据存储于实体数据存储管理模块中,把暂不需要的数据通过云服务器储存,可降低渲染压力。

仿真推演关键支撑技术

　　智能推演是公路资产数字化具备智慧能力的体现,是实现对公路资产进行科学预测、指导与优化的关键。可以依据公路资产的真实运行数据,构建不同场景下的推演模型,进而模拟和分析公路资产的运行状态和发展趋势,推演预测公路资产的发展态势与运行结果,并提出优化建议,辅助公路日常管理、养护工程、应急指挥和科学决策。随着公路资产数据的日渐积累,可以通过数据发现公路更多场景下的运行规律,从而能够更多样、更精准地建立推演模型,使公路管理者可以更好地掌握公路资产运行趋势和可能发生的事件,真正实现数据驱动的公路智能化分析和运行。

　　养护智能决策以公路基础数据、交通量数据、养护历史数据、检测数据等各类数据为基础。通过构建交通安全设施基础数据及检测评定数据库,利用相关的智能化模型开展技术状况评价、长期性能预测、养护需求分析、养护资金测算、养护效益分析、养护投资决策等,实现管养路网技术状况评定、预测、养护辅助决策,并实现数据多维统计分析和结合GIS 地图的综合展示分析,协助管理人员合理使用有限的养护维修资金,使有限的资源发挥最大的经济效益,达到资源最佳配置的目的。

交互共享关键支撑技术

一、数字孪生技术

　　公路数字孪生通过将感知的多源数据进行数字化建模和可视化渲染,提供全要素、全范围、全精度真实的渲染效果,实现全空间信息和公路资产实时运行态势的动态展示。一方面,公路数字孪生既可以展现公路资产全貌场景,也可以展现诸如桥梁构件、路基、管线等公路微场景,提供全粒度、多尺度的多维展现能力。另一方面,公路数字孪生可视化具有突出的动态性特点,可将公路实时运行体征,如公路资产实时信息与空间模型紧密融合,实时动态展示可视化对象的状态变化,精准反映公路资产的真实状态和运行情况,使数字公路更加鲜活。

二、虚实互动技术

　　虚实互动是指物理空间与数字空间的互操作和双向互动,借助物联网、图形/图像、AR/VR、人机交互等领域技术的协同和融合,实现公路资产虚实空间融合、控制与反馈等。

虚实互动的过程是指通过对物理世界数据的实时采集、接入并映射到数字世界,实现对物理世界的仿真和模拟,在数字世界进行大数据量的计算、预测和演练,提出公路资产建设、管理、养护等的科学决策建议,相关决策建议可以指导或直接反作用于物理世界,在物理世界执行完成后,相应的执行结果再映射到数字世界,并进行信息及时更新,实现物理空间与数字空间的双向闭环互动。

第十一章
对策建议

一是加快数字化标准规范高质量供给。尤其是公路数据资源体系、数据治理等基础性标准规范，升级既有标准规范的数字化技术要求。

二是加快建设公路行业数据中心并联网运行。建成标准统一、信息全面、融合共享的公路数据体系，开展公路行业大数据治理应用研究，分类构建数字孪生公路体系，实现公路基础数据跨层级、跨部门、跨区域交换共享。

三是加强核心软硬件产品和关键技术研发。推进先进测量技术、"云大物移智链边"等新一代信息技术在公路全周期业务中的融合应用创新；加快国产化三维图形引擎、三维可视化公路综合设计软件、养护检查智能装备、新一代业务系统等核心产品的研发供给。

四是加强政策制度创新。开展试点示范应用，推动业务流程再造、制度重塑、机构改革，逐步构建适应数字公路的规则、政策与组织体系。

五是加强数字化复合型人才培养。发挥产学研用协作机制，加大跨界交叉学科人才培养，带动产业升级。

参 考 文 献

[1] 《智慧高速公路建设探索与实践》编委会.智慧高速公路建设探索与实践[M].北京:人民交通出版社股份有限公司,2014.

[2] 张纪升,李斌,王笑京,等.智慧高速公路架构与发展路径设计[J].公路交通科技,2018,35(1):88-94.

[3] 岑晏青,宋向辉,王东柱,等.智慧高速公路技术体系构建[J].公路交通科技,2020,37(7):111-121.

[4] 冯成.多源异构数据融合关键技术研究[D].北京:北京邮电大学,2020.

[5] 浙江省交通运输厅.浙江省智慧高速公路建设指南(暂行)[S/OL].[2023-09-15].https://zjjcmspublic. oss-cn-hangzhou-zwynet-d01-a. internet. cloud. zj. gov. cn/jcms _ files/jcms1/web3234/site/attach/0/8c41e60cac934c03bf382609e85dbfbc. pdf.

[6] 云南省交通运输厅.云南省智慧高速公路建设指南(试行)[S/OL].[2023-09-15].http://jtyst. yn. gov. cn/uploadfile/s48/2023/0625/20230625105731449. pdf.

[7] 甘肃省交通运输厅.甘肃省智慧高速公路建设技术指南[S/OL].[2023-09-15].http://jtys. gansu. gov. cn/jtys/c106431/202203/2000702/files/dd90e59e0d0b4cf6acc85c97aa091c5c. pdf.

[8] 江苏省交通运输厅.江苏省智慧高速公路建设技术指南[S/OL].[2023-09-15].http://www. kc-v2x. com/uFile/104311/down/20201127102430653. pdf.

[9] 宁夏回族自治区交通运输厅.宁夏公路网智能感知设施建设指南(试行)[S/OL].[2023-09-15].https://jtt. nx. gov. cn/zfxxgk/zfxxgkml/xxhjs/202103/P020210304541106763780. pdf.

[10] 北京市交通委员会.北京市智慧高速公路建设指南(试行)[S/OL].[2023-09-15].https://jtw. beijing. gov. cn/xxgk/tzgg/202201/t20220105_2582758. html.

● 中国工程院重大战略研究与咨询项目

课题报告 ②

车路协同
自动驾驶系统研究

课题组主要研究人员

课题顾问

　　刘加平

课题组长

　　舟　斌（组长）　　王其峰（副组长）　　周　进（副组长）

课题组主要成员

　　曲　栩　　鲁光泉　　芮一康　　江　媛　　牟　涛　　曹小峰

　　张纪升　　徐一岗　　虞明远　　高金金　　杨晓迎　　乔　云

　　公维洁　　胡延明　　薛　岭　　王福海　　高博麟　　李宏海

　　李　楠　　王少飞　　陈志军

课题主要执笔人

　　舟　斌　　芮一康　　李林恒　　杨　涵　　郑　元

内容摘要

车路协同自动驾驶系统通过先进的车、路感知设备(如雷达、摄像头等)对道路交通环境进行实时高精度感知,按照约定的通信协议和数据交互标准,实现车与车、车与人及车与道路交通设施间不同程度的信息交互和共享,并涵盖不同程度的车辆自动化驾驶阶段,以及考虑车辆与道路供需间不同程度的分配协同优化,进而高效和协同地执行车辆和道路的感知、预测、决策和控制功能,最终形成一个能够整合、协调、控制、管理和优化所有车辆、信息服务、设施设备、智能化交通管理系统的,以车路协同自动驾驶为核心的新一代智能交通系统。

本报告的车路协同自动驾驶系统研究为数字化公路基础设施研究提供智慧公路应用场景,为一系列智慧公路管理需求提供车路协同解决方案,并为"四网融合"研究提供需求导向式突破路径。本报告从车路协同自动驾驶系统协同化技术、车路协同系统集成化及车路协同自动驾驶政策保障体系与法律法规三大研究方向入手,开展车路协同自动驾驶系统研究,并形成了车路协同自动驾驶系统产业化落地条件量化表征方法、车路协同自动驾驶法规体系、车路云协同自动驾驶系统发展路线图和车路协同自动驾驶标准体系四方面研究成果。最后结合我国车路协同自动驾驶产业发展现状,提出政策措施建议,并明确发展近期、发展中期、发展远期和发展远景四个阶段的工作重点。

近年来，国家为加强车路协同自动驾驶技术的研发，促进道路交通自动驾驶技术的发展和应用，出台了一系列政策。2019年9月，中共中央、国务院印发《交通强国建设纲要》，提出到2035年，基本建成交通强国。同时，要求交通装备先进适用、完备可控，加强智能网联汽车（智能汽车、自动驾驶、车路协同）研发，形成自主可控完整的产业链。2020年12月，交通运输部印发《关于促进道路交通自动驾驶技术发展和应用的指导意见》，提出加强自动驾驶技术研发、提升道路基础设施智能化水平、推动自动驾驶技术试点和示范应用、健全适应自动驾驶的支撑体系四项主要任务。2021年2月，工业和信息化部、交通运输部和国家标准化管理委员会联合制定《国家车联网产业标准体系建设指南（智能交通相关）》，提出建立支撑车联网应用和产业发展的智能交通相关标准体系的目标，分阶段出台一批关键性、基础性智能交通标准，系统形成能够支撑车联网应用、满足交通运输管理和服务需求的标准体系。2022年1月，国务院印发《"十四五"现代综合交通运输体系发展规划》，提出推动车联网部署和应用，支持构建"车-路-交通管理"一体化协作的智能管理系统。但目前车路协同自动驾驶技术发展还存在自动驾驶发展路线不清晰、缺乏自动驾驶标准体系、法律法规保障不健全等问题亟待研究解决。

本报告的车路协同自动驾驶系统研究为数字化公路基础设施研究提供智慧公路应用场景，为一系列智慧公路管理需求提供车路协同解决方案，并为"四网融合"研究提供需求导向式突破路径。本报告从车路协同自动驾驶系统协同化技术、车路协同系统集成化及车路协同自动驾驶政策保障体系与法律法规三大研究方向入手，开展车路协同自动驾驶系统研究。提出"车路云一体化"路线图，促进道路交通运输、汽车、通信交叉融合、协同化发展。建立车路协同自动驾驶标准体系，有效应对当前车路协同自动驾驶标准体系缺乏问题，统一车路协同自动驾驶系统行业标准，进一步规范车路协同系统，增强系统的通用性，节约系统兼容成本，提升车辆和道路整体化智能水平，促进车路协同自动驾驶系统的推广和发展。明确车路协同自动驾驶的主要法律责任问题和现有法律法规的适用性问题，建立车路协同自动驾驶的法律法规体系框架，健全车路协同自动驾驶法规保障体系。

未来，本课题所研究的车路协同自动驾驶系统可以通过感知数据采集与处理、分级决策及控制、实时交通信息交互、交通异常状况预警等车路协同技术手段，以及车路协同V2X车载终端应用、车路协同手机终端应用、货车编队自动驾驶应用等交互方式，为主线路段、分流区、合流区、隧道、施工作业区、弯道路段、异常天气多发路段、高边坡路段等场景下的智慧公路建设提供支持。

第一章
研 究 背 景

本章分析本课题与总体项目及其他课题的关系,明确本课题在总体项目中的定位。通过分析我国具有代表性的车路协同自动驾驶场景建设城市及相关示范区建设现状,总结智能网联示范区的建设特点。针对国内外智慧公路发展对车路协同自动驾驶系统提出的战略要求,调研不同地区的市场需求和示范应用情况,并开展车路协同自动驾驶各发展阶段市场需求分析及对智慧公路建设的需求分析,为后续研究提供现实支撑与理论基础。

第一节　与总体项目的关系

本课题所属项目"智慧公路发展战略研究"主要着力于我国智慧公路的发展目标、总体战略、整体架构、实施路径等方面的研究,对本课题具有良好的指导意义,所包含的其他子课题的研究内容亦可与本课题产生较好的联动。"课题1:数字化公路基础设施研究"可为本课题车路协同自动驾驶提供数字化设施基础;"课题3:新一代公路智能税费征收系统研究""课题4:智慧公路养护研究""课题5:智慧服务区发展研究"可作为本课题车路协同自动驾驶的重要应用场景或解决方案;"课题6:智慧公路安全应急保障研究"可为本课题车路协同自动驾驶提供安全保障;"课题7:'四网融合'系统研究"可为本课题车路协同自动驾驶提供以服务公路用户为目的的能源、信息等系统支撑。本课题与项目其他课题关系如图2-1所示。

同时,本课题的研究成果可以有效赋能智慧高速公路系统总体架构(图2-2)中的"车路协同平台",为满足高速公路系统中车路协同相关应用场景的需求及服务提供有力支撑。

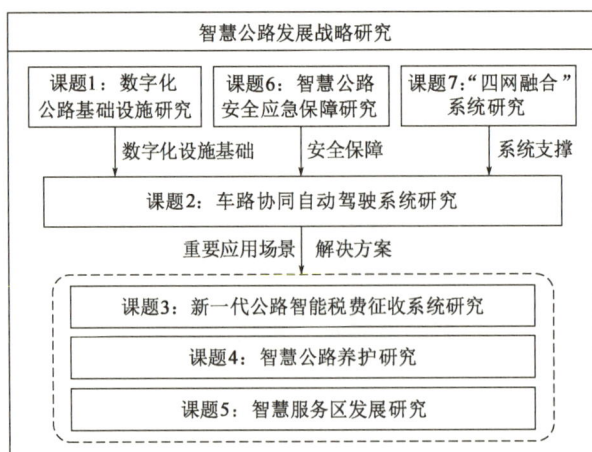

图 2-1　本课题与项目其他课题关系图

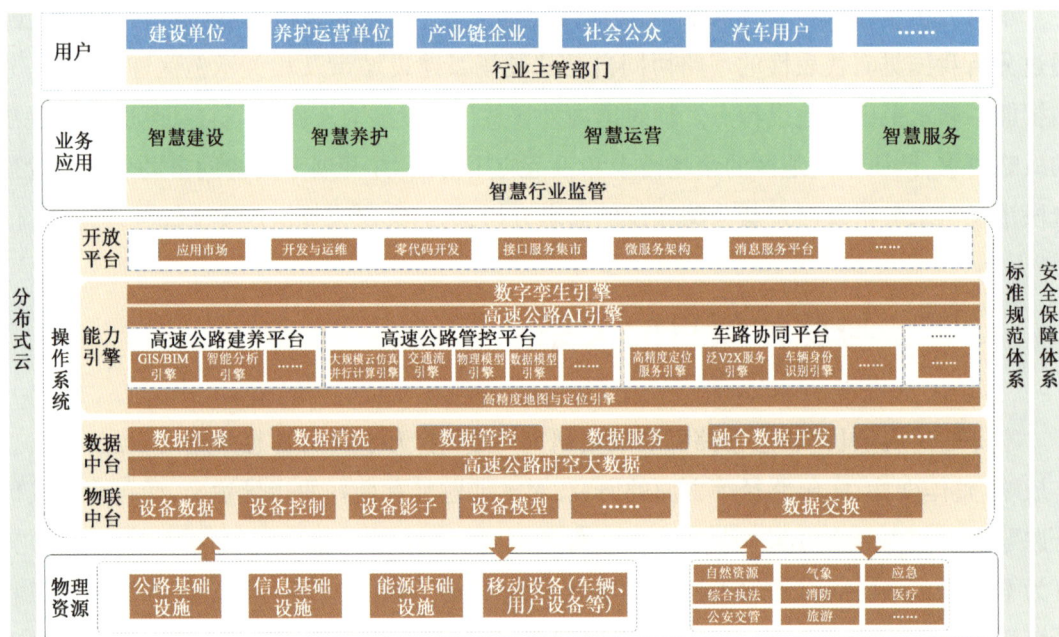

图 2-2　智慧高速公路系统总体架构图

第二节　车路协同系统示范区现状

我国积极推进车路协同自动驾驶场景建设工作,各地区结合车路协同自动驾驶发展,依托地区优势、资源特色,积极探索和建设车路协同自动驾驶场景。北京、上海、重庆、浙江、长春、无锡等地已建设车路协同自动驾驶测试场景,积极推动半封闭、开放道路的测试验证。本节选取我国具有代表性的车路协同自动驾驶场景建设项目(表 2-1),总结出目前最容易落地、最有应用前景的场景。

中国车路协同自动驾驶系统建设概况 表 2-1

城市	项目名称	建设特点
北京	国家智能汽车与智慧交通(京冀)示范区	分为高速公路试验区、城市交通试验区和乡村交通试验区。封闭测试(高速公路 + 城市交通 + 乡村交通)与实际道路测试相结合,京冀地区联动
上海	上海临港智能网联汽车综合测试示范区	设有模拟隧道、林荫道、加油站、室内停车场等场景。GPS/BDS、DSRC、LTE-V、城市化道路网、新产业协同发展
无锡	无锡车联网(LTE-V2X)城市级应用示范项目	设有高速行驶情景下的交通标志和标线的识别及响应、跟车行驶、超车、并道行驶、自动紧急制动、人工操作接管、联网通信等场景
无锡	国家智能交通综合测试基地	设有智能交通管理技术综合测试平台、交通警察实训平台、智能网联汽车运行安全测试平台。构建实际道路测试场景和管理平台
重庆	重庆智能汽车集成系统试验区	设有直道、弯道、隧道、桥梁、淋雨道、低附着系数(ABS)路等,中国西部地形特征和气候环境特征显著
杭州	云栖小镇	设有小微站、宏站、车联网指挥中心等场景;实现基于 LTE-V 车联网标准的智能汽车车车、车路信息交互场景
桐乡	乌镇运河智能汽车文化园	构建以视频技术为核心的透明示范路,搭建"4G +"的宽带移动测试网络,设有智能化停车应用场景
武汉	国家智能网联汽车(武汉)测试示范区	开展智能驾驶、智慧路网、绿色用车、便捷停车、交通状态智慧管理等多个应用示范
长春	国家智能网联汽车应用(北方)示范区	拥有冰雪天气条件智能驾驶、智慧交通技术;专注 LTE-V/5G 高速试验网络功能测试

从表 2-1 可以看出,车路协同自动驾驶场景建设陆续全国开花,除工业和信息化部合作推进的一批车路协同自动驾驶示范区成立外,陆续有部分省(自治区、直辖市)通过与机构合作或资本合作等形式,打造基于自身产业需求的车路协同自动驾驶测试场景。一般而言,智能网联领域的先导区、示范区的建设都是以测试场为中心,由点到面,逐步向外拓展至半开放、开放性道路,并逐步放开应用试点区域。

总体而言,智能网联示范区的建设,一方面可以为车路协同自动驾驶产业营造标准化的测试和应用示范环境,另一方面也体现了政府对公众道路安全的重视,有助于未来车路协同自动驾驶技术的应用和推广普及。随着车路协同自动驾驶产业的高速发展,相关企业数量会越来越多,测试场景逐年递增,最终趋于饱和,造成测试压力。后申请测试的企业只能排队等待,这会使整个测试牌照的申请周期变长。在这种情况下,入驻拥有大型智能网联汽车测试示范区城市的企业将会更为便利,在未来的市场中也更具抢占先机的机会。

近年来,智能网联汽车发展迅速,取得积极成效。一是产业规模快速提升,2022 年,我国搭载辅助自动驾驶系统的智能网联乘用车新车销售量达 700 万辆,同比增长 45.6%,市场渗透率提升至 34.9%,尤其是在新能源汽车方面,辅助自动驾驶系统搭载比例达到 48%。二是关键技术取得突破,新一代电子电气架构、车用操作系统、大算力计算机芯片等实现装车应用,跨域融合控制技术实现突破,高性能激光雷达感知范围达到 250m,L2 级别自动驾驶车型广泛应用,部分车系已做好量产 L3 级别车辆的准备。三是示范应用稳步扩展,截至 2023 年 10 月,全国已建设 17 个国家级测试示范区、7 个国家级车联网先导区、16 个智慧城市基础设施与智能网联汽车协同发展试点城市,各地加快测试示范部署与基础设施建设,50 余个省市发布道路测试实施细则,全国累计开放超过 1500km 测试道路,发放测试牌照超过 2800 张,道路测试总里程达 6000 多万 km,部署路测网联基础设施超过 7000 套。同时,随着电动化、网联化、智能化技术加速迭代演进,消费者需求持续增加,内外部形势日趋复杂,智能网联汽车当前发展仍然面临法律法规不完善、关键技术亟待突破、标准规范稍显滞后、生态体系不健全等多方面的挑战,需要各方协力推动解决。

我国和世界各国都就车路协同自动驾驶各领域的高质量发展,推进了战略规划、准入试点、标准制定、技术研发、测试示范等各项工作。

2019 年 9 月,中共中央、国务院印发《交通强国建设纲要》,提出到 2035 年,基本建成交通强国。同时,要求交通装备先进适用、完备可控,加强智能网联汽车(智能汽车、自动驾驶、车路协同)研发,形成自主可控完整的产业链。

2020 年 12 月,交通运输部印发《关于促进道路交通自动驾驶技术发展和应用的指导意见》,提出加强自动驾驶技术研发、提升道路基础设施智能化水平、推动自动驾驶技术试点和示范应用、健全适应自动驾驶的支撑体系四项主要任务。

2021 年 2 月,工业和信息化部、交通运输部和国家标准化管理委员会联合制定《国家车联网产业标准体系建设指南(智能交通相关)》,提出建立支撑车联网应用和产业发展的智能交通相关标准体系的目标,分阶段出台一批关键性、基础性智能交通标准,系统形成能够支撑车联网应用、满足交通运输管理和服务需求的标准体系。但目前车路协同自动驾驶技术发展还存在自动驾驶发展路线不清晰、缺乏自动驾驶标准体系、法律法规保障不健全等问题亟待研究解决。

2021 年 9 月,工业和信息化部等部门联合印发《物联网新型基础设施建设三年行动计划(2021—2023 年)》,提出打造车联网(智能网联汽车)协同服务综合监测平台,加快智慧停车管理、自动驾驶等应用场景建设,推动城市交通基础设施、交通载运工具、环境网联化和协同化发展。

2022 年 1 月,国务院印发《"十四五"现代综合交通运输体系发展规划》,提出推动车联网部署和应用,支持构建"车-路-交通管理"一体化协作的智能管理系统。稳妥发展自动驾驶和车路协同等出行服务,鼓励自动驾驶在港口、物流园区等限定区域测试应用,推动发展智能公交、智慧停车、智慧安检等。加强智能网联汽车、自动驾驶、车路协同、船舶自主航行、船岸协同等领域技术研发。

2023 年 6 月 21 日,工业和信息化部副部长辛国斌在国务院政策例行吹风会上表示,新能源汽车产业发展部际协调机制各成员单位将认真贯彻落实党中央、国务院决策部署,坚持"车-能-路-云"融合发展,重点开展以下几个方面工作。一是支持关键技术攻关。支持重点大企业牵头,大中小企业参与,开展跨行业跨领域协同创新。创新是第一生产力,要加快关键芯片、高精度传感器、操作系统等新技术新产品的研发和推广应用,进一步提升产业发展内生动力。二是进一步完善网联基础设施。加快 C-V2X、路侧感知、边缘计算等基础设施建设,建立基于边缘云、区域云和中心云三级架构的云控基础平台,形成统一的接口、数据和通信标准,进一步提升网络感知、云端计算能力。三是深化测试示范应用。启动智能网联汽车准入和上路通行试点,组织开展城市级"车路云一体化"示范应用,支持有条件的自动驾驶,即 L3 级别及更高级别的自动驾驶功能商业化应用。工业和信息化部将坚持车路云一体化发展路线,加强统筹协同,强化创新驱动,优化政策供给,合力推动智能网联汽车产业高质量发展。

美国也已制定车路协同相关标准,主要包含用于车路环境无线通信的 IEEE 1609 系列试验用标准、用于车路短程通信的 IEEE 802.11P 标准、SAE J2735 专用短程通信标准以及 5.9GHz 专用短程通信标准。

欧洲研发了基于合作的智能安全道路(COOPERS)、智能安全车路系统(SAFESPOT)和基于合作的车路系统(CVIS)。三个项目侧重点各不相同,COOPERS 主要侧重于车路通信及交通安全信息方面的研究。

日本重点发展的两个主要车路协同项目为先进安全车辆(ASV)和智能型公路系统(AHS)。AHS 车路通信采用 5.8GHz DSRC,实现车路通信功能。

车路协同自动驾驶发展阶段和市场与建设
　　　　　需求分析

一、初级发展阶段（2023—2027 年）

全方位实现车车、车路、车云、路云等动态实时信息交互和共享,并对智能设备获取的部分动态实时数据进行初步处理与融合,辅助车辆实现智能驾驶。初级发展阶段的功能主要体现在系统参与者对环境信息的采集与融合层面。

市场需求主要为通过 C-V2X 技术实现协同感知,包括交叉路口碰撞预警、前向碰撞预警、闯红灯预警、限速提醒、道路危险事件预警、车道偏离预警、安全车距预警等预警类辅助驾驶应用以及网联式自动紧急制动、绿波车速通行、公交优先等控制类辅助驾驶应用,提升道路安全和交通效率。

与智慧公路建设相关的道路基础设施应具备微观传感和基础预测功能,可以支持低空间和时间解析度的交通信息服务、交通管理和驾驶辅助。具体而言,道路基础设施系统能够将道路基础设施的静态信息数字化并储存,道路基础设施感知设备能实时获取连续空间的车辆和环境等动态数据,自动处理非结构化数据,并结合历史数据实现车辆行驶的短时、微观预测。部分数据可以在车辆与车辆之间、车辆与道路基础设施之间实现信息共享。

二、中级发展阶段（2027—2035 年）

除借助车联网通信技术进行实时信息交互和共享外,自动驾驶感知和决策的实现不仅仅依赖于雷达、摄像头等先进的车载设备,而且越来越依靠于智能道路设施及车车协同进行全时空动态交通环境信息的感知。车路协同自动驾驶系统能够在复杂交通环境下完成对多辆智能网联汽车以及后续的数据融合、状态预测和行为决策等。中级发展阶段的功能主要体现在系统参与者对环境信息的全面采集以及对驾驶行为的优化决策层面。

市场需求主要为通过 C-V2X 技术,进行基于车车、车路、车人、车云等通信,实时获取车辆周边交通环境信息及车辆决策信息,实现车车、车路等各交通参与者之间信息交互融合,道路决策中心与车辆自身感知决策系统融合,并与其他人工智能技术结合,提升自动驾驶智能驾驶决策水平。在常规道路上实现车速引导等典型应用,并可支持特定道路与封闭区域的无人驾驶。具体来说,在特定道路与封闭区域,可在无人驾驶状态下,基于 C-V2X 提供的通信和连接能力实现网联化,支撑特定道路与封闭区域的自动驾驶所需要的信息实时共享与交互、协同感知,为无人驾驶车辆运行提供路径规划协同服务(如协作式变道、协作式匝道汇入等),事故发生率明显降低,交通效率明显提升。

与智慧公路建设相关的道路基础设施应具备复杂传感和深度预测功能,可以支持较高空间和时间解析度的自动化驾驶辅助和交通管理。具体而言,除了初级发展阶段提供的功能外,可以实现道路基础设施等静态数据在时空上的连续监测和更新,具备更高精度的车辆运动监测传感功能。数据之间能够高度融合,信息采集、处理和传输的时延低。道路系统能够根据感知信息进行长期预测和深度分析,优化车辆驾驶决策。道路和车辆之间能够进行实时信息交互,即依托 C-V2X 技术,道路系统为车辆提供横向、纵向控制的建议或指令,同时,车辆向道路反馈其最新规划决策信息,从而实现初步自动驾驶。

三、高级发展阶段(2035—2050 年)

除可采集全时空动态环境信息,以及实施车车、车路等动态实时信息交互、状态预测和行为决策外,还可实现车路云协同自动驾驶控制功能,进而完成对整个自动驾驶关键步骤的全覆盖,进一步提供开放道路的广域协同决策和控制能力,实现车辆和道路全面的智能协同和配合,对所有自动驾驶车辆进行接管与控制,即在任何场景下实现协同感知、协同预测决策以及协同控制等系统一体化功能,进而改善车辆自动驾驶的商用化落地途径。高级发展阶段的功能主要体现在系统参与者对环境信息的全面采集、驾驶决策和控制执行整个层面。

市场需求主要为支持全场景全天候开放道路的自动驾驶,可实现协同感知、协同决策、协同控制下的社会道路自动驾驶,具体包括多车协同换道、无信号灯协同通行和特殊事件下的紧急救援等,事故发生率大幅降低,交通效率大幅提高。可通过车路云协同自动驾驶实现高密度大流量交通组织,实现道路承载效率的革命性提升。它还将助力交通治理实现全面提升,助力实现智慧交通和智慧城市。

与智慧公路建设相关的道路基础设施应具备一定的信息化和智能化,同时以此为基础,在道路基础设施覆盖的道路上可以满足所有单个自动驾驶车辆(自动化等级 1.5 及以上)在所有场景下实现感知、预测、决策、控制、通信等功能,并优化部署整个道路基础设施网络,实现完全自动驾驶。通过完全控制所有的自动驾驶车辆,交通控制中心可以达到更好的全局优化,并且可以优化部署道路基础设施的整个网络。完成自动驾驶所需的子系统无须在自动驾驶车辆设置备份系统,一体化系统将提供全主动安全功能。当遇到特殊情况,由道路基础设施系统进行控制。

第二章
研究内容

车路协同自动驾驶系统被认为是智慧公路领域重要的研究方向,旨在通过车辆与道路之间的协同,实现车辆自动驾驶功能,提升交通运行效率。本章主要包括三个方面内容:面向智慧公路的车路协同自动驾驶系统协同化技术研究、车路协同集成化研究,以及车路协同自动驾驶政策保障体系与法律法规研究。这些研究对推动车路协同自动驾驶发展具有重要意义,可提高交通效率、改善安全性,并支持智慧公路建设和智能交通完善。然而,仍需解决技术标准统一、政策法规配套等问题。未来,应深化对车路协同自动驾驶的理解,完善技术和政策,推动智慧公路建设和智能交通发展。

第一节 面向智慧公路的车路协同自动驾驶系统协同化技术研究

在智能网联汽车技术的演进中,车路协同自动驾驶系统协同化技术发挥着重要作用。本节首先探讨基于车的车路协同自动驾驶系统协同化技术的发展方向。其次,介绍基于路的车路协同自动驾驶系统协同化技术。最后,简要叙述基于通信的车路协同自动驾驶系统协同化技术。

一、基于车的车路协同自动驾驶系统协同化技术

根据《智能网联汽车技术路线图 2.0》,智能网联汽车技术仍在不断完善中,基于车的车路协同自动驾驶系统协同化技术呈现多个发展方向。

1. 从单车智能向车路协同智能的转变

随着智能网联汽车应用范围扩大,道路交通场景越发复杂,仅依靠车内智能难以实现

量产级别的无人驾驶。通过引入车路协同,获得全局视角,有助于弥补车内智能的盲点与感知不足,促进自动驾驶商业化。

2. 特定场景先行应用智能网联汽车技术

智能网联汽车技术在特定场景下率先应用,随着验证和成熟,逐步向城市郊区道路、高速公路等场景扩展。限定区域内运营因具有路况简单、路线固定、交通参与者少等特点,有利于实现自动驾驶功能。相对而言,广泛路线、复杂环境和恶劣天气下的运营,短期内难以实现安全可靠的自动驾驶。因此,智能网联汽车商业化将从低速封闭场景逐步演进至高速开放场景。

3. 复杂环境下多传感器融合感知技术

环境感知传感器注重能效与汽车规范的要求,多传感器融合应对复杂环境。传感器发展趋势包括高性能、小型化、低成本化和车规级。未来发展方向涵盖车载立体成像技术、合成孔径毫米波雷达技术、全固态激光雷达技术等,有望在近期成熟应用。多传感器融合及与路侧设备协同感知,降低误差、提升精度,更真实地反映环境信息,提升驾驶安全水平。

4. "芯片 + 算法"解决智能网联汽车计算需求

当前,由于智能网联汽车在感知、决策方面的高度复杂性,需要通过高算力来满足高级别自动驾驶的计算需求。但是,传统通用芯片追求高算力会造成计算平台功耗过大,导致无法符合量产车规级要求。通过硬件适配算法,可有效提高算力,降低功耗,并可降低芯片成本。

5. 多源融合定位技术助力车辆位置感知

结合北斗高精度定位、多源辅助定位及其他新型技术,提升定位精度,满足全场景定位需求。多传感器融合解决复杂环境下的定位误差问题,确保全域导航结果的可靠性和可信度。

二、基于路的车路协同自动驾驶系统协同化技术

车路协同自动驾驶系统在智能网联汽车技术的发展进程中扮演着重要角色。实现车辆自动驾驶功能,依赖于感知、决策和控制等多层面的协同化技术,也依赖于高精度地图和通信等支持系统技术。

1. 协同感知技术

车路协同自动驾驶技术中的协同感知技术将车辆感知设备延伸至道路基础设施(路

侧），以支持车辆感知。该技术实现了道路环境感知、交通状态监测和障碍物识别等功能。车路协同道路全息感知系统在车路信息交互方面取得进展，实现实时信息共享。随着技术进步，系统将整合多个感知单元的传感数据，实现全时空多场景的交通信息感知。

2. 协同决策技术

协同决策技术将多源交通数据进行融合处理，对行驶环境和路径进行分析，将路网与车辆的预测信息融合。通过路侧和车辆感知信息的整合，该技术能够实现多传感器信息的汇集和路径规划等功能。该技术旨在生成全局最优的自动驾驶方案，为智能网联汽车商业化落地提供科学的决策依据。

3. 协同控制技术

车路协同自动驾驶技术通过将路侧控制系统与车载控制系统协同工作，实现多车辆的协同驾驶、换道以及避险等控制技术。通过路侧系统共享感知信息，实现多车辆的路径规划和控制，从而提升道路通行能力，增强自动驾驶系统的整体性能。

三、基于通信的车路协同自动驾驶系统协同化技术

在车联网技术的演进中，移动边缘计算和网络切片等技术对 C-V2X 通信技术以及智能交通和自动驾驶应用具有重要的支持作用。随着车路协同自动驾驶系统的发展，车联网应用将会逐步规模化部署，从而提升交通效率，实现基础设施水平与关键技术能力的融合提升。

1. C-V2X 通信关键技术

C-V2X 技术将与多种技术融合，预计到 2027 年，将初步形成 C-V2X 与先进驾驶辅助系统（ADAS）技术的融合方案。随后，该技术将与人工智能、机器学习等技术进一步融合，实现智能通信。在 2035 年前后，C-V2X 将实现与 ADAS 技术的深度融合，同时也将进一步融入人工智能、机器学习等领域，从而实现更高级别的技术方案。

2. 车联网边缘计算技术

到 2027 年，将形成中心、区域、边缘、终端四级体系架构，形成计算资源的云边协同方法，提供区域化协同感知、决策和控制能力，支持区域化车路协同应用。到 2035 年，将形成感知、通信、计算、控制一体化的车联网网络系统，形成算法模型的云边协同和边边协同方法，形成分级、分布化部署的业务处理功能的智能化编排方法，提供广域协同感知、决策和控制能力，支持全场景车路协同应用。

3. 车联网网络切片技术

在车联网的技术发展过程中,预计到 2027 年,将确立车联网网络切片的架构设计。这将涵盖不同类型应用的切片类型,以及将不同车联网业务映射到切片的高效灵活方法,以保障车联网业务的灵活部署和服务质量。到 2035 年,车联网技术将实现针对局部特定业务的智能化网络切片处理,使得自动驾驶系统能够更加适应复杂多变的交通环境。

4. 基于数字孪生的车联网网络技术

预计到 2027 年,将建立面向车联网的数字孪生网络,明确定义其中的物理网络元素、虚拟网络构建方法以及虚拟网络与物理网络的映射策略。这将为基于数字孪生的车联网网络分析、诊断和仿真提供基础。到 2035 年,车联网技术将发展出基于数字孪生的智能化网络控制方法,实现网络的自主控制和快速优化。

5. 车联网云基础平台技术

车联网技术的发展还将促进车、路、云数据交互标准、基础平台架构标准和技术标准的完善。这将确保不同厂家的车、路数据能够快速接入平台并进行处理。同时,车联网技术将推动车、路原始感知数据质量检测,以保障数据的准确性和可靠性。车联网技术还将构建多层次的协同技术架构,包括中心云和边缘云,以支持不同范围和实时性的数据管理和分析。

第二节　车路协同集成化研究

本节重点研究了车路协同集成化领域,包括车路协同集成化的定义、支撑功能、集成要素梳理和系统发展水平评价。首先给出了车路协同集成化的定义,明确了该概念的内涵和目标。其次介绍了车路协同集成化的支撑功能,这些功能涉及各个层面的协同,如感知、决策和控制。然后对车路协同自动驾驶集成的要素进行了梳理,包括硬件、软件、算法、传感器等方面的要素。最后介绍了车路协同集成化系统发展水平评价的指标体系,以确保系统的可靠性和性能。

一、车路协同集成化的定义

车路协同系统的集成化程度可以划分为多个层次,包括无集成化、初步集成化、部分集成化、有条件的集成化、高度集成化和完全集成化。

无集成化:指目前常见的传统交通系统,车辆与道路之间缺乏信息交流,无法通过车路协同实现自动驾驶。

初步集成化：指车路协同自动驾驶系统具备初步的信息化、智能化、协同化和集成化能力。系统能够提供智能网联汽车驾驶辅助功能，自动驾驶系统主要依赖智能网联汽车进行协同感知，但在遇到系统无法处理的情况时，需要用户接管控制。

部分集成化：指车路协同自动驾驶系统在信息化、智能化、协同化和集成化方面达到部分水平。系统能够实现协同感知和决策，提供智能网联汽车的部分自动驾驶功能。协同功能主要依赖智能网联汽车或智能网联道路，但在特定情况下需要用户介入。

有条件的集成化：指车路协同自动驾驶系统具备高度的信息化、智能化、协同化和集成化能力。系统能够实现协同感知、预测、决策和控制，在有限条件下实现系统集成化。系统可为智能网联汽车提供有条件的自动驾驶功能，主要依赖智能网联汽车或智能网联道路，用户在特殊情况下需要接管控制。

高度集成化：指车路协同自动驾驶系统达到高度的信息化、智能化、协同化和集成化水平。系统能够一体化地实现各项功能，提供智能网联汽车高度自动驾驶功能。协同功能主要依赖智能网联汽车或智能网联道路，用户在特殊情况下需要介入控制。

完全集成化：指车路协同自动驾驶系统达到完全的信息化、智能化、协同化和集成化水平。系统能够提供智能网联汽车完全的自动驾驶功能。协同功能主要依赖智能网联汽车或智能网联道路，系统在特殊情况下介入控制。

二、车路协同集成化支撑功能

智慧公路发展中，车路协同自动驾驶系统的集成化建设可以从以下方面着手：集成系统应向车辆提供定制化信息和实时控制指令，以满足驾驶任务需求，并为高速公路和城市主干道车辆提供运行和维护服务。该集成系统应涵盖以下功能：感知、交通行为预测与管理、规划与决策制定、车辆控制。

感知功能用于获取交通网络车辆运动和事件情况，其中包括但不限于：车辆的纵向运动（如跟驰、加速、减速、停车、驻车等）、车辆的横向运动（包括车道保持、换道等）、事件感知，以及交织段的合流和分流、车队的分离和整合等情况。

交通行为预测与管理功能旨在预测不同规模下的交通网络状态，其中包括但不限于：提前通知特殊事件、事件的预测、交织段的合流和分流、车队的分离和整合、对可变限速控制的预测和响应、路段行程时间的预测、路段交通流的预测，以及潜在拥堵和事件的预测等。此外，还包括特殊事件的告知，如施工区、减速区、事件检测、缓冲区间和天气预报通知等。在这一层的规划，应确保车辆遵循所有规则（无论是永久的还是临时的），以提高安全性和效率。与此同时，涉及路径规划与导航以及交通需求管理等。

规划与决策制定功能包括但不限于：智能道路设施系统能够自动检测发生的事件，并协调相关机构进行后续处理。此外,还提供事件警告和新的路径规划建议。系统还可以预测潜在事件,向受影响车辆发送控制指令,并协调相关机构进行后续处置。

车辆控制功能包括但不限于:车辆的纵向控制(包括跟驰、加速和减速等)和横向控制(如车道保持、换道等),以及速度与车间距的维持。此外,还包括最小车间距和最大速度的保持,以最大限度提高通行能力。系统还可以检测潜在的事故或冲突,并向车辆发送警告信息和冲突避免指令。在此情况下,车辆需遵循来自车道管理系统的指令。车辆还需要保持车道,以确保在指定车道内行驶。此外,曲率和高程控制可确保车辆根据道路几何形状和路面状况保持适当的速度和行驶角度。系统边界控制涉及车辆进入系统前的权限验证,以及车辆进出系统的接管和切换机制。同时,系统还应设置故障安全措施,以便在系统故障时,为驾驶员或车辆提供充足的响应时间来接管车辆控制,并采取其他安全停车措施。

通过以上方面的集成化建设,智慧公路可以更好地实现车路协同自动驾驶系统的全面应用和性能提升。

三、车路协同自动驾驶集成要素梳理

1. 物理要素

在物理要素的层面,主要涵盖感知层、网络层、计算层和服务层。感知层设备用于目标识别和信息采集,网络层设备主要包括基站和通信传输设备,计算层设备负责目标决策和信息处理,而服务层设备则根据其提供的功能呈现多样化的设备形态。这些设备都是固定的硬件组成部分。

2. 信息要素

系统的信息要素也可分为感知层、网络层、计算层和服务层。感知层负责全面感知终端和数据状态,其中包括路侧交通状况、道路环境、车辆本身状态(如车体状态、动力状态)以及驾驶员状态等。网络层则通过无线和有线网络对采集的数据进行编码、认证和传输,以实现高效、准确地传递信息。计算层的任务是从海量的原始数据中提取有价值的信息,将数据转化为有意义的信息。服务层则充分利用计算层的数据汇聚,以便为用户和公司提供高价值的服务信息,这使得服务层能够在灵活多样的方式下满足用户和公司的需求。

3. 耦合方式

在车路协同自动驾驶场景中,物理要素和信息要素之间的耦合是为了实现混合交通

环境下的车路协同运行，揭示了混合交通状态下驾驶员认知特点、车辆之间的运动特征以及交通状态的演化规律。通过对全国20余个高速公路车路协同项目进行现场调研，项目组梳理了用户需求，并根据全国不同用户类型，总结出三级87个高速公路车路协同系统应用场景。基于"用户需求—场景—功能—物理设备—信息交互"的逻辑链，项目组剥离出一些信息和物理要素，同时通过本体论和面向对象的方法构建了它们之间的关系，以实现信息和物理要素的解耦。此外，还应用本体论和面向对象的方法对车路协同系统进行形式化表达，梳理了系统的信息集和事件集。最终，通过基于业务优先级和传输内容的方法，研发了高速公路车路协同系统信息交互的优化算法。

四、车路协同集成化系统发展水平评价

参考交通发展水平评价指标体系，本项目搭建了三层指标体系（准则层、次准则层、指标层），对车路协同集成化系统发展水平进行综合评估（表2-2）。其中，若干个评价指标反映次准则层某一方面发展水平，是评价指标体系的最小单位。

车路协同集成化系统发展水平评价指标体系　　　　　　　　　　表2-2

准则层	次准则层	序号	指标层	单位
安全保障水平	车速	1	加速度均值	m/s^2
		2	速度标准差	—
		3	最大车速	m/s
		4	相对车速	m/s
	控制	5	距离碰撞时间	s
		6	换道频率	次/min
		7	制动距离	m
	设备	8	车辆设备装载率	%
		9	数据更新频率	次/min
	人员	10	交通事故率	次/年
通行效率水平	车辆	11	平均车速	m/s
		12	速度跟随比	%
	路段	13	道路通行能力	pcu/h
		14	行程时间比	%
		15	平均流量	pcu/h
		16	延误时间比	%
		17	入口匝道排队长度	m
		18	负荷度	V/C
		19	交通密度	辆/km
	路网	20	拥堵指数	等级评价

续上表

准则层	次准则层	序号	指标层	单位
服务质量水平	舒适度	21	急加速/急减速次数	次/min
		22	加速度标准差	—
	及时度	23	通信距离	km
		24	通信时延	ms
		25	定位误差	cm
		26	通信丢包率	%
	准确度	27	交通运输状态信息准确率	%
		28	公路突发事件信息准确率	%
		29	施工养护信息准确率	%
		30	出行规划信息准确率	%
	丰富度	31	超视距预警信息丰富度	—
		32	行车安全预警信息丰富度	—
		33	车道级诱导信息丰富度	—
		34	车辆编组信息丰富度	—
		35	服务区停车诱导信息丰富度	—
		36	自由流收费信息丰富度	—
	满意度	37	出行服务满意度	—
绿色环保水平	能源消耗	38	燃料消耗	%
		39	能量消耗	kW·h/km
	排放	40	温室气体排放	%
		41	颗粒物排放	mg/km

第三节　车路协同自动驾驶政策保障体系与法律法规研究

为促进车路协同自动驾驶的发展,政策保障和法律法规的制定至关重要。本节旨在研究车路协同自动驾驶的政策保障体系框架和法律法规体系框架。首先,探讨了鼓励车路协同自动驾驶发展的政策情况,分析了各级政府对该领域发展的支持政策。其次,剖析了现行车路协同发展政策的特征和问题,明确了在政策制定过程中需应对的挑战。再次,研究了现有法律法规对自动驾驶的支持情况,探讨了车路协同自动驾驶在法律法规方面的要求。最后,总结了现存问题,并提出了未来车路协同自动驾驶政策保障体系和法律法规体系的发展方向。

一、车路协同自动驾驶的政策保障体系框架

（一）鼓励车路协同自动驾驶发展的政策情况

1. 中长期战略规划

近些年，交通运输部、国家发展改革委、工业和信息化部、科学技术部等多部委通过多种形式出台了《数字交通发展规划纲要》《智能汽车创新发展战略》《关于推动交通运输领域新型基础设施建设的指导意见》《关于促进道路交通自动驾驶技术发展和应用的指导意见》《交通领域科技创新中长期发展规划纲要（2021—2035 年）》《国家车联网产业标准体系建设指南（智能网联汽车）（2023 版）》等行业指导性文件，从智能汽车、基础设施建设、自动驾驶应用、数字交通等角度指明了车路协同在未来 20 年的发展方向和重点工作任务。

2. 近短期行动部署

交通运输部、国家发展改革委、工业和信息化部等行业管理部门在中长期战略规划的指导下，结合自身职责范围，在基础设施、通信网络、智能装备等领域指明了 2023—2025 年间的发展目标和重点工作任务。

3. 试点示范工程

从 2018 年开始，交通运输部、工业和信息化部、住房和城乡建设部等相关部门积极开展智慧公路试点、自动驾驶先导应用试点、智慧城市基础设施与智能网联汽车协同发展试点等项目。这一系列示范工程在全国范围推动了基础设施数字化和应用场景智能化的试点建设，为车路协同技术方案的广泛实践提供了坚实基础。

4. 技术路线引导

2021 年，工业和信息化部会同交通运输部、国家标准化管理委员会联合印发《国家车联网产业标准体系建设指南（智能交通相关）》（工信部联科〔2021〕23 号）。作为《国家车联网产业标准体系建设指南》的重要组成部分，该指南针对智能交通通用规范、核心技术及关键应用，构建了包括智能交通基础标准、服务标准、技术标准、产品标准等在内的标准体系，指导车联网产业智能交通领域的相关标准制修订，充分发挥标准在车联网产业关键技术、核心产品和功能应用的引领作用。

5. 政策资金扶持

车路协同需要大量的资金扶持，目前行业相关政策相对较少，深圳、武汉、北京等部分城市结合自身实际,从知识产权保护、市场营造、人才扶持、税费减免、资金补助等方面对车路协同的政策资金扶持举措做了积极探索。

6.行业倡议宣言

在行业主管部门制定政策的基础上,行业协会、学会等相关团体充分发挥行业主管部门和产业市场之间的沟通桥梁和协作纽带作用。2019年以来,在工业和信息化部、公安部和交通运输部等行业主管部门,以及中国公路学会、中国汽车工程学会、中国通信学会等行业协会、学会的共同努力下,促成了《智能网联汽车测试示范区(场)共享互认倡议》《车路协同自动驾驶一致行动宣言》《车路协同自动驾驶一致行动方案》,极大促成了车路协同在资源、技术、政策等众多领域的全方位、多层次、跨地域合作对接,共同推动我国车路协同自动驾驶体系建设和发展。

(二)现有车路协同发展政策的特征和问题

在我国,目前的车路协同发展政策和行业管理机制呈现出一些特征,但也存在一些问题,包括合作模式松散、技术路线多样、应用场景丰富但成熟度不足、商业模式不明确、跨行业协作加密和职责归属模糊等。

1.涉及主体众多,合作模式相对松散

车路协同是一个跨车辆、道路和通信传输等多个领域的新兴技术,这导致涉及主体众多,包括交通运输、公安、工信、网信、发展改革、住建、自然资源等各个行业管理部门。然而,目前的合作模式相对松散,政策的制定和协同机制还未建立起紧密的协调机制。自2019年起,行业主管部门开始积极跟进车路协同的发展,通过中长期战略规划、指导意见以及短期行动计划等一系列政策文件,加速推进车路协同产业的布局,加强资金扶持政策,创造良好的创新环境。同时,为了促进不同行业之间的合作,多个部门联合发布政策文件的趋势逐渐凸显。然而,联合发布的政策文件的制定往往需要多个部门共同参与,导致政策编制成本巨大。一份涵盖未来三年行动计划的政策文件,往往需要经过众多行政部门的会签,制定过程耗时近两年,这不仅浪费了大量的行政资源,也导致政策跟不上行业快速发展的步伐。同时,由于牵头单位不同,政策文件往往只涉及牵头单位的职责范围,会签单位往往会根据自身需要制定相关政策文件,导致存在大量政策内容的重叠。

2.技术路线繁多,协同路线滞后

车路协同作为一个新兴的技术领域,其技术路线仍处于多元发展状态,不同的科研机构提出了不同等级和实现周期的技术方案。对于不同技术路线,尤其是道路基础设施的

功能定位,仍然存在着广泛的讨论。发展改革、工业和信息化、交通运输等部门面临众多技术路线的选择,这使得选择变得复杂且困难。同时,不同技术路线意味着不同的产业建设、设施投入、产品制造和行业监管方法。虽然 2021 年工业和信息化部与交通运输部、国家标准化管理委员会联合发布了《国家车联网产业标准体系建设指南(智能交通相关)》,为车路协同技术路线提供了一定的规范,但是受到互联网企业(如百度等)近年在自动驾驶领域积极探索的影响,国内对单车智能路线的探索相对较多,导致各地相关管理部门在监管和引导车路协同路线时出现了不匹配的情况。同时,现有技术路线更注重智能基础设施和车路信息交互,而对车联网运输管理和服务方面的考虑较少。此外,现有技术方案更倾向于颠覆性的"开天辟地"路线,与传统基础设施技术路线存在明显脱节。例如,在高速公路上,已经投入巨大资源建设的 ETC 门架系统如何与车路协同技术方案相互衔接,仍然存在着较大的争议,需进一步讨论。

3. 应用场景丰富,成熟场景相对缺乏

在发展改革、工业和信息化、交通运输、住房和城乡建设等多个部门的共同推动下,我国在全国范围内开展了广泛的车路协同试点示范项目,包括高速公路、城市道路等多个应用场景。尽管这些尝试逐渐丰富了应用场景,但大部分场景仍处于探索阶段,缺乏成熟可行的解决方案。此外,各地在划定车路协同示范区域时,往往追求全面覆盖,但这也导致技术和资金的不足,同时也缺乏必要的安全风险评估,存在潜在的安全隐患。与此同时,虽然各地在探索车路协同应用场景方面取得了一定进展,但目前仍然存在"构想申报多、成熟落地少"的情况,较为成熟和可落地的应用场景仍然较为稀少。另外,目前的应用场景主要侧重于道路基础设施和车路信息交互方面,而涉及管理服务方面的应用较少,这也导致公众在车路协同方面的价值感和获得感不够强烈。

4. 扶持力度加大,商业模式不明确

车路协同的发展需要大量的人力和物力投入,一些城市如深圳、武汉、北京等通过资金奖励、费用减免和人才优惠等方式推动车路协同技术的发展。然而,尽管在一些地区已经有了一些政策扶持的探索,这些举措仍然局限于零星的个例,并且主要集中在一线城市,对全国范围内的车路协同发展支持相对有限。同时,车路协同的商业模式目前尚不明确,盈利模式也不清晰,政策支持更多地集中在资金奖励方面,对商业模式的引导相对较少,对于如何拓宽融资渠道、加速市场构建等方面的引导仍然不足。

5. 跨行业协作加密,职责归属模糊

车路协同涉及多个行业管理机构,包括交通运输、公安、工信、网信、发展改革、经信

等。近年来,多个部门联合发布了一系列政策文件,反映了多个行业之间合作加强的趋势。但是,随着合作紧密度的提高,一些关键问题逐渐浮现,如基础设施建设、通信传输、设备应用、数据共享等问题,这导致政策制定变得更加复杂。同时,车路协同的发展催生了一些新兴监管领域,这些领域的归属尚无法明确,现有的管理职责边界变得模糊。此外,由于涉及的部门众多,各方责任的界定相对不清,面对新兴监管领域,存在大量的监管空白。

综上所述,我国现有车路协同发展政策的特征和问题表明,虽然政策制定和合作机制已经取得一些进展,但仍然面临着合作模式不够紧密、技术路线选择困难、应用场景成熟度不高、商业模式不明确以及跨行业协作和职责归属模糊等一系列挑战。因此,为了更好地推动车路协同的发展,需要加强不同部门之间的合作,明确技术路线和应用场景,推动商业模式创新,并进一步厘清跨行业协作和职责归属问题。

二、车路协同自动驾驶的法律法规体系框架

(一)现有法律法规对自动驾驶的支持情况

1.中央层面自动驾驶法律法规情况

总体来看,目前在中央层面的法律法规中,对于支持、鼓励、推广自动驾驶技术的相关规定,以及针对自动驾驶的发展应用所设计的监管制度,大多尚处于修订阶段,并没有正式生效的法律法规。在法律方面,2021年4月公开征求意见的《道路交通安全法(修订建议稿)》中,首次明确将具有自动驾驶功能的汽车的道路交通安全管理制度纳入法律调整的范畴。在行政法规方面,2020年11月公开征求意见的《道路运输条例(修订草案征求意见稿)》中,出于对当时自动驾驶技术发展和应用的考虑,对自动驾驶在道路运输领域的应用提出了一些原则性的鼓励性条款。在部门规章方面,公安部于2021年12月修订的《机动车登记规定》中,确定了智能网联机动车进行道路测试和示范应用所需的临时行驶车号牌管理要求,明确了相关主体申领时需要提交的材料和凭证,同时规定了临时行驶车号牌的有效期应当与准予道路测试、示范应用凭证上签注的期限一致,但最长不得超过6个月。此外,目前在中央层面,更多的是通过行政规范性文件的方式,确立自动驾驶涉及各领域的监管制度和要求。其中,最为重要的是工业和信息化部、公安部、交通运输部联合印发的《智能网联汽车道路测试与示范应用管理规范(试行)》(工信部联通装〔2021〕97号)。这份管理规范在道路测试基础上增加了示范应用,允许在经过一定时间或里程的道路测试,且车辆安全可靠的情况下,进行载人载物的示范应用。此外,该规范还将测试示范道路范围扩展至包括高速公路在内的公路、城市道路以及区域。

2.地方层面自动驾驶法律法规情况

在地方性法规方面，《深圳经济特区智能网联汽车管理条例》将车路协同基础设施的完善程度作为商业化运营试点的重要考量因素。该条例明确将实现车辆与道路基础设施、车辆与车辆之间的无线信息交互共享纳入车路协同基础设施的范畴。此外，该条例还规定，市人民政府可以选择车路协同基础设施较为完善的行政区全域开放道路测试和示范应用，以探索商业化运营试点。同时，该条例明确了车路协同基础设施的管理要求，允许市、区人民政府结合智能网联汽车通行需要，统筹规划、配套建设智能网联汽车通用的通信设施、感知设施、计算设施等车路协同基础设施。对于智能网联汽车相关企业，如果需要进行道路测试和示范应用，可以向市交通运输、公安机关交通管理、城市管理执法等部门申请在其管理的公用基础设施上搭建车路协同基础设施，相关主管部门应当给予支持。

另一方面，上海市和重庆市都采取了制定和实施地方政府规章的方式，明确了本市智能网联汽车测试和应用的管理要求。《上海市智能网联汽车测试与应用管理办法》于2021年12月29日发布，自2022年2月15日起施行。该办法在总则部分特别突出了道路基础设施智能化建设的重要性，明确将道路基础设施智能化建设纳入相关城市道路规划，以促进道路基础设施的智能化改造升级，并推动智慧城市基础设施与智能网联汽车协同发展。《重庆市智能网联汽车道路测试与应用管理试行办法》于2022年1月5日发布，自2022年3月1日起施行。该办法也从道路基础设施智能化改造升级和促进产业协同发展的角度，明确了对车路协同基础设施的支持方向。

此外，《无锡市车联网发展促进条例》也已于2023年3月1日起施行，旨在促进车联网领域的发展，特别强调了智能网联汽车的基础设施建设要求。该条例规定，智能网联汽车的基础设施建设应得到保障，对基础设施的建设、运营和维护提出了具体的操作要求。该条例还鼓励和支持市场主体参与基础设施建设，以逐步推动基础设施建设模式的成熟，从而保障行业的长期发展。

综上所述，目前在中央层面，针对自动驾驶技术的支持和监管还处于修订阶段，尚未正式生效的法律法规居多。地方层面则在不同程度上制定了相关地方政府规章，明确了智能网联汽车测试和应用的管理要求，尤其是在道路基础设施的智能化建设方面做了明确规定。这些地方性法规在推动自动驾驶技术发展和落地应用方面发挥了积极作用。

（二）车路协同不同内容的法规规范要求

截至2022年12月，全国已有30余地出台了本地区智能网联汽车测试与示范应用的管理规范，其中只有深圳、上海、北京、无锡、广州、杭州、绍兴等少数城市或区域在相应的地方性法规规章或行政规范性文件中涉及车路协同自动驾驶的相关内容,包括明确车路协同自动驾驶的发展理念、规划建设要求、搭建基础设施申请权、利用基础设施的优惠政策以及信息通信网络数据安全相关技术要求等。

1. 明确协同发展的基本理念

当前,各地的车路协同自动驾驶法规规范普遍契合协同发展的核心理念。在《深圳经济特区智能网联汽车管理条例》《上海市智能网联汽车测试与应用管理办法》《重庆市智能网联汽车道路测试与应用管理试行办法》《无锡市车联网发展促进条例》等文件中,明确表达了促进智慧城市基础设施与智能网联汽车协同发展的导向。

2. 要求纳入道路建设规划

少数城市的法规规范中,特别提及将道路基础设施智能化建设纳入道路建设规划,或者制订开放测试路段建设和改造计划。在《上海市智能网联汽车测试与应用管理办法》和《重庆市智能网联汽车道路测试与应用管理试行办法》中,明确将道路基础设施智能化建设与城市道路规划相融合。同时,《广州市智能网联汽车开放测试道路路段管理办法(试行)》规定各区政府应依据相关技术要求,编制本区域内的智能网联汽车开放测试路段建设和改造计划。此外,《无锡市车联网发展促进条例》还强调了应制订车联网基础设施建设年度计划。

3. 明确道路基础设施建设要求和标准规范

《无锡市车联网发展促进条例》指出,车路协同基础设施建设应当纳入新建、改建、扩建道路建设工程,并与道路主体工程同时设计、同时施工、同时投入使用。现有道路的车路协同基础设施建设,应当根据车联网基础设施建设年度计划组织推进。《北京市智能网联汽车政策先行区无人化道路测试管理实施细则》规定政策先行区应制定道路智能化分级实施标准。

4. 赋予搭建车路协同基础设施的申请权

为满足自动驾驶测试和示范应用的需求,一些法规规范明确允许相关企业向交通运输、公安等部门申请在公用基础设施上搭建车路协同基础设施。《深圳经济特区智能网联汽车管理条例》《重庆市智能网联汽车道路测试与应用管理试行办法》《无锡市车联网发展促进条例》等文件都明确规定,企业可因测试应用需要向相关部门申请搭建基础设施,相关主管部门应予以支持。

5. 提出利用车路协同基础设施的优惠政策

《雄安新区智能网联汽车道路测试与示范应用管理规范（试行）》规定，测试主体能够使用雄安新区数字道路基础设施进行深度测试的，可享受优惠使用雄安车路协同实时数据、优惠使用 5G 流量、优先发放车辆试运营牌照等。《无锡市车联网发展促进条例》则提出建立健全可持续的车联网基础设施投资建设运营模式。

6. 确定信息通信网络数据安全相关要求

部分法规规范强调数据安全，鼓励共享数据信息和通信网络资源，但对涉及国家安全、公共安全和个人信息的数据进行限制。《深圳经济特区智能网联汽车管理条例》要求涉及通信技术的设施设备应当按规定取得国家工信部门的入网认证，涉及人身、财产安全的设施设备应当按照国家相关强制性标准或要求取得可靠性认证报告。

(三) 存在的问题与发展方向

总体来看，目前在车路协同自动驾驶领域的法律法规制定面临以下三方面问题。

一是中央层面，针对自动驾驶的法律法规修订滞后。目前，车路协同自动驾驶领域缺乏明确的法律法规路径，问题在于应将其纳入何种法律法规范畴，以及在何种法律法规层级中进行规定，尚未达成共识。因此，导致车路协同自动驾驶的鼓励与支持政策在中央层面的法律法规中尚未得到明确规范。

二是地方层面，法规的实施效果需要做进一步观察。虽然深圳、上海、重庆等城市已经通过地方性法规或地方政府规章的形式，就车路协同自动驾驶领域的鼓励条款和原则性管理内容进行了规定。然而，所规定的内容较为宽泛，管理制度缺乏实际可操作性，与行业对车路协同自动驾驶的实际期望存在一定差距。

三是立法内容，车路协同自动驾驶的关键问题尚未得到足够重视。车路协同技术路线下的基础设施建设和维护管理问题，车路协同自动驾驶运行中的责任分担问题，以及产生的数据所有权问题，都是推动车路协同路线发展所需明确的关键问题。然而，目前的立法内容未能充分关注这些核心焦点问题，也尚未形成有影响力的学术观点。

基于法律法规的强制力和稳定性，通过制定相应法规，可以为车路协同自动驾驶技术的发展提供有力支持和保障。应进一步明确车路协同自动驾驶的发展方向和监管要求，明确各主体的权利和义务，合理划分安全和责任，统一协调数据采集和处理权限，推动数据共享，进而促进智能交通产业的发展和应用。

第三章
研究成果

在本章中，本报告将重点介绍车路协同自动驾驶系统的研究成果。通过深入研究和实践，本报告取得了一系列关键性成果，涵盖车路协同自动驾驶系统落地的量化表征方法及版本定义、法律法规体系构建的整体框架以及车路协同自动驾驶标准体系。这些成果对推动车路协同自动驾驶技术的发展具有重要意义。

第一节　车路协同自动驾驶系统落地量化表征方法及版本定义

车路协同自动驾驶系统的落地和版本定义是实现其实际应用的关键。本节将详细介绍一种量化表征方法，以评估和定义车路协同自动驾驶系统的实际落地情况和不同版本。通过该方法，本报告能够客观地衡量车路协同自动驾驶系统的性能、安全性、可靠性以及用户体验等关键指标，进一步推动车路协同自动驾驶系统的发展和改进。

一、车路协同自动驾驶系统产业化落地条件量化表征方法

围绕道路驾驶环境、交通运行状态和应用场景这三个影响车路协同自动驾驶系统产业化落地的条件因素，构建"交通围栏"函数，对函数的表达形式和相关参数的标定展开研究，并研究特定"交通围栏"等级所对应的"交通围栏"函数值。

交通系统是由"供给"和"需求"两方面构成的系统，通过将道路驾驶环境定义为交通供给侧，并将交通运行状态定义为交通需求侧，可以实现车路协同自动驾驶系统产业化落地条件的量化表征。表 2-3 所示"交通围栏"规定了交通供给侧、交通需求侧和应用场景的限制条件。

"交通围栏"组成要素一览表 表2-3

"交通围栏"函数值	道路驾驶环境（供给侧）			交通运行状态（需求侧）			应用场景
	天气条件$(\alpha_1 x_1)$	光照条件$(\alpha_2 x_2)$	路网条件$(\alpha_3 x_3)$	车速$(\beta_1 y_1)$	车流量$(\beta_2 y_2)$	行人与非机动车混行量$(\beta_3 y_3)$	对车路协同功能的需求$(\gamma_1 z_1)$
$F_1 = 1$	良好	光照充足	城市郊区道路、园区道路、县道、乡道	低速	很小	无	极少
$F_2 = 2$	较好	光照较好	城市快速路、高速公路、专用道	低中高速	较小	很少	部分
$F_3 = 3$	一般	光照欠佳	非城镇段的国道和省道	低中高速	中等	较少	较多
$F_4 = 4$	较差	光照较差	城市主干路、次干路、城镇段的国道和省道	低中高速	较大	较多	大部分
$F_5 = 5$	恶劣	几乎无光照	市中心街道、复杂山区道路	低中高速	很大	很多	全部

需要说明的是，道路驾驶环境（供给侧）中对路网条件进行的划分与不同分级分类的智慧公路存在一一对应的映射关系。然而，"交通围栏"中路网条件是基于限制条件对路网条件进行划分，其与智慧公路分级分类并不完全正相关。

"交通围栏"等级的划分根据"交通围栏"函数的值（域）确定，该函数值的计算考虑了交通供给侧、交通需求侧和应用场景三个方面。

$$F = \sum_i^m \alpha_i x_i + \sum_i^n \beta_i y_i + \sum_i^l \gamma_i z_i \tag{2-1}$$

式中：x_i——交通供给侧各要素的量化赋值；

$\quad\quad y_i$——交通需求侧各要素的量化赋值；

$\quad\quad z_i$——应用场景各要素的量化赋值；

$\quad\quad \alpha_i$——交通供给侧各要素的权值系数；

$\quad\quad \beta_i$——交通需求侧各要素的权值系数；

$\quad\quad \gamma_i$——应用场景各要素的权值系数；

$\quad\quad m$——交通供给侧要素总数；

$\quad\quad n$——交通需求侧要素总数；

$\quad\quad l$——应用场景要素总数。

另外，权值系数α_i、β_i、γ_i应该满足以下限制条件：

$$\sum_i^n \alpha_i + \sum_i^n \beta_i + \sum_i^n \gamma_i = 1 \tag{2-2}$$

交通供给侧（即道路驾驶环境）包含天气条件（表2-4）、光照条件（表2-5）、路网条件（表2-6）等组成要素：首先，根据实际自动驾驶情况，为各要素指定一个要素权值系数(α_i)；然后，对各要素进行赋值(x_i)以量化各要素，具体参数值的标定需要结合实际情况利用一定的算法进行；最后，通过对各要素权值系数与其赋值的乘积求和，得出交通供给侧组成要素的量化结果。同理，交通需求侧（即交通运行状态）包含车速、车流量、行人与非机动车混行量等组成要素:首先,根据实际自动驾驶情况,为各要素指定一个要素权值系数(β_i);然后,对各要素进行赋值(y_i)以量化各要素,具体参数值的标定需要结合实际情况利用一定的算法进行;最后,通过对各要素权值系数与其赋值的乘积求和,得出交通需求侧组成要素的量化结果。应用场景依据实际情况下对车路协同功能需求的高低来划分:首先,根据实际自动驾驶情况,为各应用场景要素指定一个要素权值系数(y_i);然后,对各应用场景要素进行赋值(z_i)以量化各要素,具体参数值的标定需要结合实际情况利用一定的算法进行;最后,通过对各要素权值系数与其赋值的乘积求和,得出应用场景组成要素的量化结果。在此基础上,将交通供给侧、交通需求侧及应用场景要素值的加权乘积和进行总求和,得出最终的"交通围栏"函数值,再将具体数值对应于表2-7中的区间,以确定"交通围栏"等级,具体参数及权重值的标定需要结合实际情况利用一定的算法进行。

天气条件　　　　表2-4

天气条件	典型天气类型
良好	晴天
较好	多云、阴天、小雨、小雪、薄雾和类似天气
一般	中雨、中雪、中雾、轻霾、浮尘和类似天气
较差	大雨、大雪、大雾、中霾、扬尘和类似天气
恶劣	暴雨、暴雪、重霾、沙尘暴、冰雹等全部天气情况

光照条件　　　　表2-5

光照条件	典型光照情况
光照充足	日照良好的白天,且无明显遮挡物
光照较好	日照良好的白天,但有较多遮挡物;日照一般的白天
光照欠佳	拂晓或黄昏;照明一般的夜间环境;照明尚可的隧道、下穿通道或涵洞
光照较差	仅有少量照明的夜间环境;照明较差的隧道、下穿通道或涵洞

路网条件　　　　表2-6

路网条件	道路开放性	车道数	沿线街道化程度
城市郊区道路、园区道路、县道、乡道	开放/半开放式	较少	较低
城市快速路、高速公路、专用道	封闭式	很多	无
非城镇段的国道和省道	半开放式	较多	很低
城市主干路、次干路、城镇段的国道和省道	开放式	较多	较高
市中心街道、复杂山区道路	开放式	很少	很高

"交通围栏"等级与"交通围栏"函数值(域)对应表　　　　表2-7

"交通围栏"等级	1.0	2.0	3.0	4.0	5.0
"交通围栏"函数值(域)	F_1	$(F_1, F_2]$	$(F_2, F_3]$	$(F_3, F_4]$	$(F_4, F_5]$

"交通围栏"1.0级：即通过"交通围栏"函数计算得出的"交通围栏"函数值为 F_1 的自动驾驶场景。适用于道路驾驶环境条件（即交通供给侧）为天气良好和/或光照充足和/或城市郊区道路、园区道路、县道、乡道；交通运行状态（即交通需求侧）为低车速和/或很小的车流量和/或无行人与非机动车混行；应用场景为对协同化要求不高或极少道路与行驶条件下对车路协同功能有需求的场景。

"交通围栏"2.0级：即通过"交通围栏"函数计算得出的"交通围栏"函数值在 F_1 与 F_2 之间的自动驾驶场景，其中两个典型的情况如下：情况一为道路驾驶环境条件（即交通供给侧）为天气较好和/或光照较好和/或城市快速路、高速公路、专用道；交通运行状态条件（即交通需求侧）为中低车速和/或较小的车流量和/或很少的行人与非机动车混行；应用场景为部分道路与行驶条件下对车路协同功能有需求的场景。情况二为道路驾驶环境条件（即交通供给侧）为天气较好和/或光照较好和/或城市快速路、高速公路、专用道；交通运行状态条件（即交通需求侧）为中速和/或较小的车流量和/或很少的行人与非机动车混行；应用场景为部分道路与行驶条件下对车路协同功能有需求的场景。类似情况还包括多种组合，以上只是列举两个典型示例。通过"交通围栏"函数计算得出的"交通围栏"函数值在 F_1 与 F_2 之间的自动驾驶场景，均属于"交通围栏"2.0级的范畴。

"交通围栏"3.0级：即通过"交通围栏"函数计算得出的"交通围栏"函数值在 F_2 与 F_3 之间的自动驾驶场景，其中两个典型的情况如下：情况一为道路驾驶环境条件（即交通供给侧）为天气一般和/或光照欠佳和/或非城镇段的国道和省道；交通运行状态条件（即交通需求侧）为中等车速和/或中等的车流量和/或较少的行人与非机动车混行；应用场景为较多道路与行驶条件下对车路协同功能有需求的场景。情况二为道路驾驶环境条件（即交通供给侧）为天气一般和/或光照欠佳和/或非城镇段的国道和省道；交通运行状态条件（即交通需求侧）为中等车速和/或较大的车流量和/或较少的行人与非机动车混行；应用场景为较多道路与行驶条件下对车路协同功能有需求的场景。类似情况还包括多种组合，以上只是列举两个典型示例。通过"交通围栏"函数计算得出的"交通围栏"函数值在 F_2 与 F_3 之间的自动驾驶场景，均属于"交通围栏"3.0级的范畴。

"交通围栏"4.0级：即通过"交通围栏"函数计算得出的"交通围栏"函数值在 F_3 与 F_4 之间的自动驾驶场景，其中两个典型的情况如下：情况一为道路驾驶环境条件（即交通供给侧）为天气较差和/或光照较差和/或城市主干路、次干路、城镇段的国道和省道；交通运行状态条件（即交通需求侧）为低中高车速和/或较大的车流量和/或较多的行人与非机动车混行；应用场景为大部分道路与行驶条件下对车路协同功能有需求的场景。情况二为道路驾驶环境条件（即交通供给侧）为天气较差和/或光照较差和/或城市主干路、次干路、城镇段的国道和省道；交通运行状态条件（即交通需求侧）为中高车速和/或较大的车流量和/或较多的行人与非机动车混行;应用场景为大部分道路与行驶条件下对车路协同功能有需求的场景。类似情况还包括多种组合,以上只是列举两个典型示例。通过"交通围栏"函数计算得出的"交通围栏"函数值在 F_3 与 F_4 之间的自动驾驶场景,均属于"交通围栏"4.0级的范畴。

"交通围栏"5.0级:即通过"交通围栏"函数计算得出的"交通围栏"函数值在 F_4 与 F_5 之间的自动驾驶场景,其中两个典型的情况如下:情况一为道路驾驶环境条件(即交通供给侧)为天气恶劣和/或几乎无光照和/或市中心街道、复杂山区道路;交通运行状态条件(即交通需求侧)为高车速和/或很大的车流量和/或很多的行人与非机动车混行;应用场景为全部道路与行驶条件下对车路协同功能有需求的场景。情况二为道路驾驶环境条件(即交通供给侧)为天气恶劣和/或几乎无光照和/或市中心街道、复杂山区道路;交通运行状态条件(即交通需求侧)为低中高车速和/或很大的车流量和/或很多的行人与非机动车混行;应用场景为全部道路与行驶条件下对车路协同功能有需求的场景。类似情况还包括多种组合,以上只是列举两个典型示例。通过"交通围栏"函数计算得出的"交通围栏"函数值在 F_4 与 F_5 之间的自动驾驶场景,均属于"交通围栏"5.0级范畴。

二、车路协同自动驾驶系统版本定义

车路协同自动驾驶系统版本定义主要从系统协同化(协同感知、协同决策、协同控制)、"交通围栏"等级(道路驾驶环境、交通运行状态、应用场景)、实施难度(测试、建设、运营、维护)、系统成本(总体、车载及路侧系统成本)四个层面考虑车路协同自动驾驶系统版本的更迭。以实现全场景车路协同自动驾驶为目标,车路协同自动驾驶系统版本定义覆盖范围为车路信息交互系统、基本车路协同系统、中级车路协同系统、高级车路协同系统以及全场景车路协同系统,见表2-8。该定义下的车路协同自动驾驶系统版本适用于描述任何给定情况下的车路协同自动驾驶系统特征。

车路协同自动驾驶系统版本一览表   表2-8

版本	名称	系统特征(代表技术支撑)	系统协同化			最高"交通围栏"等级	实施难度	系统成本
			协同感知	协同决策	协同控制			
1.0	车路信息交互系统	车路信息交互	—	—	—	不适用	较低	较低
2.0	基本车路协同系统	协同感知为主,其他协同为辅	部分	初步	初步	2.0	较高	较高
3.0	中级车路协同系统	车路云一体化	部分	部分	部分	3.0	很高	很高
4.0	高级车路协同系统	全路网、全天候、全光照	高度	高度	高度	4.0	很低	很低
5.0	全场景车路协同系统	全场景	完全	完全	完全	5.0	较低	较低

车路协同自动驾驶各版本系统实施难度和成本见表2-9、表2-10。

车路协同自动驾驶各版本系统实施难度 表2-9

版本	名称	实施难度				
		测试难度	建设难度	运营难度	维护难度	总体
1.0	车路信息交互系统	很低★	较低★☆	很低★	较低★	较低★☆
2.0	基本车路协同系统	较高★★★☆	较高★★★☆	较高★★★☆	较高★★★☆	较高★★★☆
3.0	中级车路协同系统	较高★★★☆	很高★★★★	较高★★★	较高★★★	很高★★★★
4.0	高级车路协同系统	很低★	很低★	较低★☆	较低★☆	很低★☆
5.0	全场景车路协同系统	较低★★	较低★★	较低★☆	较低★☆	较低★★

注:★表示1,☆表示0.5,数值越大对应的难度越高。

车路协同自动驾驶各版本系统成本 表2-10

版本	名称	系统成本			
		总体系统成本	车载系统成本	路侧系统成本	总体
1.0	车路信息交互系统	较低★☆	很低☆	很低☆	较低★☆
2.0	基本车路协同系统	很高★★★☆	较低★☆	较高★★★	较高★★★
3.0	中级车路协同系统	很高★★★★	较低★☆	较高★★★	很高★★★★
4.0	高级车路协同系统	较低★☆	很低★	很低★	很低★
5.0	全场景车路协同系统	较低★★	较低★☆	较低★☆	较低★★

注:★表示1,☆表示0.5,数值越大对应的成本越高。

1.0版本。车路信息交互系统,车与路、车与车之间可以进行信息通信和信息交互,具备简单的感知功能,协助车辆实现决策、控制功能。由于该版本系统仅具备基本的车路信息交互功能而不涉及协同感知、协同决策、协同控制功能,因此不受"交通围栏"限制。与"单车智能"技术路线相比,由于路侧所具有的智能化水平较低,实施难度与系统成本均较低。

2.0版本。基本车路协同系统,以协同感知为主,具备初步的协同感知、协同决策、协同控制功能。该版本系统适用的最高"交通围栏"等级为2.0级。与车路信息交互系统相比,由于具备车路协同的基本功能,因此实施难度显著提高,系统成本更高。

3.0版本。中级车路协同系统,系统定义为自动驾驶初级阶段,初步实现车路云一体化,具备部分协同感知、协同决策、协同控制功能,可完成车路功能分配以及路段局部优化等工作。该版本系统适用的最高"交通围栏"等级为3.0级。与基本车路协同系统相比,由于路侧智能化设备功能强、精度高但造价高,因此实施难度稍有提高,系统成本有所提高。

4.0版本。高级车路协同系统,系统定义为自动驾驶中级阶段,系统具备高度协同感知、协同决策、协同控制功能,初步实现全路网、全天候、全光照条件下的协同化功能和自动驾驶功能。该版本系统适用的最高"交通围栏"等级为4.0级。与中级车路协同系统相比,通过研发精简的路侧设备及配套的算法,实施难度与系统成本大幅降低。

5.0版本。全场景车路协同系统,系统定义为自动驾驶高级阶段,系统达到车路云一体化高级阶段,具备完全的协同感知、协同决策、协同控制功能,实现全场景下的协同化功能和自动驾驶功能,可执行全场景情况下的自动驾驶任务(包括人车混行道路状态下的复杂自动驾驶任务)。该版本系统适用的最高"交通围栏"等级为 5.0 级。与高级车路协同系统相比,由于需要解决个别极端条件导致的长尾问题,因此实施难度与系统成本均稍有提高。

第二节 车路协同自动驾驶法律法规体系

为了促进车路协同自动驾驶技术的发展和应用,一个健全的法律法规体系至关重要。本节将介绍一个由法律法规体系构建的整体框架。该框架旨在确保车路协同自动驾驶技术的合规性和规范化。本报告重点关注道路交通安全、数据隐私保护、责任分配和保险等方面的问题,并提出相应的解决方案,以推动系统的合法合规发展。

一、法律法规体系构建的整体框架

考虑到我国目前公路相关领域法律法规体系的基本情况,以及自动驾驶本身的特殊性,针对车路协同自动驾驶,可以考虑构建"1 + 1 + N"的法律法规体系框架。

第一个"1"是《中华人民共和国公路法》,依托既有的以《中华人民共和国公路法》为基础的公路法律法规体系,包括《公路安全保护条例》《路政管理规定》《中华人民共和国收费公路管理条例》等,修订其中涉及车路协同自动驾驶的相关内容,明确车路协同自动驾驶中基础设施领域的规划、建设、维护管理等权利和责任,确定车路协同自动驾驶企业对既有公路设施的使用权利和有偿使用的基本原则,探索构建公路运营主体和车路协同自动驾驶运营主体间的协同发展机制和实施路径。

第二个"1"是《中华人民共和国道路交通安全法》,依托既有的以《中华人民共和国道路交通安全法》为基础的道路安全管理法律法规体系,包括《中华人民共和国道路交通安全法实施条例》《机动车登记规定》等,调整道路通行管理规则和事故责任划分机制,确定车路协同自动驾驶车辆的上路通行管理要求,增加路方、系统方、软件方等主体在交通事故中可能承担的相应责任,针对自动驾驶特殊性探索各方均无过错情形下的责任认定原则和便捷救济机制。

第三个"N"是针对车路协同自动驾驶各专门领域进行的立法。针对车路协同自动驾驶中核心关注的数据使用、商业化运营等问题,可以在既有的法律法规要求下,制定专门领域的管理办法,细化针对车路协同自动驾驶应用场景下的运营主体权利和责任,确定监管部门责任和具体监管制度要求。

二、法律法规的具体内容调整

1.《中华人民共和国公路法》中明确车路协同的规划建设

为推动车路协同路径下的自动驾驶以更加安全的方式应用，实现公路基础设施数字化转型升级，构建智能交通系统，可以考虑在《中华人民共和国公路法》的修订中增加公路的智能化升级相关内容，并将之作为专门一章，规定智慧公路的概念、公路的智能化系统维护中的各方责任、车路协同的实现方式等，同时，明确将公路的智能化升级改造纳入规划并提供财政保障。

2. 明确对公路的使用请求权与审批职责

由于自动驾驶测试或示范应用可能大批量、长时间、循环性地使用公路，会对其他使用者使用公路产生干扰。此时则可能构成对公路的"占用"，需要申请许可或者事先批准，特别是当主管部门选定测试路段时，已经考虑了其他使用者正常使用的情形，根据测试或示范应用方案，仍然可能产生某种干扰，此时公路交通主管部门则需要考虑占用许可或事先批准的适用。

3. 合理确定公路的使用范围

对于自动驾驶车辆在测试或示范应用过程中使用公路，一方面由于自动驾驶系统本身可能存在的不稳定性，可能会对公路基础设施造成破坏，另一方面由于自动驾驶测试或示范应用可能大批量、长时间、循环性地使用公路，可能会对其他使用者构成使用公路的限制。因此，自动驾驶测试或示范应用主体不能自主选择使用公路范围，应由了解公路设施安全属性，同时对公路负有养护和管理职责的行政机关，在考虑公路设施防碰撞性以及不影响其他使用者使用的前提下，选择合适的公路范围。此外，对于可能严重影响公路设施完整性、稳固性的自动驾驶测试或者示范应用，应当参考超限运输车辆、危险品运输车辆设置限制要求。

4.《中华人民共和国道路交通安全法》中明确交通事故各方责任

车路协同自动驾驶在应用运营过程中将进一步扩大责任主体范围，同时基于技术特性，各方过错和责任的判定将更加困难，甚至可能存在车辆、路方、系统方、软件方等主体都不存在过错情形下的责任判定问题。因此，《中华人民共和国道路交通安全法》针对车路协同自动驾驶的责任划分，应当确定基本的责任划定原则，明确在都无过错情形下的兜底责任归属，以及建立更为便捷的事故救济制度和途径。

5. 制定车路协同自动驾驶数据使用管理办法

针对车路协同自动驾驶数据的重要使用价值,以及可能存在的潜在数据安全和隐私、个人信息保护风险,应当依据《中华人民共和国数据安全法》《中华人民共和国个人信息保护法》和《中华人民共和国民法典》,确定以场景为对象的专门领域数据使用管理规则,针对车路协同自动驾驶数据使用中的核心焦点问题,如处理权限、使用原则、非权利主体的获取权等,制定专门的数据使用管理办法。

第三节　车路云协同自动驾驶系统发展路线图

为进一步促进车、路、云相关技术的整合发展,本报告还提出了车路云协同自动驾驶系统的发展路线图。该路线图旨在指导和促进车路云协同自动驾驶技术的进一步发展和应用。通过整合车辆、道路和通信等多个领域的技术和资源,车路云协同自动驾驶系统能够实现更高级别的自动驾驶功能,提供更安全、高效和便利的出行体验。本节将简要介绍车路云协同自动驾驶系统发展路线图的主要内容,并探讨不同阶段的关键任务和目标。

一、车路云协同自动驾驶系统技术架构

车路云协同自动驾驶系统技术框架是指将车辆、道路和云计算技术相互融合,构建一个全面互联的交通信息管理平台。在这个系统中,车辆通过与道路设施和云服务器的实时通信,可以获取实时的道路状况、交通信息和导航建议,同时也可以向云服务器上传车辆状态和行驶数据,实现车辆之间的协同与智能化。研究车路云协同自动驾驶系统的关键在于整合车辆、道路和云计算技术,并解决数据传输、隐私保护、智能决策等方面的技术挑战。需要设计高效可靠的通信协议和数据传输方案,确保实时性和安全性。同时,还需要制定法规政策,保护个人隐私和数据安全。此外,还需要借助人工智能和大数据分析等技术手段,挖掘和利用交通数据中的有效信息,提供智能化的交通服务和决策支持。

车路云协同自动驾驶系统技术框架如图 2-3 所示,主要包括智能网联汽车技术、智能云控技术、智能网联道路技术、通信交互技术以及支撑技术。

智能网联汽车技术是基于先进的车载传感器、控制器、执行器等装置,并融合现代通信与网络、人工智能等技术,实现车与 X(车、路、人、云等)智能信息交换、共享,具备复杂环境感知、智能决策、协同控制等功能,以支撑车辆安全、高效、舒适、节能行驶,主要包括:①环境感知技术;②智能决策技术;③控制执行技术;④系统设计技术;⑤计算平台技术;⑥人机交互技术。

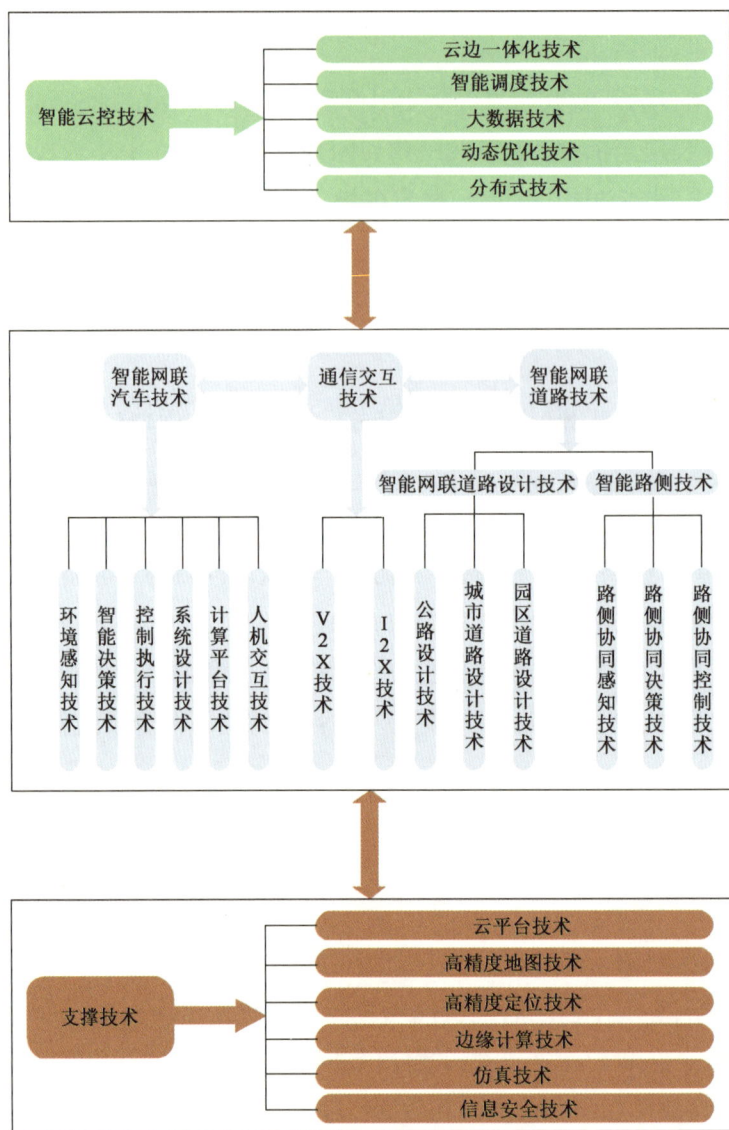

图 2-3　车路云协同自动驾驶系统技术框架图

　　智能云控技术综合了感知、通信、计算、控制等技术，利用云计算和大数据分析能力形成决策，通过统一的数据服务为公众出行提供数据支撑，具备车辆实时监控、智能路网可视化、交通动态管控、交通大数据分析等功能。主要包括：①云边一体化技术；②智能调度技术；③大数据技术；④动态优化技术；⑤分布式技术。

　　智能网联道路技术为用户提供交通服务的物质和信息工程设施，以支撑和服务于道路与交通系统智能化功能，是保证交通活动正常运行的公共服务系统。主要包括自动驾驶车道设计技术和智能路侧技术。自动驾驶车道设计技术包括：①公路设计技术；②城市道路设计技术；③园区道路设计技术。智能路侧技术包括：①路侧协同感知技术；②路侧协同决策技术;③路侧协同控制技术。

通信交互技术是实现互联的核心技术手段,通过现代通信技术,汽车、道路、行人等交通参与者不再孤立,所有参与者都成为智能交通系统的信息节点,主要包括:①V2X 技术;②I2X 技术。

支撑技术为车路云一体化系统的用户提供各种物质和技术支持,主要包括:①云平台技术;②高精度地图技术;③高精度定位技术;④边缘计算技术;⑤仿真技术;⑥信息安全技术。

智能网联汽车涉及汽车、信息通信、交通等多领域技术,其技术架构较为复杂,可划分为"三横两纵"技术架构,如图 2-4 所示。"三横"是指智能网联汽车主要涉及的车辆关键技术、信息交互关键技术和基础支撑关键技术。其中,车辆关键技术包括环境感知、智能决策、控制执行、系统设计等技术;信息交互关键技术包括专用通信与网络、大数据云控基础平台、车路协同等技术;基础支撑关键技术包括人工智能技术、安全技术、高精度地图和定位技术、测试评价与示范推广、标准法规等。"两纵"指支撑智能网联汽车发展的车载平台与基础设施。基础设施包括交通设施、通信网络、大数据平台、定位基站等,逐步向数字化、智能化、网联化和软件化方向升级,支撑智能网联汽车发展。

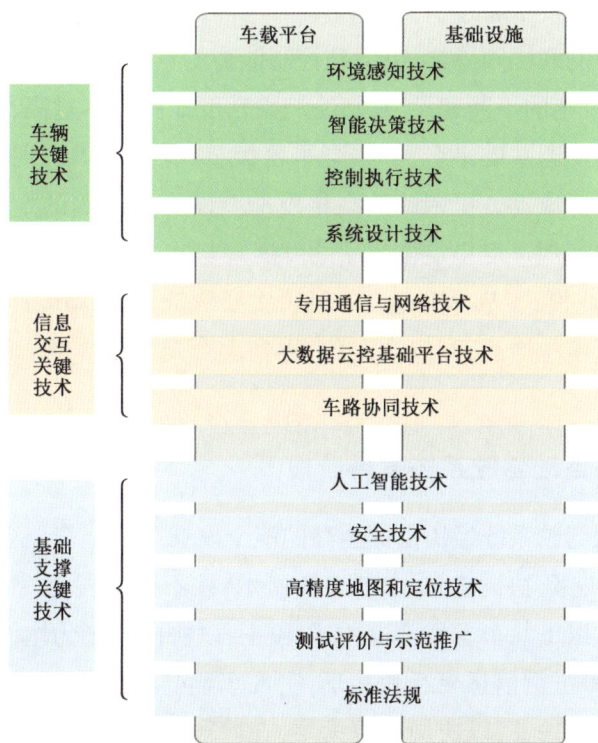

图 2-4 智能网联汽车"三横两纵"技术架构图

近年来，众多整车制造、信息通信企业都在加大智能网联汽车技术研发投入，各国政府也在加快不同自动驾驶等级车辆示范推广与商业应用，技术快速迭代、新技术新应用层出不穷。一方面，围绕单车智能，多种高精度、新型传感器取得突破，复杂环境感知精度提高、适用范围拓展、性价比提升，同时，横纵向控制执行技术同步发展。另一方面，围绕车路协同应用的5G-V2X技术、云控交互技术以及路侧端关键技术的商业化应用加快，网联化和智能化融合式发展路径得到国内外产业界的广泛认同。此外，整车制造商开始在新一代人工智能技术、高精度地图与全工况定位技术、信息安全、功能安全等领域不断加大集成应用。因此，伴随着上述诸多关键核心技术和基础共性技术的发展，对以车辆为载体的电子电气架构、计算平台、智能座舱等提出了更高的要求。

目前，依靠传统的以质量保障为中心的车辆安全体系，已无法完全满足面向自动驾驶的车辆安全保障需求，全球汽车工业领域亟须建立全新的自动驾驶安全评判准则体系。通过C-V2X通信进行信息交互，可实现智能网联汽车协同感知、协同决策和协同控制等操作，为自动驾驶增加安全保障，为实现这一目标，可从以下方面进行探索：建立统一的通信标准体系，融合直通通信与分布式通信，支持直通链路同步、定位技术，支持节点机制，支持频谱高效利用，并有效与其他技术融合。

车联网技术可大致分为车联网平台、车联网应用技术、车联网安全技术、车联网测试评估技术。车联网网络技术通过引入移动边缘计算并形成云-边-端分层智能架构，成为各类车联网应用所需的网联协同感知、决策和控制能力的重要基础性支撑。

目前，随着基础设施的不断建设，重新绘制高精度地图成本过高，为解决这一问题，可通过建立高精度地图动态基础平台，并共享平台信息与能力，以实现自动融合绘图，可有效提高绘制效率并降低成本。更精确的高精度地图需要更准确的定位来实现，而高精度定位可通过卫星定位实现。卫星定位产品的发展趋势将是：从注重"端"侧技术和产品实现，到"云+端"的商业模式；从标准精度产品占主要销量，到高精度产品占主要销量；从单独的多系统多频卫星定位产品，到组合定位，再到融合定位的实现，多源感知将成为未来发展的重点。

二、车路云协同自动驾驶系统发展阶段

车路云协同自动驾驶系统经历由低至高的三个发展阶段。车路云协同自动驾驶系统包括协同感知、协同决策、协同控制，如图2-5所示，按不同阶段逐个突破，最终实现一体化。该系统主要包括以下几个发展阶段：①阶段Ⅰ，以协同感知为主，车路云协同感知，车车、车路、车云、路云等进行信息交互和共享，实现车辆与道路、云控平台的信息交互和共享，支持辅助驾驶；②阶段Ⅱ，以协同决策为主，在阶段Ⅰ的基础上，又可协同完成数据融合、状态预测和行为决策，支持部分自动驾驶；③阶段Ⅲ，以协同控制为主，在阶段Ⅰ和Ⅱ

的基础上,协同完成感知、预测、决策和协同控制功能,车辆和道路实现全面协同,支持全天候、全路网、全光照的自动驾驶。并且,感知、决策、控制随各阶段的进阶逐步上升。车路云协同发展阶段划分及具体要求见表2-11。

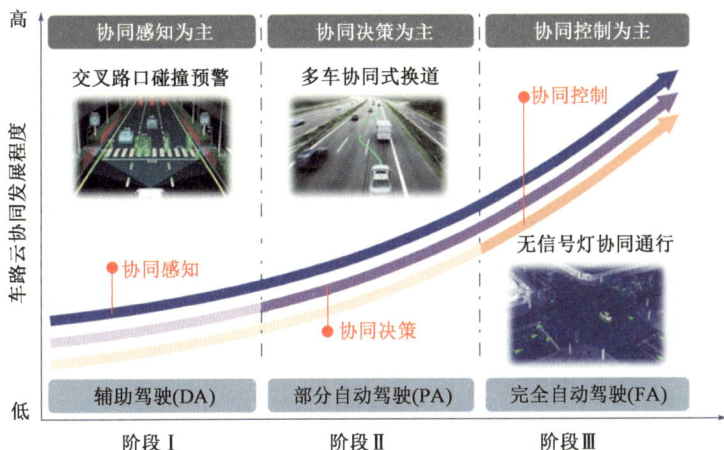

图2-5　车路云协同三阶段发展路线

车路云协同发展阶段划分及具体要求　表2-11

阶段	车辆要求	道路要求	通信要求	典型应用场景
阶段Ⅰ:协同感知、辅助驾驶	具有EE架构(域集中阶段),具备环境智能感知能力、人机交互功能和信息安全防护功能,具备接收外部感知信息的接口	更新道路探测传感器,支持多维度信息采集,安装智能路侧设备,支持基础预测	车路、车车等短距离直通,支持行驶状态信息的近程协同;车云、路云等远程信息服务	预警类辅助驾驶应用、控制类辅助驾驶应用
阶段Ⅱ:协同感知、协同决策	具有EEI架构(中央计算阶段),具备环境智能感知、智能决策、底盘执行能力,具备人机交互和信息安全防护功能	升级道路探测传感器,支持高精度车辆运动检测传感功能;升级智能路侧设备,支持多模式驾驶	车路、车车等短距离直通,支持增强驾驶安全信息的近程协同;车云、路云等远程信息服务,支持自动驾驶脱困等	常规道路控制类辅助驾驶应用、特定道路与封闭区域的无人驾驶
阶段Ⅲ:协同感知、协同决策、协同控制	具有EEI架构(中央计算阶段)和线控底盘,具备环境智能感知、智能决策能力,具备人机交互和信息安全防护功能	升级道路探测传感器、智能路侧设备,优化信号灯设备,支持车辆全面接管,全面建成高水平的智慧公路网	车路、车车等短距离直通,增强近程信息交互,车云、路云等远程通信能力增强,车路云协同自动驾驶感知决策控制等	多车协同换道、无信号灯协同通行和特殊事件下的紧急救援等

注:EE架构为电子电气架构,EEI架构为电子电气集成架构。

1.车路云协同自动驾驶阶段Ⅰ

全方位实现车车、车路、车云、路云等动态实时信息交互和共享,并对智能设备获取的部分动态实时数据进行初步处理与融合,辅助车辆实现智能驾驶。该阶段的功能主要体现在系统参与者对环境信息的采集与融合层面。

在此阶段，车辆需要具备域集中电子电气架构，支持网联信息参与环境感知，实现对车辆感知能力的提升，同时在人机交互、信息安全等方面提供保障。该阶段主要包括的技术有 EE 架构（域集中阶段）技术、车辆智能感知技术、人机交互技术、信息安全技术。基于关键技术，该阶段主要在通信芯片模组、智能车载终端、智能路侧设备等产业上有所突破和布局，参与方包括芯片厂商、设备厂商、电信运营商、行业组织等。

在此阶段，道路基础设施具备微观传感和基础预测功能，可以支持低空间和时间解析度的交通信息服务、交通管理和驾驶辅助。具体而言，道路基础设施系统能够将道路基础设施的静态信息数字化并进行存储，道路基础设施感知设备能实时获取连续空间的车辆和环境等动态数据，自动处理非结构化数据，并结合历史数据实现车辆行驶的短时、微观预测。部分数据可以在车辆与车辆之间、车辆与道路基础设施之间实现信息共享。

在此阶段，需要 LTE-V2X PC5❶、4G/5G 蜂窝（Uu）通信技术支持，实现车车、车路间的信息共享能力，向驾驶员提供网联信息，实现开放道路的智能网联辅助驾驶。

基于上述通信技术，形成 C-V2X 产品体系，推动 C-V2X 网联能力对车路信息初步协同感知。通信模组初步上车实现 C-V2X 前装，辅助车辆 ADAS 功能协同感知。车载终端 C-V2X OBU 得到应用，并逐渐与其他技术融合，初步在"两客一危"、政府公务车辆、社会营运车辆等上应用。路侧设备 RSU 在智能网联汽车测试示范区、城市示范道路及高速公路重点路段展开初步部署，形成一定覆盖。

典型应用场景：在辅助驾驶状态下，通过 C-V2X 技术实现协同感知，包括交叉路口碰撞预警、前向碰撞预警、闯红灯预警、限速提醒、道路危险事件预警、车道偏离预警、安全车距预警等预警类辅助驾驶应用以及网联式自动紧急制动、绿波车速通行、公交优先等控制类辅助驾驶应用，提升道路安全和交通效率。

2. 车路云协同自动驾驶阶段 Ⅱ

除借助车联网通信技术进行实时信息交互和共享外，自动驾驶感知和决策的实现不仅仅依赖于雷达、摄像头等先进的车载设备，而且越来越依靠于智能道路设施及车车协同进行全时空动态交通环境信息的感知。车路协同自动驾驶系统能够在复杂交通环境下完成对多辆智能网联汽车以及后续的数据融合、状态预测和行为决策等。该阶段的功能主要体现在系统参与者对环境信息的全面采集以及对驾驶行为的优化决策层面。

在此阶段，车辆需要具备中央集中电子电气架构，支持网联信息参与环境感知和协同

---

❶ LTE-V2X PC5：Long-Term Evolution Vehicle-to-Everything Proximity Services Communication on Channel 5，可理解为长期演进技术车辆到一切通信邻近服务通道 5。

决策,具备高可靠性线控执行系统,实现对车辆感知能力、决策能力的提升,同时在人机交互、信息安全等方面提供保障。该阶段主要包括的技术有 EEI 架构(中央计算阶段)技术、车辆智能感知技术、智能决策技术、线控执行技术、人机交互技术、信息安全技术。基于关键技术,该阶段主要在保持通信芯片模组、智能车载终端、智能路侧设备等产业稳步发展的基础上,在整车制造、云端控制、边缘计算等产业上有所突破和布局,参与方包括芯片厂商、设备厂商、电信运营商、主机厂、行业组织等。

在此阶段,道路基础设施具备复杂传感和深度预测功能,可以支持较高空间和时间解析度的自动化驾驶辅助和交通管理。具体而言,除了阶段 I 提供的功能外,可以实现道路基础设施等静态数据在时空上的连续监测和更新,具备更高精度的车辆运动监测传感功能。数据之间能够高度融合,信息采集、处理和传输的时延低。道路系统能够根据感知信息进行长期预测和深度分析,优化车辆驾驶决策。道路和车辆之间能够进行实时信息交互,即依托 C-V2X 技术,道路系统为车辆提供横向、纵向控制的建议或指令,同时,车辆向道路反馈其最新规划决策信息,从而实现初步自动驾驶。

在此阶段,需要 LTE-V2X PC5、NR-V2X PC5❶、5G 蜂窝(Uu)等通信技术支持,具有支持车路云协同感知和决策的能力;云控平台覆盖全国大部分城市和高速公路,单一城市可支持百万量级规模智能网联汽车接入,提供协同感知和协同决策服务。

基于上述通信技术,C-V2X 路侧覆盖率和车端渗透率大幅提升,通过 C-V2X 网联能力大力提升协同感知能力,为协同决策提供更多依据。C-V2X 通信模组批量上车,实现C-V2X规模前装,C-V2X 网联车辆渗透率逐渐提升。车载终端 C-V2X OBU 与其他技术发生深度融合,在"两客一危"车辆、政府公务车辆、社会营运车辆逐渐普及,乘用车搭载率逐渐提升。路侧设备RSU 在智能网联汽车测试示范区、城市示范道路及高速公路重点路段形成规模部署,路侧覆盖率大幅提升。

典型应用场景:此阶段通过 C-V2X 技术,实现车车、车路等各交通参与者之间信息交互融合,道路决策中心与车辆自身感知决策系统融合,提升自动驾驶智能驾驶决策水平。在常规道路上实现车速引导等典型应用;在特定道路与封闭区域,可在无人驾驶状态下,基于 C-V2X 提供的通信和连接能力实现网联化,支撑特定道路与封闭区域的自动驾驶所需要的信息实时共享与交互、协同感知,为无人驾驶车辆运行提供路径规划协同服务,如协作式变道、协作式匝道汇入,事故发生率明显降低,交通效率明显提升。

3. 车路云协同自动驾驶阶段Ⅲ

除可采集全时空动态环境信息,以及实施车车、车路等动态实时信息交互、状态预测和行

---

❶ NR-V2X PC5:New Radio Vehicle-to-Everything Proximity Services Communication Channel 5,可理解为新无线电技术车辆到一切通信邻近服务通道 5。

为决策外，还可实现车路云协同自动驾驶控制功能，进而完成对整个自动驾驶关键步骤的全覆盖，进一步提供开放道路的广域协同决策和控制能力，实现车辆和道路全面的智能协同和配合，对所有自动驾驶车辆进行接管与控制，即在任何场景下实现协同感知、协同预测决策以及协同控制等系统一体化功能，进而改善车辆自动驾驶的商用化落地途径。该阶段的功能主要体现在系统参与者对环境信息的全面采集、驾驶决策和控制执行整个层面。

在此阶段，车辆需要具备中央集中电子电气架构，支持网联信息参与环境感知和协同决策，具备高可靠性线控执行系统，实现对车辆感知能力、决策能力的提升，同时在人机交互、信息安全等方面提供保障。该阶段主要包括的技术有 EEI 架构（中央计算阶段）技术、车辆智能感知技术、智能决策技术、线控执行技术、人机交互技术、信息安全技术。基于关键技术，该阶段主要在保持通信芯片模组、智能车载终端、智能路侧设备、整车制造、云端控制、边缘计算等产业稳步发展的基础上，在云端协同控制、边缘计算等产业上有所突破和布局，参与方包括芯片厂商、设备厂商、电信运营商、主机厂、行业组织等。

在此阶段，道路基础设施已经具备一定的信息化和智能化，同时以此为基础，在道路基础设施覆盖的道路上可以满足所有单个自动驾驶车辆（自动化等级 1.5 及以上）在所有场景下实现感知、预测、决策、控制、通信等功能，并优化部署整个道路基础设施网络，实现完全自动驾驶。通过完全控制所有的自动驾驶车辆，交通控制中心可以达到更好的全局优化，并且可以优化部署道路基础设施的整个网络。完成自动驾驶所需的子系统无须在自动驾驶车辆设置备份系统，一体化系统将提供全主动安全功能。当遇到特殊情况，由道路基础设施系统进行控制。

在此阶段，需要 C-V2X PC5 增强、5G 蜂窝（Uu）及 6G 后续增强演进技术支持，提供开放道路的协同感知、协同决策和协同控制能力。

基于上述通信技术，相关 C-V2X 产品应用服务能力得到极大提升，形成车路云一体化系统，助力车路云协同自动驾驶完全实现。通信模组规模上车，实现 C-V2X 网联车辆前装基本完全覆盖，赋能高级别自动驾驶。车载终端 C-V2X OBU 集成度进一步提升，渗透率得到量级提升，在存量车市场实现基本渗透。路侧设备 RSU 成为路侧智能协作设备，在全国重点城市及区域形成完全覆盖，实现高度网联，支持高级别自动驾驶，支持智慧交通、智慧城市发展。

典型应用场景：在此阶段，将支持全场景全天候开放道路的无人驾驶，可实现协同感知、协同决策、协同控制下的社会道路自动驾驶，具体包括多车协同换道、无信号灯协同通行和特殊事件下的紧急救援等，事故发生率大幅降低，交通效率大幅提高。可通过车路云协同自动驾驶实现高密度大流量交通组织，实现道路承载效率的革命性提升。它还将助力交通治理实现全面提升，助力实现智慧交通和智慧城市。

第四节　车路协同自动驾驶标准体系

标准是推动车路协同自动驾驶系统发展的重要基石。本节将详细介绍车路协同自动驾驶标准体系。该标准体系旨在规范系统的设计、开发和应用，并促进行业间的互操作性和合作。本报告将介绍标准体系的结构和内容，并提出关键的标准要求和指导原则，以确保系统的安全性和可靠性。

目前，国内已开始逐步由单车智能自动驾驶转向车路协同自动驾驶，重视自动驾驶系统建设，在自动驾驶的路侧、车载相关方面逐步形成并发布一些建设标准，但在车路协同自动驾驶的发展方面，我国的相关标准分类体系相对滞后。车路协同自动驾驶行业中涉及的关键技术包括信息感知技术、决策预警技术、智能控制技术、信息交互技术等，各项关键技术在不同智能网联交通系统中形式不一，发展程度不同，未形成统一规范。在这种情况下，智能网联车辆要退化成普通车辆，车辆智能性降低。信息感知技术、智能控制技术的不统一，使得不同智能车辆进入相同智能道路路段时，或者相同智能车辆进入不同智能道路路段时，车辆的感知和控制逻辑变得十分复杂，车路协同自动驾驶的体系架构不统一，不利于车路协同控制，阻碍车路协同自动驾驶行业的发展。为了促进车路协同自动驾驶技术的进一步发展，实现车辆运行安全、舒适、节能与环保的最终目标，需要建立车路协同自动驾驶标准体系，推动自动驾驶产业实现标准化发展。车路协同自动驾驶系统行业标准的统一，可使车路协同系统更加规范，进而增强系统的通用性，节约系统兼容成本，提升车辆和道路整体化智能水平，促进车路协同自动驾驶系统的推广和发展。

建立车路协同自动驾驶标准体系，紧紧围绕车路协同工作和经济社会发展需求，以加强车路协同自动驾驶系统体系建设为基础，以提供全面优质车路协同服务为目标，以强化科技创新和队伍建设为保障，统筹规划、突出重点、适度超前、全面发展，明确详细地划分车路协同自动驾驶标准体系，将成熟的理论和技术落地推广，为构建全国车路协同与自动驾驶产业生态体系提供保障，形成统一完备的创新政策框架及相关法律法规，助力车路协同自动驾驶测试和示范应用的开展。从顶层架构出发，充分考虑现有车辆与道路智能化分级标准，做到与已颁布的智能车辆、智慧道路分级标准的科学合理衔接，并对未来的智能车辆、智慧道路相关规范的制定起到指导与协调作用。

根据车路协同自动驾驶系统内在组织构成和功能特征，制定车路协同自动驾驶标准体系，标准体系结构如图2-6所示。

建立六类车路协同自动驾驶相关急需重点标准，以这六类标准规范为基础，涵盖整体系统标准规范、智能网联汽车技术标准规范、智能网联道路技术标准规范、通信交互技术标准规范、支撑技术标准规范、测试与应用标准规范。共计100多类细分的标准规范，促进智能化产品的初步普及与网联化技术的逐步应用。

系统形成能够支撑各级别车路协同自动驾驶系统的国标、行标、团标协同配套新型标准体系，涵盖智能化自动控制、网联化协同决策技术相关的计算平台、系统设计、测试评价、通信协议、地图与定位、车路协同、信息安全、大数据及信息服务等重点标准，促进智能化与网联化深度融合发展，以及技术和产品的全面推广普及，实现对国家标准与行业标准的有效补充，形成新型标准体系,快速、高效地满足市场需求和响应技术创新,具体包括以下六大类标准。

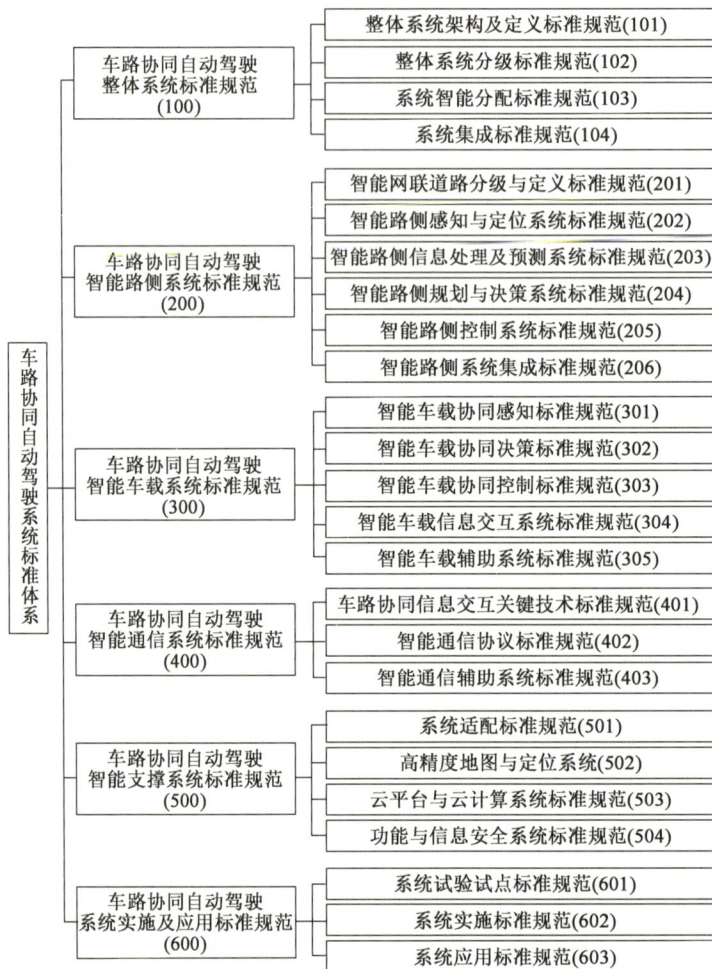

图 2-6　车路协同自动驾驶标准体系结构图

1.车路协同自动驾驶整体系统标准规范

广义上,车路协同自动驾驶整体系统涵盖和整合了智能网联汽车系统与智能网联道路系统,即智能网联汽车、车联网、主动交通管理系统、自动公路系统等均包含于车路协同自动驾驶整体系统。因此,针对整体系统而言,系统架构与定义、系统分级、系统智能分配和系统集成等都将作为车路协同自动驾驶整体系统标准内部的二级标准。

2.车路协同自动驾驶智能路侧系统标准规范

车路协同自动驾驶智能路侧系统标准包括智能网联道路分级标准、智能网联道路设计标准、智能路侧系统标准以及建设运维标准等。根据信息化(数字化/网联化)、智能化、自动化等级从低到高逐步提升和完善的顺序,将智能网联道路分成 I0～I5 六个级别,并对各级别道路的服务对象、应用场景和接管方式分别进行定义。

3.车路协同自动驾驶智能车载系统标准规范

智能网联汽车是指搭载先进的车载传感器、控制器、执行器等装置,并融合现代通信与网络技术,实现车与 X(车、路、行人、云端等)智能信息交换、共享,具备复杂环境感知、智能决策、协同控制等功能,可实现车辆安全、高效、舒适、节能行驶,并最终可实现替代并超越人来操作的新一代汽车。根据智能车载系统的具体技术要求,将车路协同自动驾驶智能车载系统所涉及的标准规范进行细分。

4.车路协同自动驾驶智能通信系统标准规范

智能通信系统是车路协同自动驾驶系统中达到"互联"的核心技术系统,通过现代通信技术,使汽车、道路、行人等交通参与者不再孤立,所有参与者都成为智能交通系统中的信息节点。即智能道路/车辆与外界各物进行互联,这是未来车路协同、智能汽车、自动驾驶、智能交通运输系统的基础和关键。

5.车路协同自动驾驶智能支撑系统标准规范

车路协同自动驾驶是一个复杂的跨界交叉系统,未来的推进需要各种支撑系统组成的生态系统的支持,如系统适配、地图定位、云平台计算、信息安全等。

6.车路协同自动驾驶系统实施及应用标准规范

建立车路协同自动驾驶标准体系框架是推动自动驾驶在道路运输领域发展和应用的前提和基础,同时可以为构建全国车路协同与自动驾驶产业生态体系提供保障。因此,在系统试验试点、实施及应用上,需要根据具体应用场景与服务需求进行详细标准的制定。

第四章
政 策 建 议

基于面向智慧公路的车路协同自动驾驶系统协同化技术研究、车路协同集成化研究、车路协同自动驾驶政策保障体系与法律法规体系研究，以及车路协同自动驾驶系统版本定义、车路协同自动驾驶法律法规体系框架、车路云协同发展路线图、车路协同自动驾驶标准体系，结合我国车路协同自动驾驶产业发展现状，从行业分工、部门协同、标准推进、资金支持、试点示范、合作联盟等方面提出车路协同政策措施建议，并明确发展近期、发展中期、发展远期和发展远景四个阶段的工作重点。

第一节 车路协同政策措施建议

1. 找准行业分工定位，明确产业发展方向

车路协同行业体系建设涉及标准建设、技术研发、基础设施、产业布局、应用服务等领域，交通运输行业在其中主要涉及道路基础设施、应用服务场景等方面，主要工作为建设智慧化道路基础设施、构建车路交互信息平台、培育车路协同服务产品。在此基础上，通过中长期战略规划、近短期行动部署等一系列指导性文件，以试点示范工程为发力点，结合人才、资金扶持政策，持续推进车路协同在交通运输领域的发展。

2. 加强部门协同，构建紧密协作型合作机制

加强与发展改革、公安、工业和信息化、自然资源等相关行业管理部门的合作联动，构建由交通运输牵头，工业和信息化、自然资源、公安等部门协作的领导小组议事协调机构，

细化工作机制和成员单位工作职责,定期开展联席工作会议,从顶层设计层面构建多方协作、紧跟发展、动态协作的合作机制。

3. 推进行业技术标准发展,推进技术路线落地

联合多方力量,协同多方行业管理部门,会同国家标准化管理委员会、行业标准化技术委员会等,结合行业发展情况,适时制修订车路协同产业交通运输领域标准体系建设指南,发挥标准规范在车路协同产业交通运输领域关键技术、核心产品和功能应用的引领作用。在试点示范工程中推进技术路线的实践探索,充分验证技术路线的可靠性,系统评估技术路线安全风险。充分结合现有行业发展技术路线,推进车路协同发展技术方案与既有行业技术路线的有效衔接。

4. 加大资金扶持力度,积极培育新型人才

鼓励各地在推进车路协同相关试点示范过程中加大对项目实施主体资金、人才、土地的支持力度,将相关扶持举措纳入试点示范工程的申报要求,鼓励各地通过减免税费、设立奖补资金、帮助人才落户等方式,进一步加强对车路协同的扶持。同时,考虑道路基础设施领域进行智慧化升级改造涉及大量的资金缺口,建议从车购税资金中划出专项资金对地方车路协同相关新基建项目进行奖补。另外,考虑到智慧化道路设施相对更短的养护周期和更高的养护资金需求,建议加强对基础设施运营养护阶段的资金补助。

5. 充分发挥试点示范作用,积极探索商业化方案

积极提升车路协同实施主体的自身造血能力,引导市场集约化发展,集中行业资源,尽快打造出车路协同领域的交通运输品牌。加快区域互认进程,减少跨地区商业模式合作拓展的政策障碍。充分发挥试点示范工程对行业发展的引领示范效应,将商业化发展作为试点示范的主题在全国范围进行广泛探索。加强与金融领域协同合作,探索适用于车路协同发展与企业发展的投融资模式。

6. 发挥行业协会作用,积极搭建产业合作联盟

充分发挥行业协会在政府与企业之间的桥梁和纽带作用,积极打造车路协同产业融合发展平台,充分集合多行业发展力量,通过构建合作联盟、发表倡议宣言等方式,在应用场景、技术标准、商用示范、品牌活动等领域达成合作共识,促成合作共建,共同推动车路协同自动驾驶体系建设和发展。

第二节 发展阶段与工作重点

1. 发展近期（2023—2027 年）

本阶段是车路协同自动驾驶汽车开放测试的关键阶段,因此,在公路方面,需及时清理《中华人民共和国公路法》《公路安全保护条例》中阻碍自动驾驶汽车进入开放道路进行测试的相关条款。

2. 发展中期（2027—2035 年）

在自动驾驶汽车基本完成道路测试基础上,该阶段开始迈向自动驾驶道路基础设施建设阶段。相较于公路主体设施的大规模建设,该阶段最先迎来的将是新型公路附属设施的大量建设。为此,为了保障道路的安全通行,需在《公路安全保护条例》中扩充公路附属设施检查养护的范围。此外,在配套的标准制定、制度建立方面,需针对公路建设、养护等方面及时修改。

3. 发展远期（2035—2050 年）

该阶段,自动驾驶汽车和人工驾驶汽车大量混行,自动驾驶汽车所占市场份额达到50% 。公路设施方面,新一轮智慧公路基础设施建设养护进入高峰,自动驾驶相关的公路主体设施、附属设施的建设养护亟待标准化、规范化,需明确自动驾驶相关专用道的管理办法。

4. 发展远景（2050 年以后）

该阶段,自动驾驶汽车成为路面驾驶汽车的主流,所占市场份额逐渐超过人工驾驶汽车。在公路设施方面,公路主体设施的规划设计已经逐渐进入尾声,随之而来的是公路主体设施养护的旺盛需求。因此,需制定专门的自动驾驶道路主体设施养护章程。与此同时,需在《公路安全保护条例》中明确公路设施损坏行为的处罚责任主体内容。

参 考 文 献

[1] KENNEY J B. Dedicated short-range communications(DSRC) standards in the United States [J]. Proceedings of the IEEE,2011,99(7):1162-1182.

[2] 谢伯元,李克强,王建强,等."三网融合"的车联网概念及其在汽车工业中的应用[J]. 汽车安全与节能学报,2013,4(4):348-355.

[3] 李克强,戴一凡,李升波,等. 智能网联汽车(ICV)技术的发展现状及趋势[J]. 汽车安全与节能学报,2017,8(1):1-14.

[4]《中国公路学报》编辑部. 中国汽车工程学术研究综述·2017[J]. 中国公路学报,2017,30(6):1-197.

[5] YANG D G,JIANG K,ZHAO D,et al. Intelligent and connected vehicles:Current status and future perspectives[J]. Science China Technological Sciences,2018,61:1446-1471.

[6] 冉斌,谭华春,张健,等. 智能网联交通技术发展现状及趋势[J]. 汽车安全与节能学报,2018,9(2):119-130.

[7] 陈山枝,胡金玲,时岩,等. LTE-V2X 车联网技术、标准与应用[J]. 电信科学,2018,34(4):1-11.

[8] LIU Y Y,TIGHT M,SUN Q X,et al. A systematic review:Road infrastructure requirement for Connected and Autonomous Vehicles(CAVs)[J]. Journal of Physics:Conference Series,2019,1187(4):042073.

[9] RAN B,CHENG Y,LEIGHT S,et al. Development of an integrated transportation system of connected automated vehicles and highways[J]. ITE Journal,2019,89(11):37-42.

[10] 徐志刚,李金龙,赵祥模,等. 智能公路发展现状与关键技术[J]. 中国公路学报,2019,32(8):1-24.

[11] STORCK C R,DUARTE-FIGUEIREDO F. A survey of 5G technology evolution,standards,and infrastructure associated with vehicle-to-everything communications by internet of vehicles [J]. IEEE access,2020,8:117593-117614.

［12］ PENG X,ZHOU H,QIAN B,et al. Enabling security-aware D2D spectrum resource sharing for connected autonomous vehicles［J］. IEEE Internet of Things Journal,2020,7(5):3799-3811.

［13］ 李克强,李家文,常雪阳,等.智能网联汽车云控系统原理及其典型应用［J］.汽车安全与节能学报,2020,11(3):261-275.

［14］ SHETTY A,YU M Q,KURZHANSKIY A,et al. Safety challenges for autonomous vehicles in the absence of connectivity［J］. Transportation Research Part C:Emerging Technologies, 2021,128:103133.1-103133.20.

［15］ 张毅,姚丹亚,李力,等.智能车路协同系统关键技术与应用［J］.交通运输系统工程与信息,2021,21(5):40-51.

［16］ JIANG M,WU T,WANG Z,et al. A multi-intersection vehicular cooperative control based on end-edge-cloud computing［J］. IEEE Transactions on Vehicular Technology,2022,71(3): 2459-2471.

［17］ MO Y H,ZHANG P L,CHEN Z J,et al. A method of vehicle-infrastructure cooperative perception based vehicle state information fusion using improved kalman filter［J］. Multimedia Tools and Applications,2022,81(4):4603-4620.

［18］ BUSACCA F,GRASSO C,PALAZZO S,et al. A smart road side unit in a microeolic box to provide edge computing for vehicular applications［J］. IEEE Transactions on Green Communications and Networking,2022,7(1):194-210.

［19］ BALKUS S V,WANG H,CORNET B D,et al. A survey of collaborative machine learning using 5G vehicular communications［J］. IEEE Communications Surveys & Tutorials,2022,24(2):1280-1303.

［20］ DONG P,ZHAO J W,LIU X W,et al. Practical application of energy management strategy for hybrid electric vehicles based on intelligent and connected technologies:Development stages, challenges,and future trends［J］. Renewable and Sustainable Energy Reviews,2022,170: 1-23.

［21］ 丁飞,张楠,李升波,等.智能网联车路云协同系统架构与关键技术研究综述［J］.自动化学报,2022,48(12):2863-2885.

［22］ 崔明阳,黄荷叶,许庆,等.智能网联汽车架构、功能与应用关键技术［J］.清华大学学报(自然科学版),2022,62(3):493-508.

［23］ FENZL F,PLAPPERT C,RIEKE R,et al. Collaborative security patterns for automotive electrical/electronic architectures［M］// Collaborative approaches for cyber security in cyber-physical systems. Cham:Springer International Publishing,2023:63-97.

● 中国工程院重大战略研究与咨询项目

课题报告 ③

新一代公路智能税费
征收系统研究

课题组主要研究人员

课题顾问

　　傅志寰　翁孟勇

课题组长

　　孙虎成

课题组主要成员(按单位名称排序)

孙　静	毕　鑫	张晓璇	刘　飞	付振茹	孟晓阳
李柏丹	徐志远	章稷修	梁　粤	李翠翠	孙　乐
刘　哲	虞明远	耿　蕤	朱志强	张玉玲	冯　开
周　密	刘　建	李　晶	张建通	蒋玉龙	李博闻
杨　川	周欣洁	韩子健	沃亚威	陈灏中	周　嵩
毕玉峰	孟祥龙				

课题组主要执笔人(按单位名称排序)

孙　静	孙虎成	李柏丹	徐志远	虞明远	耿　蕤
张建通	李　晶				

内容摘要 Abstract

新一代公路智能税费征收系统研究坚持问题和目标导向,基于当前交通税费不可持续、新能源汽车快速发展影响燃油税规模、自由流收费技术成熟的行业发展现状,在广泛调研、学习的基础上,充分吸收行业内外的意见建议,阐明了我国公路收费系统面临的新形势新要求,客观分析了公路智能税费征收系统特征、功能和意义,科学提出了公路智能税费征收系统的建设目标、总体思路、路径选择和推进方案,并从技术和经济角度进行可行性分析。本研究从建设公路智能税费征收系统的角度,制定了系统整体架构,明确了系统的关键技术以及系统生态体系建设相关内容。本研究科学验证了当前天地一体的信息通信技术可以支撑里程税实施的设想,为未来我国公路实现自由流收费提供了技术支撑。

第一章
我国公路收费系统现状和面临的形势

第一节　我国公路税费体系现状

以车辆购置税、燃油税和通行费为主体的交通税费体系是我国交通建设的政策基石，支撑了公路交通 30 多年跨越式发展，使我国成为名副其实的交通大国。

一、车辆购置税

1985 年，国务院发布《车辆购置附加费征收办法》(国发〔1985〕50 号)，决定对所有购置车辆的单位和个人，包括国家机关和军队，一律征收车辆购置附加费，作为公路建设专用的一项资金来源。2000 年，国务院批准印发《交通和车辆税费改革实施方案》，并同时颁布《中华人民共和国车辆购置税暂行条例》，即 2001 年 1 月 1 日起，由"费"变为"税"，将由交通部门征收的专项资金改革为国家法定征收的一项税种。2005 年 1 月 1 日开始，车辆购置税(简称"车购税")由国税部门直接征收，结束了由交通部代征的历史。2019 年 7 月 1 日，《中华人民共和国车辆购置税法》正式施行，明确规定：在中华人民共和国境内购置汽车、有轨电车、汽车挂车、排气量超过 150mL 的摩托车的单位和个人，为车辆购置税的纳税人，应当依照本法规定缴纳车辆购置税；车辆购置税的税率为 10%。

随着我国经济发展水平的不断提高，汽车工业发展迅速，汽车产销量均有较大幅度的提高，车购税收入也相应呈现快速增长趋势。1985—2021 年车购税(费)收入情况见表 3-1。

时间	车购税（亿元）	时间	车购税（亿元）	时间	车购税（亿元）	时间	车购税（亿元）
1985 年	17.2	1995 年	179.7	2005 年	582.2	2015 年	2790.2
1986 年	16.9	1996 年	182.9	2006 年	687.5	2016 年	2674.2
1987 年	17.0	1997 年	183.4	2007 年	876.9	2017 年	3280.7
1988 年	27.8	1998 年	181.8	2008 年	989.8	2018 年	3452.5
1989 年	28.4	1999 年	180.0	2009 年	1163.2	2019 年	3498.0
1990 年	24.3	2000 年	216.1	2010 年	1792.0	2020 年	3531.0
1991 年	40.4	2001 年	255.2	2011 年	2044.5	2021 年	3520.0
1992 年	80.0	2002 年	363.7	2012 年	2228.3		
1993 年	137.7	2003 年	474.8	2013 年	2596.3		
1994 年	180.0	2004 年	534.7	2014 年	2884.7		

注：1985—2006 年数据来源于交通运输部综合规划司，2007—2021 年数据来源于财政部网站。

车购税作为中央用于公路水路建设的主要资金来源，以对公路建设 16% 的投入，撬动 84% 的地方配套和社会资金以及银行贷款跟进（1∶5 的关系），满足了交通建设的融资需要。车购税收入不断增长对社会资本跟投具有较强吸引力，促进行业投资良性循环。车购税征收收入主要来源于东部省（自治区、直辖市），但支出大部分投向了中西部地区和贫困地区，发挥了重要的中央转移支付功能，促进了区域交通协调发展。

二、燃油税

早在 1950 年，政务院就制定了"用路者养路"政策，并授权由交通部制定颁发《公路养路费征收暂行办法》，规定凡行驶公路的（除军用车、人力车及特种任务车外）公、私汽车及畜力车一律按月按吨位（畜力车按套数）缴纳养路费，并规定了各地区的缴费标准。1960 年，交通部和财政部联合颁发了《公路养路费征收和使用暂行规定》，主要是规定国营专业运输车辆改为按营业收入额的固定百分比（费率）征收，并规定了支出范围。此后，在 1963 年、1978 年又做了部分补充和修改。1979 年，经国务院授权，国家计划委员会、交通部、财政部和中国人民银行联合颁布《关于公路养路费征收和使用的规定》，征费的费额和费率由各省（自治区、直辖市）人民政府根据收支情况在国家规定的限额幅度内自行确定，费率为 10% ~ 15%。随着车辆增加和运输效率的提高，养路费收入的年递增率为 10% 左右。2008 年，根据《财政部 国家税务总局关于提高成品油消费税税率的通知》（财税〔2008〕167 号），通过提高成品油消费税税率取代原公路养路费、航道养护费、公路运输管理费、公路客货运附加费、水路运输管理费、水运客货运附加费等六项收费，同时逐步有序取消政府还贷二级公路收费。成品油消费税征收范围主要包括汽油、柴油、航空煤油、石脑油、润滑油、溶剂油和燃料油。无铅汽油消费税单位税额每升提高 0.8 元，柴油消费税单位税额每升提高 0.7 元,其他成品油单位税额相应提高。建立了成品油消费税生产环节从量征收的机制,并按照"四不变"(交通资金属性不变、资金用途不变、地方预算程序不变、地方事权不变)原则建立"基数 + 增量"税收分配机制和中央财政转移支付资金实行专款专用的使用制度。

2009—2021 年,燃油税合计返还收入 27879 亿元,年均增长 3.16%,明显低于改革前增速(表 3-2)。根据历年燃油税返还情况可以看出,燃油税返还分为基数税收返还和增量资金转移支付两部分。基数税收返还部分的规模每年均为 1531 亿元,除了用于公路养护部分外,还需用于航道养护、公路运输管理等方面;增量资金转移支付 2013 年至 2020 年仅从 690 亿元增至 693 亿元,从整体趋势看基本没有增长,其中 2015 年前逐年略有增加,但 2017 年后不增反降,又降到 2013 年的水平,并连续 5 年维持不变。

成品油消费税改革以来燃油税返还情况　　　　　　　　表 3-2

时间	燃油税返还 (亿元)	基数税收返还 (亿元)	增量资金转移支付 (亿元)	增速
2009 年	1531	1531	—	—
2010 年	1881	1531	350	22.9%
2011 年	2112	1531	581	12.3%
2012 年	2141	1531	610	1.4%
2013 年	2221	1531	690	3.7%
2014 年	2271	1531	740	2.25%
2015 年	2301	1531	770	1.32%
2016 年	2301	1531	770	0.00%
2017 年	2224	1531	693	− 3.35%
2018 年	2224	1531	693	0.00%
2019 年	2224	1531	693	0.00%
2020 年	2224	1531	693	0.00%
2021 年	2224	1531	693	0.00%
合计	27879	19903	7976	3.16%

注:转移支付资金规模来源于财政部年度财政决算。

总体上看,燃油税改革取得了一定的成效。一是,统一税费标准,促进税收负担公平。通过建立税收返还机制减少了偷逃和漏征现象,也较好地解决了由于地区间的交通规费标准不同而导致的经营者运输成本负担不公平等问题。二是,促进收费公路结构优化,减轻公众税收负担。伴随燃油税改革,并逐步取消政府还贷二级公路收费,平均每年减轻社会负担 170 多亿元,优化了收费公路结构,稳步推进了公路两个体系的建设发展。三是,引导消费转型,推动实现节能减排。通过按成品油的使用量定量征收消费税,实现"多用油、多缴税，少用油、少缴税"，解决了改革前定额征收的弊端。四是，建立了更加稳定的养护资金保障渠道，有利于平衡区域发展。改革后将成品油消费税收入归属中央管理，并建立了增量资金区域间分配机制。五是，降低了征管成本，提升了征管效率。燃油税征收方式，仅是提高了成品油消费税单位税额，征收环节不需要增加机构和人员，征管效率大大提高。

三、通行费

国务院于 1984 年确定的"贷款修路，收费还贷"政策打破了财政资金不足的束缚，为公路事业快速发展奠定了政策和制度基础。1987 年，国务院颁布《中华人民共和国公路管理条例》，第一次明确了收费公路的法律地位。1997 年，《中华人民共和国公路法》颁布，对收费公路做了专章规定，奠定了收费还贷、合理回报、期满停止收费的政策基础，确立了收费公路的设置要求、收费标准和收费期限的确定权限及建设、养护、管理的基本制度框架等。2004 年 8 月，国务院颁布《收费公路管理条例》，明确了建设收费公路的标准，规定东部地区不再允许新建二级收费公路，分别提出了不同地区、不同类型收费公路的最长收费年限，并首次明确了"统贷统还"制度，进一步规范和促进了收费公路的发展。

2021 年，全国收费公路里程为 18.8 万 km，通行费收入为 6630.5 亿元，支出总额为 12909.3 亿元，通行费收支缺口达到 6278.8 亿元。2015—2021 年通行费收支情况见表 3-3。

2015—2021 年通行费收支情况 表 3-3

项目	2015 年	2016 年	2017 年	2018 年	2019 年	2020 年	2021 年
里程(万 km)	16.4	17.1	16.4	16.8	17.1	17.9	18.8
通行费收入(亿元)	4098	4549	5130	5552	5938	4868	6631
支出(亿元)	7285	8692	9157	9622	10225	12346	12909
债务(亿元)	44494	48555	52844	56914	61535	70661	79179
单位里程收入(万元)	250	266	313	330	347	272	353
单位里程支出(万元)	443	508	559	572	598	689	688
单位里程收支缺口(万元)	−193	−242	−246	−242	−251	−417	−335
单位里程债务(万元)	2706	2838	3228	3386	3596	3943	4221

通行费政策打破了公路建设单纯依靠财政投资的机制束缚，极大调动和发挥了中央和地方政府、企业和社会各界的积极性，改变了公路建设资金短缺的局面，填补了高等级公路建设近 70% 的财政资金缺口，形成了"国家投资、地方筹资、社会融资、利用外资"的多元化投融资格局，推动我国公路交通实现了跨越式发展。至 2021 年底，全国公路总里程达到 528.07 万 km，其中高速公路达到 16.91 万 km，超过 95.5% 的高速公路、26.5% 的一级公路和 39.3% 的二级公路都是利用贷款和社会资本投资修建的。与此同时，也使有限的政府财力更多投向普通公路特别是农村公路建设，让人民群众提前享受了高品质、低成本的公路交通服务。

四、分析总结

一是从负担公平性角度看。车购税按照车价计征,符合量能课税的能力原则。但目前为支持新能源汽车发展,对新能源汽车实行免征政策,有违"普遍征税、平等课征"的公平原则。燃油税按照燃油消耗量计征,总体上符合"多用多征、少用少征"的受益原则,但不公平性主要体现在:①对在城市道路行驶的用户也从燃油中征收了用于公路养护的燃油税部分;②虽然新能源汽车也使用了公路,但却未承担公路养护的税费;③在收费公路行驶的用户既缴纳了通行费,又缴纳了燃油税。通行费政策按里程计费,符合受益原则,尤其是我国绝大部分收费公路采用封闭式收费制式,精准按照受益原则计费。

二是从分配结构合理性来看,车购税主要用于公路建设,由国务院交通运输主管部门根据相关公路建设规划和重点支持方向统筹安排支出,能够有效促进国家规划实现,并起到区域调节作用。通行费政策主要为全国收费公路建设和养护提供资金保障,由于各条收费公路项目建设成本和交通需求不同,因此项目之间效益相差较大,需要统筹管理加以平衡。燃油税主要用于普通公路养护,基数返还部分在各省(自治区、直辖市)间的分配是按 2007 年(基期年)各省(自治区、直辖市)六项收费基数确定的。这种分配模式自 2008 年起至今已延续了十余年,已远不能适应各省(自治区、直辖市)的养护需求结构变化。

三是从资金稳定性和成长性来看,车购税受新能源汽车和小排量乘用车减免政策影响,总收入有所下滑,尤其是 2022 年 1—8 月,比上年同期下降 30.5%,但这些临时性激励政策退坡后,可随购车需求的增长保持征收总额的稳定和增长。通行费收入随着通车里程增加和车流量增长保持增长趋势,但收支缺口越来越大。燃油税返还额已连续 5 年稳定在 2224 亿元,并未与成品油消费税征收总额、公路规模及养护资金需求挂钩,未来因新能源汽车的快速发展,成品油消费税将呈减少趋势,进而导致燃油税返还总资金额度缩水,越加不能有效满足公路养护资金不断增长的需求。

四是从资金供需平衡性来看,根据中央与地方事权与支出责任划分,国家公路网建设为中央与地方共同事权,地方公路为地方事权,车购税主要作为高速公路网资本金和普通公路补助资金支出,基本满足公路网规划建设需求。通行费政策方面,自 2011 年开始,收费公路收支差额由正转负,此后收支缺口不断增大。加之早期建设的效益较好的收费公路面临到期需停止收费的问题,更加剧了收费公路总体债务偿还风险,亟须通过修订《收费公路管理条例》,实施统筹管理(统借统还)制度保持通行费收入稳定增长,化解债务风险。燃油税方面,全国普通公路养护资金需求约为 6000 亿元/年,即便燃油税资金全部用于公路养护,再加上目前地方财政资金投入约 1000 亿元/年,仍然存在公路养护资金缺口约 3000 亿元/年。未来因新能源汽车的发展,直接影响成品油消费税的税基,将进一步加剧中央财政资金供给压力,普通公路养护资金保障堪忧。

综上，车购税方面，当新能源汽车产销量成为市场主体时，相关激励政策应及时终止，通过适时调整车购税相关减免政策，仍将可以保持车购税可持续发展，并继续成为公路交通发展持续且稳定的重要资金来源。通行费方面，通过深化收费公路制度改革，优化调整收费公路政策，长期坚持以普通公路为主的非收费公路和以高速公路为主的收费公路并行政策，完善统借统还制度，对政府收费高速公路和到期经营性高速公路在省域内实行统筹管理，基本可以有效化解债务风险，以有效保障收费公路长期可持续发展，并继续成为高速公路发展持续稳定的主要资金来源。燃油税方面，成品油消费税是将燃油消耗量作为计税依据，随着新能源汽车的快速普及和其市场占有率的不断提高，成品油消费税税收总额将呈下降趋势，势必影响燃油税返还总金额，并且目前返还额度已经与征收总额和资金需求脱钩，地区间燃油税分配结构将越发不适应各省（自治区、直辖市）普通公路养护资金需求，燃油税将不可持续发展，并无法继续成为普通公路养护资金的重要资金来源。

面向未来，我国正在加快推进建设交通强国，构建现代化公路基础设施体系，现有交通税费体系也将面临巨大挑战。燃油税制度由于其以燃料消耗计征的制度设计，从根本上说不适应未来以新能源汽车为代表的载运工具技术发展方向，返还方式和分配结构也不适应普通公路养护资金需求，因此更迫切需要建立可持续的交通税费方案，研究推进公路里程税改革，解决未来长期、稳定供给的普通公路养护资金筹集的替代方案。

第二节　国内外公路智能收费技术系统现状

一、国外公路智能收费技术及系统

1. 基于专用短程通信（DSRC）技术的收费系统

基于专用短程通信（Dedicated Short Range Communication，DSRC）技术的收费系统，实现由车道计算机完成对车载集成电路（Integrated Circuit，IC）卡的不停车扣费。日本、澳大利亚、新加坡、挪威等国均采用此技术方案，我国现阶段应用广泛的 ETC 系统也是基于此技术。基于 DSRC 技术的收费系统，收费成功率可达 99% 以上，但需要在路侧布设大量设施，支持路侧单元与车载单元通信，进而完成收费。

1999 年，日本以东京附近的首都圈为起点开始实施高速公路自由流收费系统建设，该收费系统采用 DSRC 电子标签技术。与此同时，建设完成车辆信息与通信系统，实现高速公路车辆和道路信息的采集，并进行信息共享与传输，为正在高速公路行驶的自由流车辆驾驶人员提供信息。

美国最著名的高速公路自由流收费系统是基于 DSRC 技术的 E-ZPass 系统。E-ZPass 系统于 1997 年 7 月开始实施运行,随后在美国推广开来,发展迅速。在 E-ZPass 系统运行的一年半内,美国 23 条高速公路自由流收费车道的月平均交易量占了全部收费站的 45%。美国高速公路自由流收费 E-ZPass 系统借助可以被收费车道上的天线激活的车载异频雷达接收机,用户的车辆信息都被记录在车载异频雷达接收机上,经过收费站时,读取记录于接收机内的账户信息,即可实现通行费收取。根据国际桥梁、隧道和收费公路协会(IBTTA)统计,全美安装 ETC 系统的用户超过 3700 万,其中有超过 2159 万个 E-ZPass 账户。

2. 基于车牌识别技术的收费系统

电子车牌射频识别(RFID)收费技术,即在车辆安装 RFID 电子车牌标签,通过路侧的射频识别读写器采集车辆信息,实现路径计算和收费。英国伦敦采用该技术进行收费,成功率可达 90%,但存在识别不准的情况,同时也需要在路侧布设车牌抓拍设施。

新加坡的电子道路收费系统于 1998 年正式投入使用,该收费系统基于智能卡和 RFID 技术,所有在新加坡的车辆被强制要求安装车载电子单元。2021 年,新加坡开始部署基于全球定位系统的道路使用收费系统,新模式下,大型门架将不再使用,并可以开发增值服务。

3. 基于卫星定位技术的收费系统

该技术通过卫星与车载终端通信实现定位,进而实现收费。采用此技术的国家有德国、捷克、俄罗斯等,成功率可达 99.7%。该系统具有灵活性和可扩展性,可以添加路段,不同道路类型可配不同的费率,无须部署大量路侧收费设施。

应用卫星定位收费最好的国家是德国。德国基于全球移动通信技术(GSM)和全球卫星定位系统(GPS)开发了一套全自动的收费系统,对所有境内或过境的 7.5t 及以上大货车在德国范围内收取通行费。通过全球卫星导航系统(GNSS),计算出高速公路通行距离、通过通行费率(包括车轴数、车辆排放类别等),从而完成通行费用的计算和收取。拥有车辆的运输公司或个人可以自由选择全自动缴费或者手工缴费方式。为防止偷逃通行费,德国采取安装执法龙门架、执法立柱,以及固定执法、移动执法、车牌识别等方式进行稽查。为了保障养路费足额、准时缴纳,德国还在高速公路上设置了一整套固定式自动检查和移动路上检查相结合的监控系统。

捷克的电子收费系统组成与德国类似,采用不同的车载模块。捷克于 2019 年启用基于 GPS 的电子收费系统,在系统推出前完成了 93% 的国内货车登记,提供更灵活、安全的车辆监控和路线规划服务。捷克对所有境内或过境的 3.5t 及以上货车收取通行费,依据通行距离、道路类型、车辆类型、车轴数、车辆排放类别、允许载重、通行时段等计算收取通行费,用户可通过预付充值或通行后缴纳付费的方式缴纳。同时,为防止偷逃通行费,采取安装执法龙门架、执法立柱,以及固定执法、移动执法等方式进行稽查。

二、我国公路智能收费技术及系统

1. 全国 ETC 联网收费系统

全国高速公路联网收费系统由收费公路联网结算管理中心、省(自治区、直辖市)联网结算管理中心、区域中心/路段中心、ETC 门架、收费站、ETC 车道、ETC/MTC❶ 混合车道等组成。系统架构如图 3-1 所示。

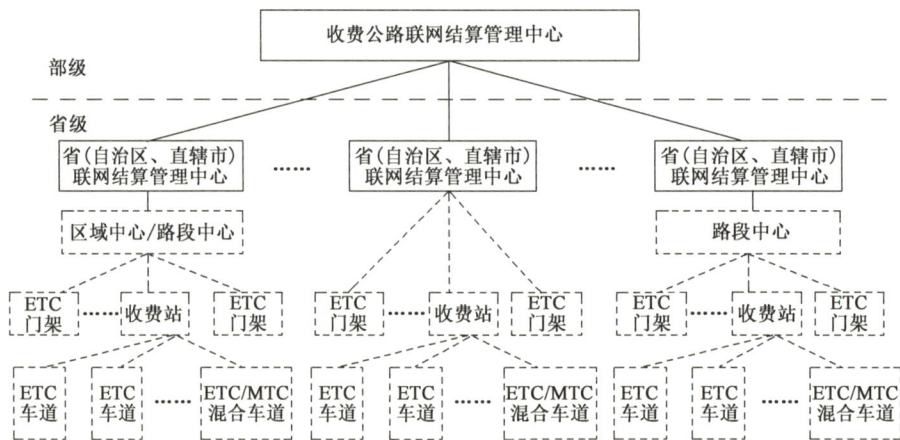

图 3-1　全国高速公路联网收费系统架构示意图

ETC(Electronic Toll Collection),即电子不停车收费。ETC 系统以专用短程通信(DSRC)技术为保障,以 IC 卡为数据载体,在车载单元(OBU)和路侧单元(RSU)之间形成信息交互,由车道计算机完成对 IC 卡的扣款操作,进而实现不停车、非现金扣费。相比于传统的 MTC 方式,ETC 可大幅节省车辆通过时间(从 30s 到 5s),有效解决收费站拥堵问题。

ETC 可分为匝道自由流收费和主线自由流收费。匝道自由流收费,是通过在收费站匝道以龙门架方式部署 ETC 设备,将 ETC 收费提前到匝道进行,相当于预设一条无障碍 ETC 交易车道,对经过匝道的 ETC 车辆提前交易。主线自由流收费,是指通过在收费站前方主线设置 ETC 龙门架,将 ETC 收费提前到主线进行,相当于提前预设无障碍 ETC 交易"大通道",对经过"大通道"的 ETC 车辆实现提前交易。

ETC 自由流收费已经在山东、广东、浙江等省(自治区、直辖市)成功试点应用。山东省首套 ETC 匝道准自由流预交易系统在青岛胶东国际机场收费站正式投入使用,该系统

---

❶ MTC:人工半自动收费车道。

采用了主线/匝道自由流门架预识别＋车道二次识别＋历史大数据相结合的分析校对核验模式，融合了跨摄像头追踪、密集物体移动图像分割、夜间对象识别等尖端技术，全面提高车牌、车型、收费数据等识别率或准确率。浙江省首个全车型匝道自由流与自助通行"云收费站"在杭甬高速公路上虞副站投入运行。在改进 ETC 匝道自由流预交易的基础上，"云收费站"建设过程中采用了高速公路复合通行卡（CPC 卡）匝道自由流技术。

2. 北斗自由流收费技术验证项目

北斗自由流收费技术融合了高精度定位和路径识别、云计算、5G/4G、互联网、大数据等多种信息技术，通过安装高精度北斗车载定位装置，结合云收费系统，高精度识别行驶路径，匹配相应的收费标准，通过轨迹路径计算，实现车辆无感结算收费，提高车辆通行效率，缓解交通拥堵。

海南省已经完成里程税运营管理平台的开发，且开展了较大规模的功能测试，平台已完成车辆位置上报、模拟计费、后台扣费、清分结算等基础功能，实现里程税收费的业务闭环并初步具备在全岛收费区域试点收费的服务能力。

三、分析总结

本节重点分析以北斗技术、ETC 技术、视频技术为主的自由流收费技术，在适用场景、路侧投资、扩展性、产业成熟度及技术不足等方面进行对比分析，结果见表 3-4。

主流智能收费技术比较   表 3-4

对比内容	北斗技术	匹配程度	ETC 技术	匹配程度	视频技术	匹配程度
工作原理	根据车辆安装的卫星定位装置定位的车辆轨迹还原车辆行驶的路径，实现收费功能	★★★★★	基于 5.8GHz 专用短程通信技术，通过路侧单元与车载单元通信，实现收费功能	★★★★★	利用路侧视频设施识别车辆车牌，实现收费功能	★★★★★
系统架构	"车端＋云平台"架构即可直接监测到车辆轨迹，层次简单，省略中间管理级别，适用于大面积路网	★★★★★	需要"路侧设备＋传输"多重设备与转接才能将信息上传中心，整个系统构成相对复杂，环节众多；对于开放路段的收费场景，架构更加复杂	★★★	需要"路侧设备＋传输＋边缘 AI 算法"多重设备与转接，系统结构相对复杂	★★★
适用场景	高速公路、普通公路、城市区域	★★★★★	封闭路段为主	★★	封闭路段为主	★★

对比内容	北斗技术	匹配程度	ETC技术	匹配程度	视频技术	匹配程度
车载设备	需要	★★	需要车载单元终端	★★	不需要	★★★★★
	车载终端可采用车电,不受使用时间和频次限制	★★★★	车载单元电池供电,受使用时间和频次限制	★★	无	★★★★★
	涉及舆情和个人隐私风险	★	短程通信,计费时进行数据传输,风险较小	★★★	无	★★★★★
路侧设施	少量路侧设施起稽查和可信增强作用	★★★★	完全借助路侧设施	★	完全借助路侧设施	★
成熟度	新型智能终端,新能源汽车领域已经开展相关应用,但在收费领域无成熟案例	★★★	有成熟的终端,有标准,有成熟案例	★★★★★	部分省(自治区、直辖市)开展了测试,停车场等相对封闭区域有成熟案例	★★★★
精准性和可靠性	精准性高,但定位信号可能受到物理遮挡影响;可靠性高,但国内收费公路领域尚无工程应用	★★★★	精准性和可靠性高,识别成功率可达99.5%	★★★★★	整体识别率受环境影响较大,在75%~90%,但结合AI算法等可一定程度上提升精准度	★★★
经济性	土建和机电规模较小	★★★★★	土建和机电规模大,系统维护成本高	★	建设成本低,维护成本高	★★★
安全性	技术上安全性高,但涉及数据安全风险问题,需要有较好的安全措施保障	★★★★	安全性较高	★★★★	安全性较高	★★★★
开放性和拓展应用	车辆出厂前装导航终端已成为趋势,技术标准统一后可实现开放应用;拓展应用功能较广,与位置信息有关的车辆服务均可拓展	★★★★★	全国范围互联互通,技术生态体系开放;以收费为主,可扩展ETC停车收费等,但拓展场景有一定局限性	★★★	开放性较好,但拓展性较差,以稽核为主,可扩展黑名单抓逃、布控等	★★
与智慧交通的关联性	关联性大,可同步实现应急救援、信息发布服务等智慧交通功能,是智慧交通的关键节点	★★★★★	采集数据为离散数据,对智慧交通发展具有一定支撑作用	★★★★	一般,采集数据为离散数据,对智慧交通发展支撑作用有限	★★
与社会发展关联性	符合北斗卫星导航系统"三步走"发展要求;对产业的推动、新生态链的构建有促进作用	★★★★★	无	★	无	★

综上,国内外现有公路智能收费系统主要服务于收费公路,主要应用于封闭式路段。考虑到里程税改革征收范围以开放路段为主,根据里程税改革对收费技术的要求,本研究

认为北斗自由流收费技术在工作原理、适用场景、收费精准性和可靠性、经济性、可拓展性、与社会发展关联性等方面有一定优势,与里程税改革的匹配性更高。

第三节　我国公路收费系统面临的新形势新要求

一、公路税费改革带来的新挑战和要求

1. 新能源车辆发展导致燃油税税基不稳,将进一步加剧公路养护资金的供需矛盾

近年来,伴随着国家碳达峰、碳中和目标的提出,新能源汽车已经成为国家战略性新兴产业。2021 年新能源汽车产销量同比均增长 160% 左右;截至 2022 年 6 月底,我国新能源汽车保有量已经突破 1000 万辆,8 月底,新能源汽车市场渗透率更是达到了 28%;截至 2023 年 9 月底,我国新能源汽车保有量达到 1821 万辆。随着新能源汽车在车辆市场份额的不断扩大,燃油的使用量将大幅降低,深刻影响现行公路养护主要经费来源——燃油税。与此同时,普通公路养护里程逐年提升,至 2022 年底,我国普通公路养护里程约517.75 万 km,比 2008 年增长 66%,并且伴随着建筑材料物价、机械与人工成本的不断上涨,公路养护成本日益增加,而燃油税返还资金规模却多年不增,养护资金供需矛盾不断加剧。公路养护资金不足直接导致目前全国约 40% 的普通公路路况处于中差水平,农村公路"油返砂""畅返不畅"问题加剧。

2. 里程税改革已成为行业共识

截至 2022 年底,我国普通公路总里程为 517.75 万 km,形成了以普通国省干线公路为脉络、农村公路为基础的公路网络,在综合交通运输体系中发挥着重要的基础性作用。要维护好如此庞大规模的公路资产,加强公路科学养护管理,亟须保障养护资金来源的稳定性和可持续性。通过里程税改革调整燃油税等税费政策,将税基从能源消耗量转为道路使用量,可避免由于载运工具本身的技术发展对公路养护资金的影响,将新能源汽车等非燃油车辆纳入里程税征收范围,并通过科学确定费率标准,有效解决普通公路养护资金供需矛盾,有利于构建充足、稳定、可持续的普通公路养护资金渠道,促进公路事业健康可持续发展。2019 年,海南省启动里程税改革试点工作,交通运输部将海南里程税改革作为重大事项改革上报国务院,国务院办公厅已明确批示由交通运输部牵头、财政部和国家发展改革委等参加,指导海南里程税改革,并报国务院审议。在 2021 年全国交通运输工作会

议上,李小鹏部长明确提出"指导推动海南开展里程税改革试点"。2021年6月,《国务院关于建设现代综合交通运输体系有关工作情况的报告》提出研究建立"里程税（费）"制度。

3. 里程税改革需要新的税费系统提供技术支撑

里程税征收要求收费系统精准、无感,能实现对不同车型在不同等级公路按不同费率正确地判别与收取费用,在车速0～120km/h的条件下识别成功率达到99.5%以上。收费系统自身应满足安全、可靠要求。系统与设备应具有良好的环境适应性和防电磁干扰等特性,能够保证在恶劣环境下稳定、可靠地独立运行,应具有可扩充性、可互换性、易维护性和兼容性,满足全网收费一致性、互联互通的要求。并且应确保数据安全,充分保护用户隐私,投入成本应当在社会可接受范围内,应具备可靠、高效的稽核技术手段,以便维护正常的收费秩序,降低收费管理成本。另外,收费系统还应具备扩容接口,满足系统扩容、功能扩展的要求,可为干线公路网运行管理及政府行业监管提供决策支持,可为城市拥堵收费、交通诱导、智能停车收费、运输车辆安全管控等提供解决方案等。

二、交通高质量发展和人们对美好出行的高要求对公路收费系统提出新要求

1. 建设交通强国和中国式现代化的开路先锋新定位要求公路发展要按照安全、便捷、高效、绿色、经济理念适度超前

建设交通强国是以习近平同志为核心的党中央立足国情、着眼全局、面向未来作出的重大战略决策,是全面建成社会主义现代化强国的重要支撑。综合考虑人口和面积等因素,我国公路事业与发达国家相比还存在一定差距。为加快建设交通强国,未来我国公路网仍需要保持稳定适度的超前发展,进一步完善公路交通网络,提高发展质量和效率。在推进实施《交通强国建设纲要》《国家综合立体交通网规划纲要》中,公路交通需要准确把握交通当好中国式现代化的开路先锋要求与构建现代财税制度的关系,要在统筹交通领域车购税奖补资金和政府还贷二级公路取消收费后补助资金,用好用足地方政府专项债券,规范有序推广运用政府和社会资本合作（PPP）模式,稳妥开展基础设施不动产投资信托基金（REITs）试点等的基础上,研究制定长期可持续的交通强国建设财税金融保障政策。

2. 交通运输数字化发展要求全路网实时提供高质量交通数据

当今,数字世界与物理世界正在加速交融,交互、连接、计算等各个维度的数字技术正在飞速迭代,且逐步渗透到交通运输行业生产、管理、服务的各个环节。《数字交通发展规

划纲要》明确提出"加快交通运输信息化向数字化、网络化、智能化发展"。《数字交通"十四五"发展规划》擘画了"一脑、五网、两体系"的格局蓝图，并提出了"交通设施数字感知，信息网络广泛覆盖，运输服务便捷智能，行业治理在线协同，技术应用创新活跃，网络安全保障有力"的数字交通体系发展目标，为当前阶段交通行业数字化指明了前进方向。数字交通是以数据为关键要素和核心驱动，促进物理和虚拟空间的交通运输活动不断融合、交互作用的现代交通运输体系。在数字化转型过程中，需要实时掌握全路网交通流量数据，里程税征收系统在满足精准收费业务的同时，应具备提供全路网、全天候、全车型的实时交通数据功能，助力公路交通数字化转型。

3. 行业治理体系和治理能力现代化要求公路发展要提高信息化数字化水平，实现高效智慧管控

党的二十大报告指出，从现在起，中国共产党的中心任务就是团结带领全国各族人民全面建成社会主义现代化强国、实现第二个百年奋斗目标，以中国式现代化全面推进中华民族伟大复兴；并明确，到2035年，基本实现国家治理体系和治理能力现代化。交通运输作为经济社会发展的"先行官"，理应率先在推进行业治理现代化上实现突破，为推进国家治理现代化积累经验、作出贡献。公路交通需依托移动互联网、物联网、云计算、大数据、空间地理信息技术等新一代信息技术，建立智慧公路管养云平台，搭建智慧公路"云脑"，推进信息系统向集约化和云服务模式转变，实现公路养护业务的信息化管理，提高数据的管理与共享，最终实现管养工作的信息网络化、数据标准化、资源合理化、业务规范化、决策科学化。需探索公路收费新模式，实现多车道、自由流、非现场支付，打造品类更多、品种更全、品质更高的公路交通服务，切实提升人民群众的满意度和获得感。

4. 建设人民满意交通要求公路发展要兼顾效率与公平，持续提供便捷高效的通行服务

党的十九届五中全会审议通过的《中共中央关于制定国民经济和社会发展第十四个五年规划和二〇三五年远景目标的建议》提出，"十四五"时期经济社会发展必须遵循坚持以人民为中心的原则，坚持人民主体地位，坚持共同富裕方向。交通运输行业本质上是一个服务性行业，加快建设人民满意交通，就是要着力打造一流设施、一流技术、一流管理、一流服务，努力让广大人民群众享有更高质量、更加公平、更有效率的交通服务。经济社会要实现高质量发展，需要有更高质量、更加可靠的交通作为保障。公路交通是覆盖范围最广、服务人口最多、使用最广泛的运输方式。维护好这些规模庞大的公路资产，发挥其最大功用，才能更好地保障人民群众出行需求。推动公路养护管理高质量发展，是加快建设交通强国的内在要求，是服务构建新发展格局的重要支撑，是建设人民满意交通的重要内容,是补齐公路发展短板的务实举措。

三、卫星通信导航等新技术发展成熟为智能收费系统的升级创造机遇

1. 北斗卫星导航系统应用日渐成熟

北斗卫星导航系统是中国自主建设、独立运行的卫星导航系统,是我国重要的时空信息基础设施。定位导航授时服务是北斗卫星导航系统为全球用户提供的基础服务,全球定位精度优于5m,测速精度优于0.1m/s,授时精度优于20ns,亚太地区定位精度优于4m,测速精度优于0.1m/s,授时精度优于10ns。目前,北斗卫星导航系统创新推动产学研用有机融合,成功构建了集芯片、板卡、终端、应用服务于一体的综合产业链,并在交通运输、民政减灾等行业开展应用示范。构建了包括政策法规、标准规范、知识产权、检测认证和国际化在内的北斗产业支撑保障体系,基本形成以国家宏观政策为指引、以行业和地方政策为主体的北斗产业政策体系。交通运输行业"点多、线长、面广、移动"的行业属性与北斗卫星导航系统可提供的全天候、全天时、高精度与高可靠时空服务高度契合,基于卫星导航的位置服务已广泛应用于交通运输行业相关领域。

2. PNT 体系❶建设正在推进

卫星导航系统固有的脆弱性、风险性和局限性使得单靠卫星导航无法充分满足用户对定位导航的可用性、完好性等需求,存在在复杂电磁环境下易受干扰和阻断,信号穿透障碍能力受限,在隧道、峡谷、高楼、室内等区域正常使用受限等问题。当前,我国正在推动以北斗卫星导航系统为核心的国家综合 PNT 体系建设,2035 年前,我国将建成更加泛在、更加融合、更加智能的国家综合时空体系,提供基准统一、覆盖无缝、安全可信、高效便捷的定位导航授时服务,发展多种导航手段,实现前沿技术交叉创新、多种手段聚能增效、多源信息融合共享,推动服务向水下、室内、深空延伸,通过体系融合聚能、赋能、生能、强能,为未来智能化、无人化发展提供核心支撑。

3.5G、区块链等技术快速发展

5G,即第五代移动通信技术,是具有高速率、低时延和广连接特点的新一代宽带移动通信技术,相比于4G,性能大幅提高(表 3-5)。5G 商用以来,我国 5G 在网络建设、用户规模、融合应用发展创新等方面走在了世界前列。截至 2022 年 9 月末,我国 5G 基站总数达222 万个,5G 在工业、医疗、教育、交通、能源等领域均有较多应用场景落地。

---

❶ 定位(Positing)、导航(Navigating)、授时(Timing)体系的简称,是全球卫星导航系统的进一步完善与深化。

4G 与 5G 关键指标对比　　　　　　　　表 3-5

关键性能指标	定义	4G	5G
用户峰值速率	单位用户可获得的最高传输速率	1Gb/s	10Gb ~ 100Gb/s
用户体验速率	真实网络环境下用户可获得的最低传输速率	10Mb/s	0.1Gb ~ 1Gb/s
端到端时延	数据包从源节点开始传输到被目的节点正确接收的时间	10ms	1ms
连接密度	单位面积上支持的在线设备总和	$1 \times 10^5/km^2$	$1 \times 10^6/km^2$
流量密度	单位面积区域的总流量	$0.1Tb/(s \cdot km^2)$	$10Tb ~ 100Tb/(s \cdot km^2)$
移动性	满足一定性能要求时,首发双方间的最大相对移动速度	350km/h	>500km/h

区块链作为分布式数据存储、点对点传输、共识机制加密算法等多技术组合创新的全新分布式基础架构,具有多中心化、不可篡改、公开透明的技术特点,有效解决传统交易模式中数据在系统内流转过程中的造假行为,构建可信的交易环境。目前,区块链在金融、政务、民生、司法、医疗、公益、税务等领域的应用越来越多、越来越成熟,呈现全面开发的局面。

5G 高速率、低时延、广连接特点和区块链多中心化、不可篡改、公开透明特点与智能税费系统具有高度匹配性,为智能税费系统推进实施提供了技术条件。

第二章
新一代公路智能税费征收系统的
作用和意义

第一节 新一代公路智能税费征收系统的特征

一、服务全路网

《2021年全国收费公路统计公报》显示，2021年末，全国收费公路里程18.76万km❶，占公路总里程528.07万km的3.55%。即当前我国以电子不停车收费（ETC）为主、人工半自动收费（MTC）为辅的收费技术服务覆盖范围仅占全国公路里程的3.55%。与当前收费技术服务范围相比，新一代公路智能税费征收系统的服务范围将覆盖全路网。新一代公路智能税费征收系统最终要打造全国一张公路网、一套收费技术、一套收费标准，统一服务、统一管理的公路收费模式。未来，根据城市道路交通发展情况，从城市道路使用付费、拥堵收费、停车费等角度，逐步考虑将新一代公路智能税费征收系统的服务范围拓展至城市道路。

二、不设收费站

自撤站工作开展以来，收费公路通行效率和服务水平均有一定的提高，但对于收费公路经营模式而言，仍需要进行封闭管理。《2021年全国收费公路统计公报》显示，2021年末，全国收费公路共有主线收费站972个❷，在一定程度上影响整体路网的运行效率。普通公路网作为开放的路网，若以设置收费站的方式征收相关费用，操作难度大、成本高。

---

❶ 包括高速公路16.12万km，一级公路1.76万km，二级公路0.75万km，独立桥梁及隧道1329km。
❷ 包括高速公路488个，一级公路308个，二级公路115个，独立桥梁及隧道61个。

新一代公路智能税费征收系统是针对全路网开发的一套新的收费方式,利用天地一体信息通信技术,配合安装车载终端,以用路者最终使用道路里程为基础,辅以合理的收费标准,计算最终的公路使用费用,无须设置收费站即可完成收费。

三、自由流无感收费模式

我国收费公路目前采用以电子不停车收费(ETC)为主、人工半自动收费(MTC)为辅的模式,由于现有技术局限性,车辆在驶离收费公路的时候均需减速或停车进行缴费,降低路网通行效率,影响公众出行体验感。新一代公路智能税费征收系统采用自由流无感收费模式,在不影响车速的情况下,即可精准完成费用计算、生成并发送给用户,用户可在行程结束后核对费用,若无误即可通过移动互联网进行费用缴纳,确保用户以自由流状态出行,提高公路通行效率,增加公众出行体验感。

四、打造全网数据资源

我国收费公路覆盖范围小,现行的收费技术仅能获取高速公路及一小部分高等级公路的出行数据资源,且收费公路由各地负责管理运营,数据资源有限且共享困难。新一代公路智能税费征收系统是面向全国、全路网设计的一套税费征收系统。全国将实现一套数据采集技术、一套数据标准,彻底打破各地数据共享困难局面。且新一代公路智能税费征收系统服务覆盖全路网,远期甚至可拓展至城市道路网,形成的公路交通数据资源更加丰富、更加完整,为后续打造数字经济奠定更为坚实的基础。

五、重点依托卫星通信技术

我国现有的 ETC 和 MTC 均通过地面技术完成交易,且 ETC 和 MTC 所采用的收费核心依据均是在封闭路段上起点与终点之间的最短路径,同步考虑相关车型、收费标准等因素,最终计算出费额,从用路者付费的角度考虑,科学性和精准性存在不足。新一代公路智能税费征收系统重点依托北斗卫星通信技术与北斗卫星车载终端,配合其他信息通信技术(包括5G、互联网等),形成天地一体的信息通信技术系统,利用北斗卫星高精度定位技术,极短周期性(秒级)传输车辆实时位置,并借助高精度地图,形成车辆行驶轨迹。最终以车辆的实际行驶轨迹里程作为用路者付费的计算核心依据,计算费额更加科学、精准。

六、以信用为基础的后收费形式

我国目前的收费制度是车辆用户在收费站现场完成交易,在用户出行过程中,影响出行效率和体验感。新一代公路智能税费征收系统将采用以信用为基础的后收费形式,即用户在一定周期内缴纳上一周期使用公路所产生的费用总和。后收费形式也促进新一代公路智能税费征收系统搭建信用体系，对于具备良好交易记录的用户，其信用等级逐渐提升，可以享受一定限度的透支以及费用减免等优惠服务；对于一段时间内进入过黑名单或存在偷逃费用问题的用户，降低信用等级，在一定时间内不再享受任何车辆通行费减免政策；对于拒交、偷逃通行费严重的用户，其行为将被纳入社会信用体系。

新一代公路智能税费征收系统与现有收费系统比较见表3-6。

新一代公路智能税费征收系统与现有公路收费系统比较表　　　表3-6

收费技术	现有公路收费系统	新一代公路智能税费征收系统
服务范围	高速公路、少量高等级公路及部分桥梁与隧道	全路网，包括高速公路与普通公路，远期考虑城市道路
适用范围	封闭式路段，设收费站	开放性公路网络，不设收费站
缴费方式	减速或停车缴费通过	自由流通行，无感收费
数据形态	少量收费公路数据，数据链条不完整	全路网数据，数据链条相对完整，为打造数字生态奠定基础
主要技术	依赖地面技术	依托天地一体的信息通信技术
收费形式	现场收费，强化稽查	用后收费，注重信用

第二节　新一代公路智能税费征收系统的功能与作用

一、对于普通公路，用于里程税征收

里程税征收的核心是获取准确的车辆行驶里程和路径，确保车辆行驶里程和路径是推进里程税实施的关键。新一代公路智能税费征收系统是为里程税量身定制的一套收费技术手段，利用天地一体的信息通信技术，精准且完整地还原车辆行驶轨迹，以实际行驶里程为基础，综合考虑道路等级、车型、时段等因素，科学制定收费标准，准确地计算出车辆行驶里程税，为普通公路可持续发展提供支撑。

二、对于收费公路，用于通行费征收

ETC系统的推广普及，提高了不停车收费的比例，实现了公路通行效率的提升，但就其系统本身而言，ETC采用近场通信的方式进行收费结算，车辆在进出高速公路收费站时需要减速通行，甚至存在倒回重新识别的情况，影响通行效率和安全，在服务水平、通行效率等方面仍有提高空间。新一代公路智能税费征收系统是真正意义上的自由流收费系统，车辆用户采取后付费形式缴纳通行费用，避免因缴费而被动产生减速甚至是停车的情

况,提高道路通行效率,提升车辆用户体验感、获得感。

三、对于城市道路,用于拥堵费征收

高德地图联合多家权威机构共同发布的《2021 年度中国主要城市交通分析报告》表明,我国城市交通拥堵情况日益严重,全国 362 个城市中,有 6.6% 的城市通勤高峰期处于拥堵状态,有 64.4% 的城市在通勤高峰期处于缓行状态,处于拥堵状态的城市均为区域性重点城市。为有效缓解城市拥堵,探索收取拥堵费是较为可行的一条路径。目前,广州、北京、上海等国内大型城市都对交通拥堵收费技术方案有过较为深入的研究和论证。新加坡、英国、瑞典等发达国家重点城市都已经开展城市拥堵收费的相关实践。从技术角度出发,新一代公路智能税费征收系统通过车辆安装车载定位终端,精准记录车辆行驶路径,准确记录车辆行驶区域,结合其他影响因素,可以合理准确地计算出拥堵费用,为城市交通拥堵收费提供条件。

四、对于停车场,用于停车费征收

目前,已有通过高位视频对车辆进行停车监控,自动推断车辆进出车位并据此进行计时收费的停车管理系统,但此类停车管理系统需要布置大量摄像头,施工难度大、成本高。新一代公路智能税费征收系统实现车辆的实时精准定位,可利用北斗卫星导航系统的精准时间和空间位置,打造以"智慧停车平台 + 车载终端 + 北斗地基增强站"为主要设施的城市停车管理系统,将城市停车位数据采集后生成电子围栏,通过车辆上的车载终端,精确判断车辆进出电子围栏(车位)的位置和时间,从而计算停车费,实现无人值守、无感支付的智能化停车管理。2019 年时,西安便已经进行了北斗智慧停车应用试点实践,并取得了不错的成效。

第三节 新一代公路智能税费征收系统的重要意义

一、智慧公路发展的内生需求,满足人们美好出行的需要

智慧公路的特征是与云计算、大数据、人工智能等新一代信息技术融合,实现对高速公路透彻全面、实时准确的感知,掌握每段路、每辆车和每个结构物的现状并精准预测发展趋势,全方位实现车车、车路动态实时信息交互,并在全时空动态交通信息采集与融合的基础上开展车辆主动安全控制和道路协同管理,车辆实现"联网联控",向出行者提供靶向精准信息服务。新一代公路智能税费征收系统通过天地一体的信息通信技术,在对车辆信息精准感知的基础上,实现与车辆的信息互动,正是智慧公路发展的内在需求;同时,

基于新一代公路智能税费征收系统实现的公路收费也是智慧公路的重要组成部分，系统形成的完整的运输流大数据，是智慧公路发展的核心基础资源，可协同路方，搭建数字孪生平台，为智慧公路实现全面感知、智能分析、科学决策、精准管控/服务奠定基础。同时，一些影响公众出行体验感的交通问题（交通拥堵、减速通过收费站等）得到解决或缓解。新一代公路智能税费征收系统不仅可以给公众提供一流的交通出行体验，还可以提供一体化、智能化、便捷化、透明化的其他服务，有利于提高公众出行体验感、幸福感。

二、建立可持续的公路公共财政保障及投融资机制

在我国部分公路投融资方面，中央与地方的公路筹资责任事权不清晰。各级政府都倾向于将公路筹资责任逐级下压，导致地方筹资压力过大，负债发展成为地方唯一出路，为此各地成立了种类繁多的交通融资平台，债务负担较重，债务风险不断积累。里程税是改变现有各级政府公路资金债务的一条重要路径，以征收里程税为目的的新一代公路智能税费征收系统可以实现收费更加精准、投融资更加透明、事权更加清晰、费率更加灵活，能够有效解决普通公路主要养护管理和还债的财政性资金来源问题。未来路网建成后，公路规模进一步扩大，养护资金需求越来越大，里程税可以根据需要动态调整税率，提高供给规模，缓解公路养护资金缺口问题。推进以征收里程税为目标设计的新一代公路智能税费征收系统建设，实现里程税改革，为公路行业可持续发展提供资金保障。

三、落实国家战略，促进北斗卫星导航、5G、区块链等技术在交通行业产业化应用

《交通强国建设纲要》提出"推进北斗卫星导航系统应用""推动大数据、互联网、人工智能、区块链、超级计算等新技术与交通行业深度融合"。《国家综合立体交通网规划纲要》提出"打造全覆盖、可替代、保安全的行业北斗高精度基础服务网，推动行业北斗终端规模化应用"。《中华人民共和国国民经济和社会发展第十四个五年规划和2035年远景目标纲要》提出"深化北斗系统推广应用，推动北斗产业高质量发展""面向服务国家重大战略，实施……北斗产业化等重大工程""构建基于5G的应用场景和产业生态，在智能交通、智慧物流、智慧能源、智慧医疗等重点领域开展试点示范""培育壮大人工智能、大数据、区块链、云计算、网络安全等新兴数字产业"。推进北斗卫星导航、5G、区块链等技术产业化应用是必然趋势，交通行业作为先进技术优先产业化领域，在推进北斗卫星导航、5G、区块链等技术产业化应用上义不容辞。新一代公路智能税费征收系统可以充分发挥北斗卫星导航、5G、区块链等技术优势，推动相关技术在交通行业的产业化应用，是交通行业响应国家战略要求的一项重要举措。

四、"智能收费＋"成为数字产业经济新增长点，推动优化我国公路发展生态

新一代公路智能税费征收系统可以形成较为完整的人流、货流、车流、信息流、资金流数据，有利于加快形成全国"一张网"、一个数据池。未来，在国家推进里程税的前提下，新一代公路智能税费征收系统可以创造出巨大的收入，为普通公路建设和养护资金来源提供渠道。里程税是财政收入，未来路网运营服务将是政府购买服务，当前各地公路投资运营主体必将转变为公路服务运营商，届时比拼的是运营成本、产业链整合、服务品质，必将推动公路服务运营市场的并购重组，公路服务运营市场进一步开放，公路发展生态进一步优化。另外，新一代公路智能税费征收系统将带动"智能收费＋"产业和智慧交通制造业两块业务快速发展。新一代公路智能税费征收系统平台上将设计金融服务、出行服务、旅游服务、物流服务、信息服务等衍生业务，丰富系统服务内容，优化公路出行服务生态，为培育交通数字产业经济新增长点提供支撑。

第三章
新一代公路智能税费征收系统建设目标

第一节 建设目标

一、总体目标

完善智慧公路基础功能体系，科学选择收费技术路径，建立安全可靠、性能优良、经济适用、集成度高、生态性好的新一代公路智能税费征收系统，为多场景的公路税费征收提供全面技术支撑，为智慧公路发展提供更优质的系统服务、连续动态数据流支撑、应用生态基础，建立新型公路公共财政保障制度，促进公路交通高质量发展。

二、具体目标

公路税费智能征收：围绕公路里程统计、计费、支付、清分、结算、稽核等公路税费征收核心环节，建立先进适用、自主可控的技术平台，确保建设成本经济，各利益群体保持较低负担水平。

公路管理协同高效：以里程税征收应用场景为基础，依托北斗卫星导航、5G、大数据、云计算等多种先进技术，实现公路运输实时监控，开展交通运输运行状态预测预警和趋势分析，为智慧公路运行监测、管养维护、危险品监管等科学决策提供基础支撑。

公众服务便捷多样：打造服务内容多样、便捷智能的公众信息服务体系，除公路收费信息服务外，逐步拓展覆盖公众出行、智慧停车、智能充电、应急救援等服务应用场景。

产业生态创新活跃：助推北斗卫星导航、大数据、云计算等技术产品在交通运输领域的广泛应用，推动车联网、金融、智慧公路、智慧出行等产业集聚和创新生态构建，推进技术创新升级。

安全保障有力可靠:以满足网络安全等级保护、个人信息安全保护基本要求为基准,以数据安全和物联网安全为核心,最大程度提高网络和信息系统的主动防御和安全防护能力,实现风险可视化、防御主动化、运维自动化。

第二节　总体思路

按照实际行驶里程,根据不同公路功能、车辆类型和排放水平等合理设置差异化的税率,运用新一代公路智能税费征收系统实现对道路使用量的精确计量和无感收费,从而实现"谁使用、谁受益、谁负担""用多少、付多少"和"不使用、不付费",构建更加公平的交通税费体系。

第三节　新一代公路智能税费征收系统路径选择

结合对国内外不同公路智能收费技术的分析,新一代公路智能税费征收采用"北斗车载终端定位 + 云端计费"的方式,无须在公路上建设物理隔离设施,应用电子收费技术自动完成对多条车道上自由行驶车辆的收费处理,具有开放式、自由流技术特征,适合开展满足征收范围的里程税征收。

为避免北斗卫星导航单一技术的劣势,辅以视频、雷达等边端技术,并通过复用或新建路侧设施融入主/被动导航源和冗余北斗增强信号,增强系统的可靠性和可信性,满足里程税对时空信息可信服务的要求,为智慧公路发展提供更有效的支持。

对于现有非收费公路体系,根据里程税改革对收费技术的要求,采用开放式自由流收费,融合多种定位技术,采用"云-端"和必要的边端设备的系统架构,在精准计费方面采用"北斗车载终端定位 + 云端计费"方式,同时,利用 DSRC、视频、雷达与 AI 边缘计算等技术,实现计费补充和收费稽核。基于现有路侧设施,推进车端和路侧信息协同,服务主动安全、路网运行监测。对于现有的收费公路体系,依托现有 ETC 技术,不断迭代升级,发展 ETC + 北斗,拓展应用服务功能,根据未来收费技术发展情况,可选择切换至"北斗 +"系统进行收费。对于城市道路体系,考虑采用"北斗 +"系统征收拥堵费,缓解城市道路拥堵,考虑到城市建筑物复杂分布,可采用"北斗 + 路侧设施""北斗 +5G"等融合技术,增强轨迹还原准确性。

第四节 以北斗技术为主的公路智能税费征收系统的可行性

一、技术可行性

北斗里程收费基于北斗卫星导航技术，无须建设收费站及附属设施，采用"北斗车载终端定位＋云端计费"的方式，从技术原理上适合于对全国路网进行里程税征收。

利用卫星导航定位技术征收通行费在国内外均有成功应用；德国、奥地利等国均已实现通过 GPS 系统向车辆征收高速公路费，新加坡正推动利用卫星定位技术征收城市拥堵费的工作；在国内，海南、江西均已开展基于北斗卫星导航技术收取通行费的探索，且效果不错。国内网约车业务也是利用卫星定位技术来收取营运费用的。

但卫星系统具有脆弱性，存在着复杂交通场景下卫星定位信号漂移、遮挡、信号干扰以及终端被屏蔽等问题；里程税收费设计成"云-边-端"的系统架构，利用系统性补齐"定位即收费"所需的补偿和鉴权机制，目前国内各行业建设的千余座地基增强站提供的全国高精度位置增强服务，以及遍布全国的高速公路 ETC 门架站资源提供的路侧边端增强监测服务等，均可作为泛源融合信息源构建里程税收费的补偿机制，保证北斗卫星导航卫星信号在复杂交通环境下的可信计量，增强北斗时空导航服务的可用性和可信性。因此，利用里程税"云-边-端"的系统架构，依托国内目前已有的交通基础设施基础，可以很好地支撑里程税的应用。

二、经济可行性

卫星定位技术征收里程税采用"云（平台）-端（车载终端）"的系统架构，辅助布设一些边端设备，整个系统架构更简洁，无须在路段布设大量设备，节约大量的收费站点等土地资源，符合国家节约集约用地的根本方针；没有收费站等机构，管理环节更简单，运营成本更低；对于里程税收费这样用户规模大、路网范围广、灵活多变的应用场景，卫星技术是建设成本和运营成本最低的技术手段。

里程税建设成本主要涉及车载终端成本、系统建设成本（主要是云端建设费用）、路侧设备系统建设成本、北斗地基增强站建设成本等方面。按照全国 4.5 亿辆机动车（含新能源汽车）、国省县道 169.53 万 km 路网规模测算，实施里程税总预算为 410 亿元。车载终端成本是其中的主要成本，但总体可控：单个终端约为 100 元，随着终端产量的提升，后期安装终端的成本会大幅度降低；通过制定政策及标准，推动车辆出厂前安装终端，最终终端的成本会降低到 50 元以下,从而进一步降低里程税综合成本;对于新能源汽车,本身已装有北斗终端,可直接提供车辆轨迹数据用于里程计费,无须增加终端。

从产业化角度,基于北斗卫星导航系统的里程税征收可以进一步带动北斗产业化发展,提高北斗卫星导航系统应用规模,提升我国卫星导航接收机核心器件工艺化及自主可控水平,高精度服务所提供的服务还可以促进我国智能交通发展,提升道路运输安全管理与服务水平,进一步降低交通管理成本、提高道路通行效率、减少能源消耗,为交通运输领域提供更多经济效益。

第五节 推进方案选择

一、现有非收费公路体系

初步确定现有非收费公路体系里程税征收范围包括普通国省干线公路、县道、不收费的高速公路、收费到期的高速公路。在采用"北斗 + "技术的前提下,从技术实现、改革推进难易程度、实现成本、用户公平等维度分析比选推进方案,详见表 3-7。

非收费公路推进方案比选　　　　　　　表 3-7

方案	技术实现	改革推进难易程度	实现成本	用户公平
方案一:只对新能源汽车征收里程税,燃油车继续征收燃油税不变	容易	容易	低	不公平
方案二:先对新能源汽车征收里程税,待条件成熟后,再扩大到燃油车	比较容易	比较容易	较低	公平
方案三:取消燃油税,里程税征收范围适用全部车辆,统一收费标准	困难	困难	高	公平
方案四:取消燃油税,里程税征收范围适用全部车辆,新能源汽车和燃油车实行差异化收费标准	困难	比较容易	高	比较公平

技术实现:主要考虑车载终端的安装难易程度。目前,所有新能源汽车已经安装具备相应功能的车载终端,燃油车尚未安装。

改革推进难易程度:考虑推进新能源汽车里程税征收和推进里程税代替燃油税的难易程度。

实现成本:主要考虑车载终端的成本高低。

用户公平:主要考虑里程税与燃油税的科学性、合理性、公平性。

从表 3-7 分析结果来看,选择方案二和方案四,更容易推进里程税改革和新一代公路智能税费征收系统的实施应用。

二、现有收费公路体系

从技术实现、改革推进、实现成本、路网运行等维度分析比选推进方案，详见表 3-8。

收费公路推进方案比选 表 3-8

方案	技术实现	改革推进难易程度	实现成本	路网运行
方案一：继续沿用 ETC 技术系统	容易	不存在改革	无成本	不顺畅
方案二：切换成里程税征收的"北斗＋"系统	困难	困难	高	顺畅
方案三：沿用 ETC 技术系统并不断升级，时机成熟时切换到里程税征收的"北斗＋"系统	比较容易	比较容易	相对较低	顺畅

技术实现：主要考虑车载终端的安装难易程度。目前，所有新能源汽车已经安装具备相应功能的车载终端，燃油车尚未安装。

改革推进难易程度：考虑推进里程税代替通行费的难易程度。

实现成本：主要考虑车载终端的成本高低。

路网运行：主要考虑路网是否存在因缴纳税费而存在的堵点或者减速点。

从表 3-8 分析结果来看，结合全国公路"一张网"，选择方案三更容易实现收费路网的便捷、高效运行。

第四章
新一代公路智能税费征收系统整体架构

第一节 收费原理

一、技术原理

新一代公路智能税费征收系统是基于北斗卫星导航、5G、区块链、互联网金融等技术融合基础上的、不设站的公路自由流收费系统,可以准确记录装有北斗车载电子单元或北斗终端的车辆在路网上的行驶轨迹,通过绑定后台账户,采用"北斗车载终端定位 + 云端计费"的方式,收取车辆税费。只需在云端电子地图划定虚拟收费区域,配合稽查设施、矫正设施和配套的政策制度,即可实现税费的收取,无须建设收费站及附属设施。新一代公路智能税费征收系统示意如图 3-2 所示。

二、收费过程

新一代公路智能税费征收系统收费包括终端发行、里程税计费、异常情况计费、稽核、支付缴费和清分结算等环节,系统征收流程如图 3-3 所示。

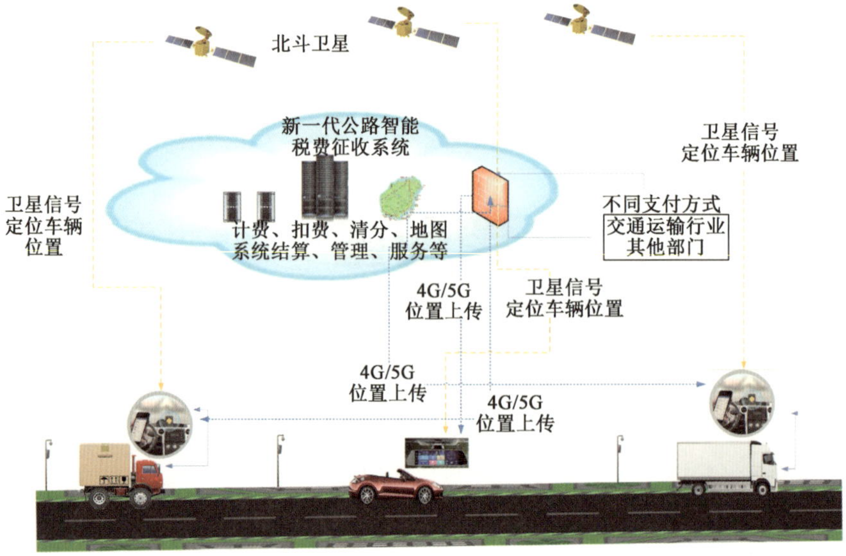

图 3-2　新一代公路智能税费征收系统示意图

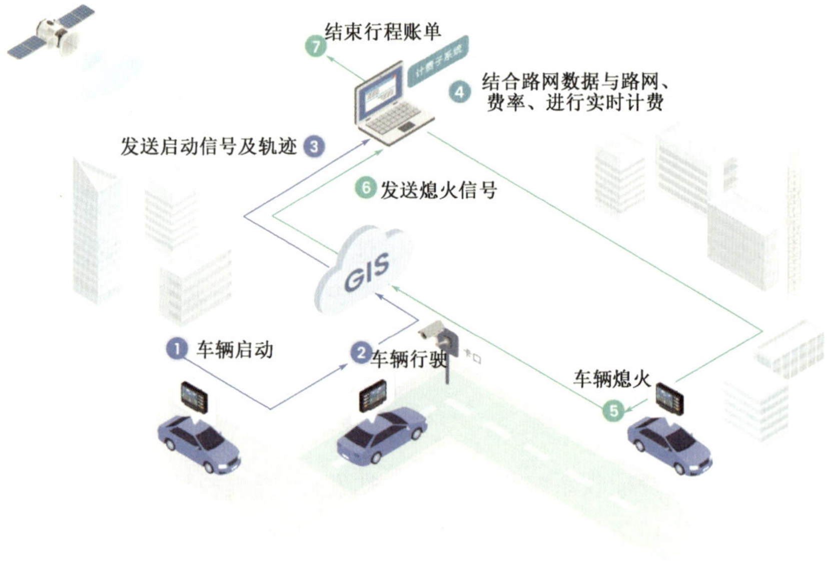

图 3-3　新一代公路智能税费征收系统征收流程图

第二节　整体架构设计

新一代公路智能税费征收采用以"云（服务平台）+端（北斗车载终端）"为收费底座的系统架构（图 3-4）。

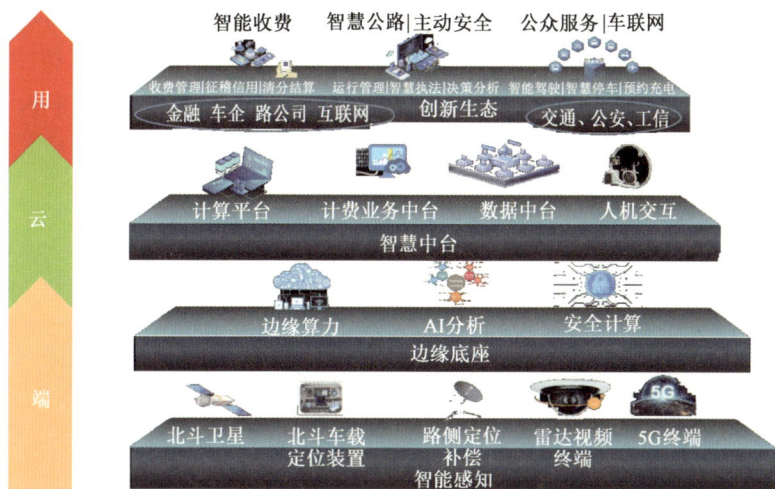

图 3-4　新一代公路智能税费征收系统技术架构图

以"云(服务平台)+端(北斗车载终端)"为主,路侧设施(边端)为辅,整个系统架构更简洁,适用于里程税征收用户规模大、路网范围广、灵活多变的应用场景。

第三节　系统组成

一、智能感知

智能感知设备包括车端设备、稽核设备、传输设备等,如北斗卫星、北斗车载定位装置、路侧定位补偿、雷达视频终端、5G 终端等,计算功能相对较少。

二、边缘底座

边缘底座即为路侧边缘计算平台,用于车辆边缘智能分析、网络流量卸载,包括边缘计算、边缘 AI 业务分析等,提升定位和计费的精准性、可靠性。

三、智慧中台

智慧中台是云端服务平台,采用数据和业务分层设计架构。

数据中台为核心层,对数据进行分级管理。车辆轨迹数据是核心数据,将构建独立的数据平台进行数据存储和安全管理,以提供更高的安全保障。收费、清分结算数据等作为业务数据库进行管理,支撑里程税计费、清分结算等应用功能。

计算中台提供云端核心计算功能,支撑里程税征收、稽核、路网运行监测等业务应用功能。计算中台包括主机设备、存储设备、网络设备、安全设备、密码设备等。

业务中台由收费、稽核、应急救援、智能服务等业务的通用平台、模型构成，为应用系统的开发和运行提供可复用的组件、开发环境以及可直接调用的服务或功能，涵盖北斗数据网关系统、GIS 平台、商业智能中间件、应用服务器中间件、数据交换平台、视频整合平台、舆情采集分析系统等。

四、创新生态

在系统架构支撑下，以车辆和路侧动态信息为基础，开展智能收费、路网管理、安全监管、公众服务、交通金融等多类应用，为智慧公路发展、创新产业生态提供重要支撑。

智能收费应用场景包括里程税计费、用户支付缴费、银行清分结算、出具发票、收费稽核、终端发行等。车辆启动后，北斗车载定位装置发送车辆位置信息，服务平台进行路径拟合计算，确定计费里程并进行里程归并，同时结合收费路网费率和里程计费规则，计算最终里程计费金额，由稽查平台补充车辆位置信息，实现路径还原，完善计费信息。

此外还包括：路网运行监测、危险货物安全管理、智能养护等智慧公路应用场景；交通 + 金融产品服务，里程无忧税费贷、里程无忧保险、交通信易贷等金融服务应用场景；一站式服务等出行服务场景；车辆主动安全、一键救援、车辆可信定位等车路协同应用场景。

第五章
新一代公路智能税费征收系统关键技术

第一节　新一代公路智能税费征收系统关键技术

一、系统架构关键技术

新一代公路智能税费征收系统的核心是从传统通过路侧固定设施标定车辆的位置进行轨迹还原方式,转变为利用卫星导航定位信息还原轨迹进而计量车辆行驶里程的方式,实现"定位即收费"。车辆轨迹信息的时空可信服务成为系统建设的核心问题,综合考虑公路收费合理性、公平性、准确性等需求、里程税计费原理,以及卫星导航、无线通信、人工智能、云服务等技术发展现状,系统设计了以"云(服务平台)+端(北斗车载终端)"为收费底座的系统架构。

为了实现广域交通复杂环境下的可信计量,还要辅以必要的边端设施,可复用或新建高速公路路侧基础设施,增强时空导航服务的可用性和可信性。具有路侧补偿的"云-端"协同架构具有易于部署、管理和运维、运营成本低、功能拓展强等优点,适用于用户规模大、路网范围广的里程税收费应用场景。

二、云服务平台建设关键技术

云服务平台是系统收费管理的中枢,采用区域云和中心云分级部署、数据平台和应用平台分级建设的原则,有利于实现更灵活、更安全、更低成本的云端收费服务。区域云完成区域路段车辆信息的汇聚、处理、计费、收费等管理,中心云完成区域间数据的共享交换、费用清分结算、收费稽核的协同管理等。

数据平台完成车辆时空信息共享交换与空间计算功能。共享交换功能通过车边设备安全接入、高并发优化、数据异常检测与智能预警、隐私防护、安全防护等技术，实现与车载终端、路侧单元、第三方平台等数据的汇聚、交换与共享，保障系统计量所需的可信服务质量与安全控制；空间计算功能通过轨迹补偿、路径拟合、全证据链生成及校验等技术，实现车辆轨迹数据与路网地图信息匹配，以及服务区、虚拟收费站点、公路出入口等点位的电子围栏管理等，实现复杂环境下的云端可信计量。

应用平台实现计费、数字货币支付、清分结算、收费管理、客户服务等应用服务，在数据平台轨迹处理结果颗粒度足够细化、计量足够精准的基础上，可以灵活匹配各种运营规则，实现精准计费和清分结算，可支持银行、第三方支付等多种便捷支付渠道，打造以车为核心的便捷支付生态体系。此外，应用平台支持未来智慧高速公路管理、运营、养护、服务等应用拓展。

三、车载终端关键技术

车载终端是新一代公路智能税费征收系统征收费用的关键环节和重要载体。位置信息是新一代公路智能税费征收系统的基础。车载终端是位置信息定位和发送的载体，需具有定位、通信（支持 5G、物联网技术），以及一键救援、信息服务等多种功能。

定位精准是车载终端的基本功能，通过突破泛源融合定位技术，支持车端多传感器、路侧感知增强、网络侧差分增强、高精度地图等泛源融合定位，实现终端定位的精准性、连续性和可用性。车载终端支持高频率采样和低频率上传，能够提供更密集连贯的位置信息，并降低对通信通道的压力。

系统采用终端采集、平台计费的模式，要求终端具有稳定数据上传和接收下发指令的通信能力，通过多模融合可靠通信技术，可保证终端与平台、路侧设施之间的数据交互。由于卫星信号和通信网络的脆弱性，隧道、高大建筑群、偏远峡谷、密林等复杂环境下存在轨迹中断情况，终端应具备数据备份存储功能，支持车辆高频采样的位置信息通过盲区补传、断点续传、低频上传等形式，以较低成本保证平台侧车辆轨迹的完整性。

终端具有金融功能，具备数字货币移动支付技术，支持银行、第三方支付等多种便捷支付渠道；具有防拆卸、防伪造、抗干扰等安全功能，确保终端入网的唯一性和安全性；具有语音播报或屏显功能，展示车辆基本状态以及与平台的交互信息，支持安全预警、一键救援与车路一体化信息服务等功能拓展。

四、路侧单元的关键技术

路侧单元主要是由 DSRC 天线、视频、雷达、高精度地基增强基站、路侧通信单元、气象传感器等单个设备或多个设备构成的集成体，建设方式以复用现有设施为主、新建为辅。建设路侧单元的目的是解决卫星导航信号和通信网络的脆弱性会导致车端定位信息不连续、不可用问题。

路侧单元支撑车辆可信导航,路侧单元通过多源传感器针对同一车辆目标的距离、角度等测量信息进行融合,为车端提供定位增强信息,提升车辆位置精度和连续性。路侧单元辅助收费稽核,路侧单元提供车辆车牌、车型、车轴数等身份和特征感知信息,支持路侧识别大车小标、车牌不一致等偷逃通行费疑似车辆,辅助稽核平台还原车辆行驶路径,支持在线遏制"跑长买短"等偷逃费行为的全证据链生成与校验服务,提升稽核业务的可靠性与可信性。

五、车辆行驶路径精准记录及校验关键技术

新一代公路智能税费征收系统的设计原则是车载终端只负责上传数据,在云端完成车辆行驶路径精准记录和计量。数据上传至云端后,云端利用定位数据捆绑地图技术,将车辆定位信息与地理道路实体在电子收费地图中的空间矢量元素进行捆绑,通过电子收费地图模拟还原车辆行驶路线,通过对图的计量统计车辆的行驶里程。因此,云端需要建设全国统一的,满足精准收费需求的,具备车辆轨迹纠偏、实时位置跟踪、电子围栏匹配等功能的,实现地理道路实体矢量化的专用收费高精度地图。

遇到立交桥、高架桥、高密度路网等复杂二义性路网,或者车载终端故障、卫星故障导致的定位信息缺失、通信信号故障导致的信息难以上报等情况,均可导致云端无法对车辆进行精准记录,需要借助路侧单元实现车辆定位数据的有效上报,借助车载终端的备份记录功能,在云端利用全证据链生成及校验技术,实现复杂环境下云端的非实时可信精准计量,维护路径记录的完整和连续。

路径记录的精度取决于终端定位的精度和电子地图的精度。电子地图可达到米级精度,结合北斗高精地基增强服务车载终端,可达到分米级精度。而路径记录的完整性取决于车载终端采样的频率,采样频率越高,轨迹的还原性越好,因此车载终端设计具有高频采样功能。通过对以上关键环节的把控,还原的车辆路径的精度和还原度都可达到米级。

六、区块链关键技术

区块链是各参与方基于共识机制集体维护的一套分布式共享账本,是分布式数据存储、点对点传输、共识机制、加密算法等计算机技术的新型应用模式,为公路税费征收和支取提供重要的技术支持。

将区块链技术应用到新一代公路智能税费征收系统中,对公路税费资金进行管理,系统既作为税费征收的平台,也作为交通行业基础设施建设、养护、运营的资金服务平台。将公路税费资金的征收和支取记录全部上链,由于区块链具有防篡改、可追溯的特性,可杜绝违法使用资金、篡改资金去向等行为。由于区块链对各参与方公开透明,保证了资金

的支取和运作在监管下进行，减少资金风险发生的可能性。系统结合区块链技术，有效避免税费征收和资金使用过程可能产生的一些问题，为公路税费的管理提供重要的支持。收取的税费作为资金，安全可靠地投入到交通行业基础设施建设、养护、运营中去，又能够反哺交通行业积极健康地发展，最终形成良性循环。资金从公路税费中来又用到公路建设中去，对构建智慧公路基础功能体系、支撑公路交通高质量发展具有重要作用。

第二节 系统运营管理关键环节

一、清分结算系统关键技术

计费系统和清分结算系统是新一代公路智能税费征收系统的重要组成部分。由于各地、各时段运营规则可能存在差异，车辆在跨地区、跨时段行驶后，均会出现复杂的清分结算场景。因此，建设计费系统和清分结算系统，构建计费—清分—清算—结算的完善收费体系，可配合实现各种运营规则的收费和清分结算，满足各种使用场景需求，确保新一代公路智能税费征收系统的公平性与权威性。

计费系统记录轨迹应结合车辆终端轨迹和路侧单元记录数据，运用数字孪生、路径推演、边缘计算等技术，实现高精度全路段定位，保证轨迹结果足够精准、颗粒度足够细化，结合清分结算系统运营规则数据模型，实现满足跨省份、跨市、跨区、跨时段等各场景需求的收费结算体系。

数据存储是保证整个清分结算系统稳定运行的关键点。清分方在转发各个参与方提交的各种结算数据的过程中，需保存这些数据，作为系统数据恢复及仲裁的依据。确保结算数据的可溯性，保证争议结算结果仲裁拥有充分依据，为清分结算系统提供数据保障。

二、稽核系统保证应收尽收

稽核系统是新一代公路智能税费征收系统收费的重要组成部分。由于车载终端可以被拆卸、互换，北斗卫星导航系统定位信息可以被干扰、屏蔽，以上均会导致产生偷逃通行费行为。因此，需建设稽核系统，构建包括稽查、追缴、征信在内的闭环稽核体系，实现实时+事后双重稽查，支持多元化的稽查方式和追缴渠道，维护税费征收秩序稳定，确保全路网应收尽收。

稽核系统应融合车端轨迹数据与路侧稽查结果，通过多源异构数据融合校验、神经网络学习模型和边缘计算技术，实现对海量定位和监测数据 AI 智能联动处理分析，利用智能风险轨迹提取、路径反演和自动化校验等技术，生成税费全证据链，实现改变缴费路径、改变车型车种、调换或屏蔽设备、冒充优惠或免费通行车辆等多种税费特情的可追溯,打造完整的稽核证据链。稽核系统建设还需要管理制度的配合,管理单位需建立稽核复审及协办机制,确保问题车辆偷逃行为真实有效;需建立追缴补费工作机制,允许客户办理补费事项。

三、信用和隐私管理

1. 隐私保护管理

新一代公路智能税费征收系统会记录用户的真实行驶路径及车牌等信息,以精确地进行里程税收费。系统会在多个环节对用户数据和通行数据信息进行加密和脱敏,在技术上防止敏感数据外泄,确保用户数据在使用、处理和流转过程中不被扩散、泄露或者滥用。同时,完善用户信息采集、存储、提取和删除等全流程的风险防控措施,严格执行《中华人民共和国保守国家秘密法》等法律规定和协议约定,充分披露信息收集和使用范围,严格履行风险告知义务,全方面保障用户隐私安全。

2. 信用管理

新一代公路智能税费征收系统通过记录用户的出行全流程数据(包括运营数据、缴费信息、异常和报警信息等),为用户建立信用档案。通过信用评价名单管理功能,将用户名单分为守信名单、一般失信名单、重点关注名单和严重失信名单,对外公布严重失信名单,重点在车辆营运许可申请办理、车辆过户等环节开展联合惩戒,加大收费追缴力度。同时设置评价标准,并根据最新的法律法规、相关政策,动态更新评价标准,根据评价主体的最新行为,动态调整各级信用等级的名单。联合稽核系统及其他信用公共平台,加强数据共享,建设全路网信用体系,建立部门间、跨行业信息共享及联合惩戒机制,跟随社会信用体系建设步伐,推进公路信用体系建设,更大发挥社会信用管理效应。

第六章
新一代公路智能税费征收系统的投资测算

测算基础

路网规模：按照预估的 2030 年国家路网规模，分别按国省县道 169.53 万 km、国省县道（除收费公路）147.43 万 km、国省县乡道 313.27 万 km、国省县乡道（除收费公路）291.17 万 km、国省县乡村道 614.57 万 km、国省县乡村道（除收费公路）591.84 万 km 六种路网规模进行里程税测算。

车辆规模：按照 2030 年全国 4.5 亿辆机动车（含新能源汽车）实施里程税、1 亿辆新能源汽车实施里程税两种车辆实施规模分别测算。

测算结果

新一代公路智能税费征收系统按不同路网规模、不同车辆规模投资测算结果见表 3-9。

新一代公路智能税费征收系统投资测算   表 3-9

里程税实施路网范围(万 km)		车辆覆盖范围		建设成本(万元)			年运营成本(万元)		
		类型	数量(辆)	合计	每公里均价	每车均价	合计	每公里均价	每车均价
国省县道（除收费公路）	147.43	全部车辆（换装新终端）	450000000	4043077	2.7424	0.00898	1511591	1.0253	0.00336
		新能源汽车（全部换装新终端）	100000000	2793077	1.8945	0.02793	811591	0.5505	0.00812

续上表

里程税实施路网范围(万 km)		车辆覆盖范围		建设成本(万元)			年运营成本(万元)		
		类型	数量(辆)	合计	每公里均价	每车均价	合计	每公里均价	每车均价
国省县道（全部）	169.53	全部车辆（换装新终端）	450000000	4108117	2.4232	0.00913	1520468	0.8969	0.00338
		新能源汽车（全部换装新终端）	100000000	2978908	1.7572	0.02979	820468	0.4840	0.00820
国省县乡道（除收费公路）	291.17	全部车辆（换装新终端）	450000000	5338996	1.8336	0.01186	1569353	0.5390	0.00349
		新能源汽车（全部换装新终端）	100000000	4088996	1.4043	0.04089	869353	0.2986	0.00869
国省县乡道（全部）	313.27	全部车辆（换装新终端）	450000000	5404036	1.7250	0.01201	1578230	0.5038	0.00351
		新能源汽车（全部换装新终端）	100000000	4154036	1.3260	0.04154	878230	0.2803	0.00878
国省县乡村道（除收费公路）	591.84	全部车辆（换装新终端）	450000000	7352448	1.2423	0.01634	1690122	0.2856	0.00376
		新能源汽车（全部换装新终端）	100000000	6102448	1.0311	0.06102	990122	0.1673	0.00990
国省县乡村道（全部）	614.57	全部车辆（换装新终端）	450000000	7416421	1.2068	0.01648	1699252	0.2765	0.00378
		新能源汽车（全部换装新终端）	100000000	6166421	1.0034	0.06166	999252	0.1626	0.00999

第三节　测算结果分析

一、建设成本分析

1. 总体建设成本分析

从表3-9可以看出，不同路网规模、不同车辆覆盖范围对系统的建设成本影响较大，总体费用从297.9亿元到741.6亿元（图3-5）；路网规模越大，车辆覆盖范围越广，造价越高，造价与路网规模呈正相关增长分布。

（1）国省县道169.53万 km 路网规模下，系统覆盖全部车辆造价为410.8亿元，覆盖新能源汽车造价为297.9亿元。

（2）国省县乡道 313.27 万 km 路网规模下，系统覆盖全部车辆造价为 540.4 亿元，覆盖新能源汽车造价为 415.4 亿元。

（3）全部公路（国省县乡村道）614.57 万 km 路网规模下，系统覆盖全部车辆造价为 741.6 亿元，覆盖新能源汽车造价为 616.6 亿元。

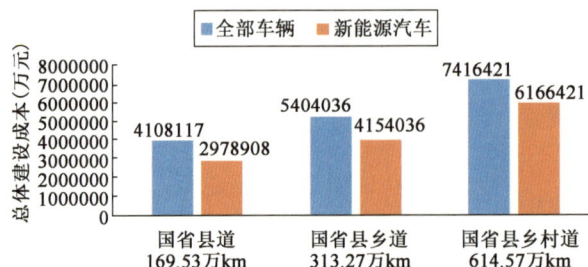

图 3-5 2030 年实施里程税建设成本测算

2. 里程税征收范围对建设成本的影响

从建设成本的角度分析，以覆盖全部车辆为例，三种路网规模虽然总体建设成本为 410.8 亿元、540.4 亿元、741.6 亿元，但建设成本从 2.4 万元/km、1.7 万元/km 降至 1.2 万元/km，降幅明显，说明路网规模越大，每公里建设成本越低，如图 3-6 所示。

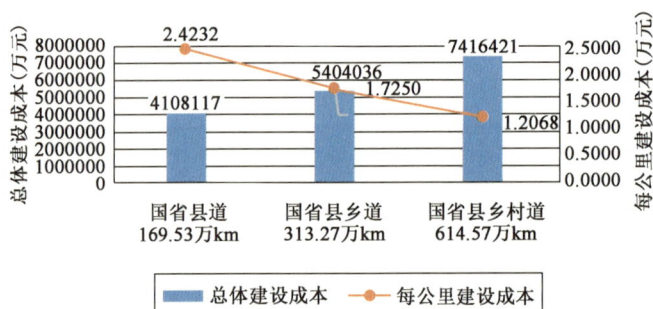

图 3-6 2030 年实施里程税总体建设成本与每公里建设成本对比

3. 是否包含收费公路对建设成本的影响

按照三种路网规模，分别针对包含收费公路、不包含收费公路进行分析，图 3-7、图 3-8 是覆盖全部车辆和覆盖新能源汽车的建设成本对比。可以看出，每种路网规模下是否包含收费公路对总体建设成本差别不大，因为收费公路本身就有完善的路侧设施可供使用，不影响总体建设成本；包含收费路网后，针对收费路网，可以通过费率调整实现对收费路网的收费，原有收费公路的收费设计可以简化优化，综合社会成本更低。

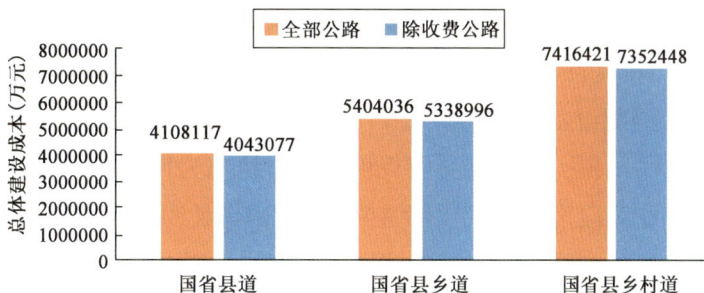

图 3-7　2030 年公路实施里程税总体建设成本对比(全部车辆)

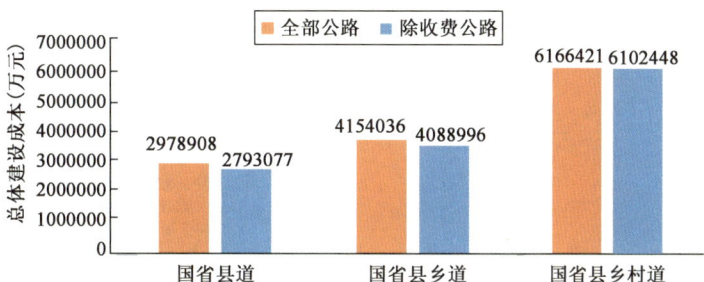

图 3-8　2030 年公路实施里程税总体建设成本对比(新能源汽车)

4. 全部车辆和新能源汽车实施里程税的成本差异分析

里程税实施覆盖全部车辆和覆盖新能源汽车,从建设成本角度分析如图 3-9 所示。

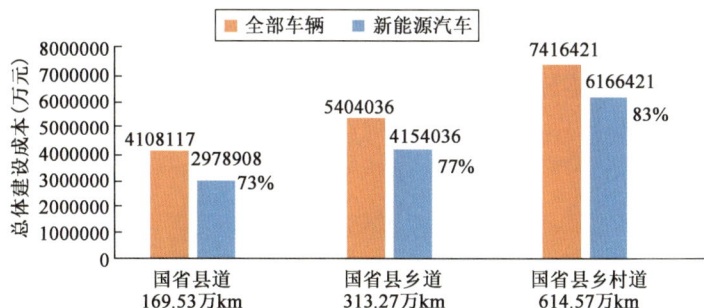

图 3-9　2030 年全部车辆与新能源汽车实施里程税总体建设成本对比

无论哪种路网规模,覆盖新能源汽车与覆盖全部车辆的总体建设成本差别都在 20% ~30% 之间,路网规模越大,总体建设成本差距越小,因此,从成本角度分析,系统覆盖范围包括所有车辆总体价格最优。

5.建设成本控制关键点

新一代公路智能税费征收系统建设成本主要包含系统建设成本（主要是云端建设费用）、车载终端成本、路侧设备系统建设成本、北斗地基增强站建设成本、其他费用等，通过分析各部分费用占比，以覆盖国省县路网规模的造价费用为例：无论覆盖全部车辆还是覆盖新能源汽车，终端和路段设施的占比都是最大的，两者比例在80%左右，覆盖全部车辆终端所占比例更大，覆盖新能源汽车路侧设施比例更大（图3-10、图3-11）。因此，终端和路侧设施为控制费用的重点。

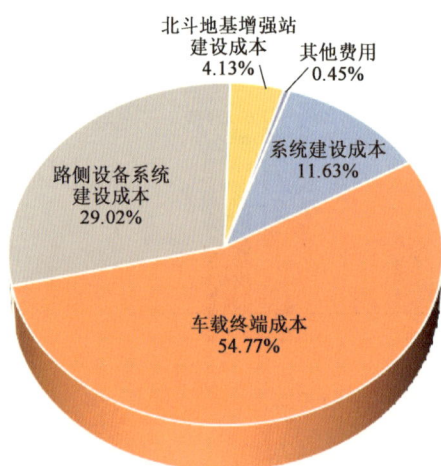

图 3-10 国省县路网各部分建设成本占比分析
（全部车辆）

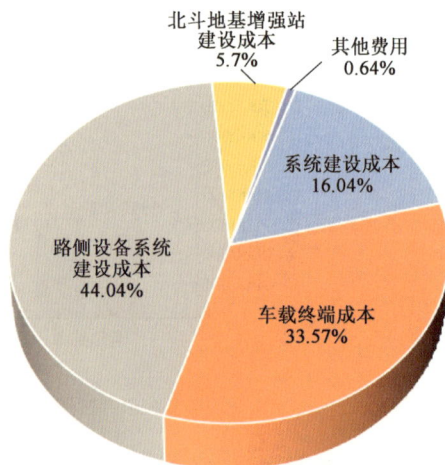

图 3-11 国省县路网各部分建设成本占比分析
（新能源汽车）

基于分析，车载终端与路侧设施是成本控制的关键。车载终端应满足功能、形态、耐用性等综合进行成本控制，如把握好性价比降低造价，将显著降低成本。如果车载终端内置到车辆前装，则这部分成本可忽略不计，将大大降低系统的造价。

路侧设备系统也是成本控制的关键，推进公安、交通运输等行业的卡口、摄像机等设备复用使用，将大量减少外场设备的使用，可显著降低工程造价。

二、运营成本分析

1.总体运营成本分析

从图 3-12 可以看出，不同的路网规模、不同的车辆覆盖范围对系统运营成本影响较大，路网范围的扩大对运营成本影响不大，车载终端的数量对运营成本影响较大；覆盖全部车辆（4.5 亿辆）时，三种路网规模运营成本从 152.0 亿元到 169.9 亿元，总体相差不大；但如果仅覆盖新能源汽车，年运营成本从 82.0 亿元到 99.9 亿元，与全部车辆覆盖的运营成本相差较大,说明运营成本受用户规模的影响更大。

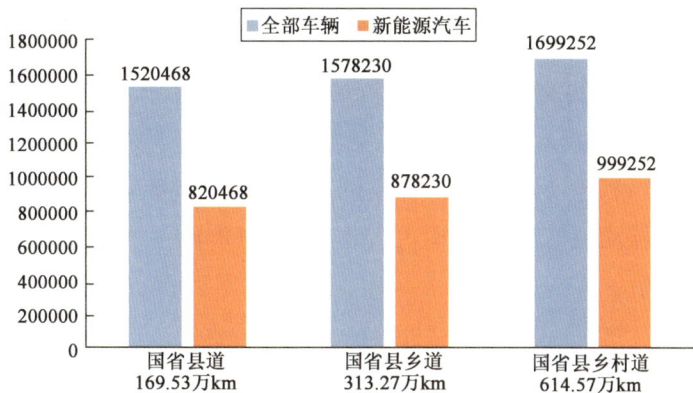

图 3-12 2030 年路网里程税年运营成本测算

2.运营成本控制关键点

系统年运营成本主要包含终端数据费、中心及网点运维费、日常养护费、运营管理费,通过分析各部分费用占比,以覆盖国省县乡路网规模的数据分析费用为例(图 3-13、图 3-14):无论覆盖全部车辆还是新能源汽车,终端数据费、中心及网点运维费的占比都是最大的,特别是覆盖全部车辆实施里程税时,终端所占比例更大,覆盖新能源车时,由于终端数量少,中心及网点运维费所占比例更大。因此,终端数据费、中心及网点运维费为控制费用的重点。

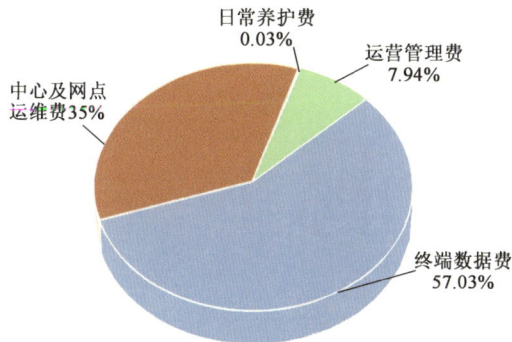

图 3-13 国省县乡路网规模运营成本各部分占比
(全部车辆)

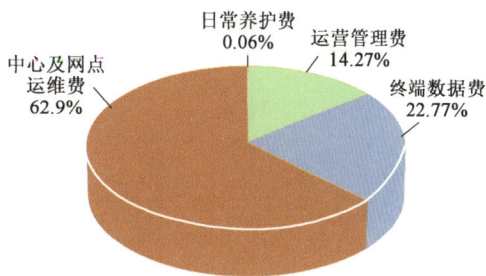

图 3-14 国省县乡路网规模运营成本各部分占比
(新能源汽车)

相比而言,终端数据费占运营成本比例较高。针对终端的通信设计尤为重要,建议采用本机存储压缩并低频率上传的方式,减少对通信带宽的需求,降低车载终端通信运营成本。此外,还可以借助公路"四网融合",沿交通主干线建设交通运输无线通信专网,车载终端利用交通专网传输,可一次建设后期免通信运营成本。也可与运营商合作,通过交通行业入股或投资方式与运营商合作,针对系统专门开辟通信网络资源,分摊成本,合作共赢。

3. 运营成本与预估收入的控制比分析

2021 年燃油税收入为 2224 亿元，假设将 2030 年燃油税收入 2500 亿元按里程税收入替代，分析运营成本占预估收入的比例。

由图 3-15、图 3-16 可知，无论覆盖哪种路网规模，覆盖全部车辆运营成本占里程税收入的 6% 左右，覆盖新能源汽车运营成本占里程税收入的 4% 左右，低于目前高速公路运行管理成本 8% 的比例。

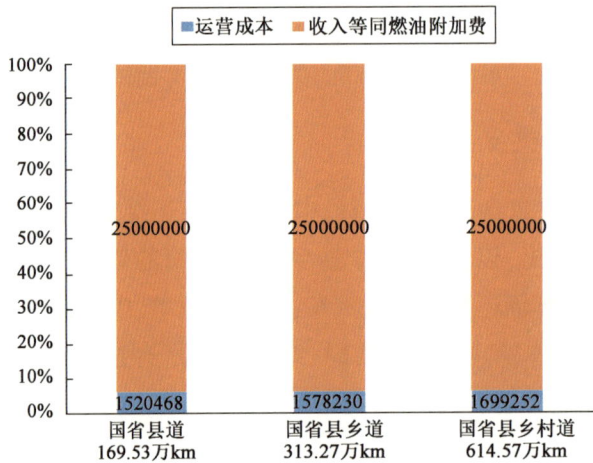

图 3-15　运营成本占里程税收入比例（全部车辆）

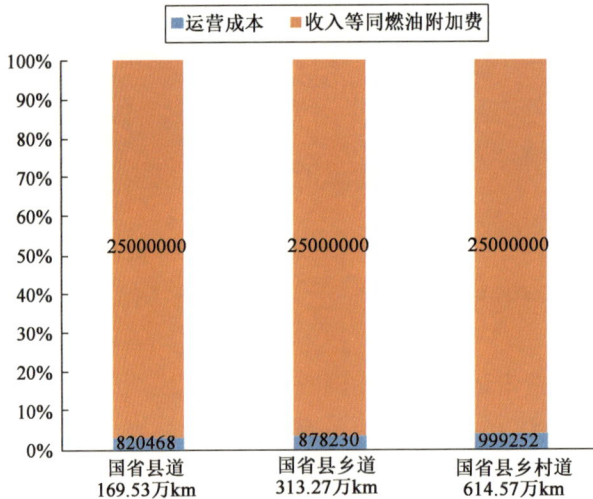

图 3-16　运营成本占里程税收入比例（新能源汽车）

里程税取代现有公路融资模式的可行性

一、全国车辆年总行驶里程测算

2021 年全国货车及长途客车用户约为 1500 万辆,这一部分汽车对国省县乡村路网的使用率较高,属于高缴费用户,里程数按照 40000km/年计算,货车年行驶里程约为 6000 万 km;剩余部分 4.35 亿用户为低缴费用户,主要使用城市道路,里程数按 3500km/年统计,年行驶里程约为 15225 万 km;预估全国车辆公路行驶里程约为 21225 万 km。

二、里程税覆盖燃油税可行性分析

若按照 2021 年 2224 亿元的燃油税,2030 年预计增长到 2500 亿元。

若满足里程税覆盖 2500 亿元的燃油税收入要求,相当于全国车辆里程税税率为每单公里费率 0.118 元;对于 1500 万年均行驶 40000km 的高频用户,里程税约为 4720 元/(年·车);对于 4.35 亿年均行驶 3500km 的低频用户,里程税约为 413 元/(年·车)。

根据财政部相关文件,汽油消费税单位税额每升包含 0.8 元用于抵扣养路费,燃油税的税率占油价的比例约为 10%。以每公里耗油量为 0.1L、95 号汽油每升 8 元测算,对于年均行驶 40000km 的高频用户,所耗费的油费为 3.2 万元,则燃油税负担约为 3200 元/年;对于年均行驶 3500km 的低频用户,所耗费的油费约为 2800 元,燃油税负担约为 280 元/年。测算结果与里程税改革后的结果近似,不会增加用户的支出负担。

可见,如果里程税收入覆盖燃油税,对全国用户而言还是具有可行性的。

第七章
新一代公路智能税费征收系统
生态体系建设

第一节　车联网创新应用

　　基于里程数据的新一代公路智能税费征收系统可以以税收里程和位置信息为基准数据，将移动互联网、工业互联网、车联网数据基准统一起来，扩展更丰富的应用。

　　提供信息服务：车联网可为交通管理机构提供服务，提高车辆与交通相关信息的数量和质量，更高效地管理运输系统，为城市交通规划提供支持。车联网可为消费者提供服务，例如选择出行方式、提供路径规划、推荐加油站或充电站等。

　　促进节能减排：车联网带来的智能交通的各类创新应用将成为节能降耗的重要推手。一方面，可以规划线路，实现最短的行驶里程和最佳的路面状况，减少无谓的能量消耗；另一方面，也可以控制车辆在最经济的模式下运行，减少能耗。总之，就是利用人、车、路三者构成的流畅交通网络，大幅减少额外的消耗和污染。

　　提升汽车零部件工业水平：基于车辆关键零部件工业互联网的耗损仿真数据与实际运营里程数据互通能力，可对关键零部件实现预测性维护。基于地图应用数据、车辆位置数据、驾驶员基础信息数据，对特殊路线的安全风险进行个性化评估。

第二节　金融服务创新应用

　　在数字化支付方面，推动银行业金融机构、非银行支付机构、互联网企业紧密合作，支持车主绑定既有银行账户和支付账户，共建收费结算体系，同时推动在城市交通中涉及的停车、加油等多场景应用。在普惠金融方面,银行业金融机构探索扩展普惠金融应用场景,创新金融产品,助力运输行业保通保畅。

新一代公路智能税费征收系统通过北斗终端系统,实现对车辆轨迹路径的精准记录。在车险费率市场化改革的大背景下,依据车辆行驶里程及驾驶行为,精准区分单台车的风险,有利于实现车险的精细化定价,保险公司可以为车主提供多样化、个性化的车险创新性产品,持续优化服务保险能力。

新一代公路智能税费征收系统通过将车辆行程及收费数据、交易数据、账户资金等数据上链,实现数据的可信共享,有利于保理业务数据采集、简化信用授权过程、实现业务流程线上化和并行化,降低车主办理难度,满足其资金周转需求。

通过对用户里程数据、缴费信息、报警信息等信用数据的评估,有利于银行等金融机构对个人/物流行业企业的信贷产品做贷前用户筛选及风险控制,同时银行等金融机构可加大对个人客户的深度挖掘,进而切入个人理财、餐饮娱乐等综合场景应用。

第三节 智慧公路应用生态

新一代公路智能税费征收系统创新了一种基于位置的公路收费新模式,通过车端的定位与通信能力,可提供公路一键应急救援服务,基于北斗卫星导航系统轨迹的全域指挥调度的优化,提升救援服务的及时性和准确性等服务水平。针对重载货车、绿通车及专项作业车等行业监管车辆,通过北斗车载终端的北斗卫星导航系统轨迹与智能辅助驾驶、驾驶员危险驾驶预警相结合,可实现运输监管、大件运输、治超、道路执法等行业管理服务,保障行车安全,提高行业监管效率、提升管理规范。

以车载终端为信息采集和信息服务载体,可更全面地反映路网运行状态,提供更精准的路网运行监测服务;并提供路网运行状态查询、安全预警、拥堵预测、路径规划等车路一体化信息发送服务。

以车载终端为媒介,打通"路、人、车、货"的传输通道,可以实现系统与路网运行监测、应急救援、交通智慧执法、车路一体化等的统一管理,实现精准感知、精准触达、精准服务,打造全方位、全过程、全实时的线上线下一体化智慧公路行业监管和应用新生态。

第四节 物流供应链管理与服务

物流供应链管理与服务表现在对产品生产和流通过程中各个环节所涉及的物流、信息流、资金流、业务流等进行合理调控,达到最佳组合,发挥最大效率,以最小的成本为客户提供最大的附加值。新一代公路智能税费征收系统产生的货流、车流、信息流等数据是物流供应链管理与服务的核心资源，挖掘系统产生的数据资源，通过大数据分析可以提高运输与配送效率，降低物流成本，有效满足客户降本增效的服务需求。

针对物流行业的特性，新一代公路智能税费征收系统可以拓展物流供应链管理与服务板块，基于系统产生的海量数据，为物流供应链管理与服务赋能。货流数据为行业管理者提供场站布局依据，为生产企业提供运输方案选择，为运输企业提供业务来源；车流数据可以为生产企业提供车货匹配便利，为运输企业提供最优路径规划；信息流为行业管理者、生产企业、运输企业提供车货匹配、运输路线优化、库存预测、供应链协同管理等方面的服务。

物联网、云计算、大数据和区块链等技术即将进入成熟阶段，智慧物流是未来的发展方向，将更加智能化、集成化。新一代公路智能税费征收系统是一个智能、集成的系统，可为发展智慧物流提供平台基础。

第五节　技术和产业联盟

公路智能收费是一项复杂且庞大的系统工程，从产业上看，涉及交通、互联网、制造、能源、金融等行业，从具体技术上看，涉及北斗卫星导航、5G、大数据、区块链、边缘计算等先进技术，从要求上看，要实现车型自动识别、精准路径、精准计费，工作挑战大，单纯依靠一个行业或者一项技术无法完成。汇聚交通、通信、能源、制造和金融等行业，组建由企事业单位、高等院校、社团组织、科研院所等结成的开放性智能税费征收技术与产业联盟，是实现智能税费征收技术突破的关键，是推进智能税费征收工作能够顺利实施的保障。

以建设新一代公路智能税费征收系统为目标，建立以企业为主体、智能税费征收系统需求为导向、产学研用金相结合的技术创新体系，组建智能税费征收技术与产业联盟。立足企业创新发展要求和联盟各方的共同利益，引导创新要素向企业集聚，促进联盟单位之间的交流与合作，加快形成核心技术和自主知识产权，形成产业技术创新链，为新一代公路智能税费征收系统的应用奠定技术基础和产业支持。

围绕新一代公路智能税费征收系统发展重点领域和关键问题，加强统筹协调，开展发展战略和规划研究，为政府、行业及相关领域提供战略规划和政策措施等方面的咨询服务；围绕新一代公路智能税费征收系统发展的关键问题，开展技术合作联合攻关，突破技术瓶颈；建设新一代公路智能税费征收系统标准化体系，组织实施新一代公路智能税费征收系统标准的申报、编制及推广；引导和支持新一代公路智能税费征收系统相关的创新要素集聚发展，促进科技成果向现实生产力转化。

第六节　投融资模式创新

新一代公路智能税费征收系统建设需要巨大投入,仅仅依靠政府财政投入,压力巨大。应坚持市场主导,积极探索政府财政投入之外的市场化发展新模式。

积极利用市场上的关于科技创新、智慧发展、战略性新兴产业相关的产业投资基金、创投基金。汇集智能税费征收体系产业链和各路社会资本,支持智能税费征收系统平台建设。由于智能税费征收系统能产生较大数据流,可用于未来数字产业经济开发,数字产业经济开发所带来的收益可回馈基金投资。

引导社会资本参与智能税费征收系统建设。公路收费是具有使用者付费机制且能产生巨大现金流的工程项目,必将对社会资本具有较大吸引力。在推进智能税费征收系统平台建设过程中,要科学设置社会资本方准入条件,精心遴选合格的社会资本方,明确合作方式、回报预期和运营模式,充分利用社会资本的技术、管理和投融资等方面的综合优势,推动平台建设顺利进行。

充分发挥金融机构在智能税费征收系统中的作用。金融机构是智能税费征收系统的重要组成部分,是资金结算、资金存储、资金清分等重要节点的执行者。强化智能税费征收系统建设与金融机构合作,依托智能税费征收系统庞大的用户群体优势,吸引金融机构进行金融服务植入,作为回报,金融植入创造的额外的金融收益,要拆出一部分参与到智能税费征收系统的建设中。

第八章
政策建议

一、深化里程税改革方案研究

建议由交通运输部牵头，联合国家发展改革委、财政部、国家税务总局等相关部委，从国家层面深化里程税改革制度研究，详细论证里程税征收主体、征收方式、征收范围、征收标准、资金用途、改革影响与路径等基本制度，并适时出台里程税改革方案。

二、深入开展新一代公路智能税费征收系统技术论证

里程税改革要求收费系统应满足精准、安全、可靠，用户体验应便捷、高效、无感，征收稽查成本应经济、可控，收费技术应具备先进性、功能可拓展性等，因此，需要结合北斗卫星导航、5G、视频识别等技术发展，拟定多个收费技术方案进行技术比选和测试验证。

三、着手启动里程税法规研究工作

由于里程税是一个新的税种，法律制定需要较长时间，建议先由全国人大及其常委会授权国务院制定《中华人民共和国里程税暂行条例》，并在法规中明确规定其征税主体、纳税主体、征税对象、税率、纳税环节等征收管理制度，待里程税立法条件成熟后，再由全国人大及其常委会制定《中华人民共和国里程税法》。

四、推进新一代公路智能税费征收系统标准、认证体系建设

新一代公路智能税费征收系统作为全新的领域，应该标准先行，按照"目标明确、标准统一、统筹推进"的原则，提早布局制定统一的新一代公路智能税费征收系统标准规范和认证工作，引导智慧公路税费征收系统建设工作的协调统筹展开。在智慧公路总体建设框架下，搭建新一代公路智能税费征收系统整体框架和公路税费标准规

范体系。以应用为导向,确保体系中平台、设备和服务标准的统一。重视信息安全保护,完善安全管理制度,提升网络安全和数据安全保障能力。搭建新一代公路智能税费征收系统相关设备、芯片、计量管理等的认证管理体系,制定入网认证的管理流程和标准、系统安装调试的检测和测试标准、运维管理流程和标准。

<h1 style="text-align:center">附件 1
公路里程税改革前瞻</h1>

一、里程税改革的必要性

1. 基于"用路者负担"原则，构建更加公平的交通税费体系

燃油税主要用于普通公路养护，现行燃油税征收的不公平性主要体现在：一是对在城市道路行驶的用户也从燃油中征收了用于公路养护的燃油税部分；二是虽然新能源汽车也使用了公路，但却未承担公路养护的税费；三是在收费公路行驶的用户既缴纳了通行费又缴纳了燃油税。若为解决公路养护资金税基不稳、资金不足的问题，直接提高燃油税税率、对新能源汽车按充电量计费或按里程表征费等方式，仍然存在对在城市道路行驶的用户也从里程表中征收了用于公路养护的税费的不公平性。

新能源汽车与燃油车同样会对道路产生损害，理应承担相应的成本支出，以符合税收公平原则。里程税改革通过运用先进的自由流收费技术，实现对道路使用量的精确计量和无感收费，从而实现"谁使用、谁受益、谁负担""用多少、付多少"和"不使用、不付费"，对于构建更加公平的交通税费体系具有重要意义。

2. 破解公路养护资金保障困局，为公路可持续发展提供稳定资金来源

目前，我国普通公路总里程已超过 517 万 km，形成了以普通国省干线公路为脉络、农村公路为基础的公路网络，在综合交通运输体系中发挥着重要的基础性作用。维护好如此庞大规模的公路资产，加强公路科学养护管理，需要保证养护资金来源的稳定性和可持续性。

在依托自由流收费技术的前提下，车辆用户以实际行驶里程为征税（费）基础，通过里程税改革调整燃油税等税费政策，将税基从能源消耗量转为道路使用量，可避免由于载运

工具本身的技术发展对公路养护资金的影响,将新能源汽车等非燃油车辆纳入里程税征收范围,并通过科学确定费率标准,有效解决普通公路养护资金供需矛盾,有利于构建充足、稳定、可持续的普通公路养护资金渠道,促进公路事业健康可持续发展。

3. 可显著提升公路交通智能管控水平,促进智慧交通产业发展

依托自由流收费技术的里程税模式,在公路智能税费征收领域点亮新的科技树,规避技术路径选择风险,保持在全球公路交通智能管控和技术方面的引领性。在我国收费公路大规模应用 ETC 技术的情况下,推进里程税改革,可为自由流收费技术大规模推广应用提供政策与法规保障。

基于自由流收费技术的里程税改革,将推动北斗卫星导航系统、高精度地图、大数据、云平台等相关技术应用,将形成千亿级具有自主知识产权的科技产业。

4. 利用经济杠杆调节提高路网整体效率,并可成为多种政策导向的调节器

里程税模式可以综合考虑道路功能、车辆类型、排放水平等因素,形成更加公平合理的差异化费率体系,既适应了交通智能、绿色发展要求,又可利用经济杠杆调节全路网交通流量,提高路网整体运行效率,使高速公路能够持续提供高品质、高效率的高层次服务,使级差效益较低的普通公路提供基本的出行服务。并可根据不同政策导向,适时调整里程税征收策略,成为实现多种政策目标的调节工具。

二、里程税的概念与属性

1. 里程税的概念

里程税是按照实际行驶里程,根据不同公路功能、车辆类型和排放水平等合理设置差异化的税率,运用自由流收费技术实现精准计量并征收的公路使用税费。

2. 里程税的属性

里程税通过替代基于燃油消耗量计征的燃油税,并按车辆行驶里程计征,为普通公路的养护提供可持续的资金保障,充分体现"公路建设是发展,公路养护也是发展,而且是更可持续发展"的理念,维护好庞大的普通公路资产,保持其资产价值,保持公路持续良好的使用状态,保障人民群众最基本的运输服务需求。

综合考虑经济、法律等因素,里程税制度采用"税"的形式更具合理性,即:应采用里程税的方式筹集普通公路的养护资金。

按照普通公路养护的财政事权与支出责任,建议里程税为中央地方共享税。

三、里程税基本制度

（一）道路范围

对里程税改革中征收道路范围的确定,既要厘清与我国收费公路管理法规政策的关系,也要考虑不同征收范围涉及的管理体制、事权与支出责任划分、资金政策及满足程度、相关政策调整的难易程度,还要统筹考虑里程税征收的政策目标和预期效果。

综合考虑上述因素,建议道路征收范围拟为普通国省干线公路和县道,以及不收费(或停止收费)的高速公路,收费公路、乡村公路和城市道路不纳入征收范围。

（二）车辆范围

从里程税的征税基础和车辆对道路的使用角度来看,各种能源的汽车均应征收。

（三）定价模式

1.定价主体

尽管里程税替代了成品油消费税中的燃油税,但是当征税对象从成品油这一消费品变更为车辆的实际行驶里程后,难以纳入原有的消费税税目框架,更适合定位为一个新的税种。建议先由全国人大及其常委会授权国务院制定《中华人民共和国里程税暂行条例》,并在法规中明确规定其征税主体、纳税主体、征税对象、税率、纳税环节等征收管理制度,待里程税立法条件成熟后,再由全国人大及其常委会制定《中华人民共和国里程税法》。

2.税率体系

为体现公平和环保,拟按不同道路、不同车型、不同排放水平制定里程税差异化税率体系。

初步将道路等级分为高速公路、普通国省干线、县道 3 个等级。将车型按照《收费公路车辆通行费车型分类》(JT/T 489—2019)分为 4 客 6 货 10 个等级。将排放水平分为燃油汽车、清洁能源汽车 2 个等级。

3.税率原则

里程税税率方案遵循以下原则:一是考虑替代燃油税的负担水平;二是适度满足普通公路养护资金需求;三是清洁能源汽车税率低于同类车型燃油汽车税率。

4. 税率考虑因素

税率制定需统筹考虑普通公路建养资金需求、车辆保有量增长、车辆能源结构变化、高速公路费率、交通量、物价水平、居民收入等因素。

5. 计税规则

征税的普通公路部分路段穿越城镇,道路两侧街道化严重,并与城镇其他道路距离较近,建议将穿越城镇的公路路段在收费系统上标记为零税率。其余普通公路按照车辆实际行驶里程计税。

(四)资金使用与分配

1. 资金使用

一是里程税应具有专项用途,专款专用。

二是主要用于普通公路(包括非收费或停止收费的高速公路、国省干线公路和农村公路)的养护支出。

2. 资金分配

通过里程税改革,进一步理顺中央与地方在普通公路养护管理上的支出责任,并适当向地方倾斜,赋予地方更多的财税自主权。

一是建议中央承担普通国道的养护支出责任。

二是建议地方承担普通省道和农村公路的养护支出责任。

四、里程税与现行相关交通税费关系和改革影响分析

(一)与现行相关交通税费关系

1. 里程税与成品油消费税中燃油税的关系

里程税替代成品油消费税中的燃油税,普通公路的养护资金来源将主要通过里程税的形式征收。

2. 里程税与通行费的关系

应继续坚持并完善收费公路政策,长期坚持非收费公路与收费公路并行政策,不宜将里程税和通行费合并为统一的税或费。与此同时,通过里程税改革,可以与收费公路政策

有效衔接，收费公路到期后将纳入里程税的征收范畴。

3. 里程税与车购税的关系

车购税和里程税在功能定位和使用上存在明显差异。一方面，车购税在车辆的购置环节从价征收，与行驶里程无关；而里程税则是在车辆的使用环节根据行驶里程征收，多用路者多付税，与车价无关。因此，建议车购税仍保留。

（二）改革对我国公路管理体制的影响

公路管理体制主要包括公路管理职责和管理机构。里程税实施后，只是公路管养的资金来源发生了改变，普通公路养护资金由原来的燃油税中的养路费调整为里程税的方式支出，仍可按照现有的公路管理机构去承接普通公路管养职责。

里程税的征收对象多、征收范围广，并且属于全新的税务征收体系，技术与征稽难度大，采取交通运输部门代收代缴的方式更为适宜。从改革投入成本最小的角度考虑，可以由各省（自治区、直辖市）路网中心负责里程税的路网运行监控、收费稽核、数据管理等职能。

（三）改革对公路投融资的影响

里程税改革主要是为普通公路提供稳定的养护资金来源，并不改变现行普通公路债务的归属。里程税改革后，公路税费体系整体将更加完备，更具可持续性。车购税将继续为全国公路建设提供稳定资金来源并保持一定的中央引导性。里程税将有效解决目前成品油消费税税基不稳的问题，持续保障普通公路的养护资金需求。深化收费公路制度改革后，收费公路政策将继续发挥重要作用，支撑我国高速公路的建设和养护运营发展，在投融资方面具有更大的政策空间。

（四）改革对公民权利的影响

1. 强制安装卫星定位计税装置是否侵犯公民自由

一是里程税的征收是为了满足普通公路养护和运营等方面资金需求，强制安装卫星定位计税装置目的正当。二是符合手段的适当性。其他替代选择的措施不能够满足里程税征收的目的时，强制安装里程税计税装置的行为就是必要、适当的。

2. 采集用户位移信息是否侵犯公民的隐私权

里程税改革采取自由流收费技术，将涉及采集用户位移等个人信息，在里程税征收过程中，运营单位及相关行政机关获取的相应数据信息即构成政府信息，而个人即便作为该数据信息的来源主体也不必然可以获取和使用该政府信息。如果管理部门不进行非法利用,不非法对外公开用户的行车信息,则构不成对用户个人隐私和个人信息的侵害,不存在侵权行为。

3. 税费征收过程中如何保护公民权益

一是建立数据安全制度,确保个人信息不泄露。里程税征收主体对于所采集的个人信息所形成的数据,在其收集、存储、使用等过程中需要关注数据安全问题。

二是妥善处理个人敏感信息。根据里程税征收设计,该数据应当限定在里程税稽征部门、公检法部门,除此之外,其他主体均不得处理和使用该信息。

三是保护公民的知情权。里程税实施后,全路网就分成交税公路与收费公路网以及不交税费的乡村公路网和城市道路网。因此,公众出行时需要确保其在选择不同路网时可以较为准确地获知可能产生的税费。

四是保护公民的选择权。强制安装里程计税装置不应当指定特定厂商或品牌的里程计税装置,允许机动车主在满足相关技术条件要求的里程计税装置中自主选择。

(五)改革对新能源汽车行业的影响

里程税征收后确实会增加现有新能源汽车用户的使用成本,但对新能源汽车行业的发展影响较小。

一是从用车成本的角度,新能源汽车的使用成本显著低于燃油车。

二是新能源汽车里程税税率低于同类燃油车,体现了政策优惠。

三是当新能源汽车成为市场主流后,取消相关优惠政策在情理之中。

五、里程税改革对收费技术要求

(一)收费系统应满足精准、无感收费要求

一是自由流收费系统应能实现对不同车型在不同等级公路按不同费率正确地判别与收取费用。

二是识别成功率要求在车速 0 ~ 120km/h 的条件下大于或等于 99.5%,可精确还原车辆在不同公路的行驶轨迹。

三是系统能够尽快处理缴税车辆通行,并与通信系统、监控系统、配电系统等协调统一,应避免造成不必要的交通延误和车道堵塞。

四是需要保障部级与各省(自治区、直辖市)间清分结算、税务发票开具相关业务数据传输。

五是各级系统能够提供完整的交易数据、统计数据等。

（二）收费系统自身应满足安全、可靠要求

一是车载设备应具有车辆唯一性识别功能，特别是应满足货车列车和半挂汽车列车、大件运输车辆等特殊车辆的识别和收费需求，应具备防拆卸功能。

二是各级收费系统能够独立工作，具有后备功能，局部故障（如通信网络传输故障、单一设备故障等）不影响其他系统正常工作。

三是系统与设备应具有良好的环境适应性和防电磁干扰等特性，能够保证在恶劣环境下稳定、可靠地独立运行。

四是收费系统应具备实现对通行用户偷逃通行费等违法行为展开数据稽查和信用评估的技术条件。

五是收费系统应具有可扩充性、可互换性、易维护性和兼容性，满足全网收费一致性、互联互通的要求，系统应具备扩容接口，满足系统扩容、功能扩展的要求。

六是收费系统应具备在全国按统一运营规则进行服务支撑和监管的能力。

七是收费系统应确保数据安全，充分保护用户隐私。

八是收费系统所运用的关键技术应自主可控，避免国外技术垄断和芯片断供等情况对收费系统的冲击。

（三）收费系统应满足便捷、高效服务用户要求

一是应具备统一规范的车载设备客服体系，客服网点至少覆盖到县（区）级行政区，保障用户服务方便快捷。

二是应具备异地充值、网上充值等便捷服务功能。

三是应具备全国统一的收费投诉处理响应机制，快速、及时处置各种突发、异常等情况。

（四）收费系统征收和稽查成本应满足经济、可控要求

一是实施自由流收费所需的车载设备、收费系统、通信设备等投入成本应当在社会可接受范围内，并具有合理的融资方式。

二是自由流收费系统应具备可靠、高效的稽核技术手段，以便维护正常的收费秩序，降低收费管理成本。

三是收费系统征收、稽核管理成本应足够低，参考我国约8%的税收征收成本率，自由流收费系统的总体运行管理成本率应在8%以下。

(五)收费系统应具备功能可拓展性

一是自由流收费技术应建立完善的运行标准及检测体系,规范和带动相关技术产业发展。

二是收费系统应具备建立全国数据服务系统功能,为干线公路网运行管理及政府行业监管提供决策支持。

三是收费系统应具备拓展功能,可为城市拥堵收费、交通诱导、智能停车收费、运输车辆安全管控等提供解决方案等。

附件 2
海南 G98 高速公路北斗卫星导航系统里程税试点测试结果

一、海南里程税"揭榜挂帅"项目情况介绍

海南省交通运输厅于 2022 年 7 月发布"揭榜挂帅"项目公告，诚招各单位参与"公路自由流收费关键技术研究项目榜单"，开展新一代公路自由流收费关键技术研究。本"揭榜挂帅"项目不设技术方案限制，只需符合"一脚油门踩到底、不设收费站、不强制安装车载终端、应收尽收"等原则，榜单以 G98 环岛高速公路海口至琼海段（约 80km）为测试场，揭榜单位按照提交的技术方案，在测试现场搭建整套系统，现场测试系统功能和性能测试，形成相应的测试报告；通过"揭榜挂帅"研究，探索建立适合海南省的新型公路自由流收费体系。

全国有多家单位参加，技术流派分为视频、ETC、北斗三大类；"北斗＋"自由流技术方案实现自由流收费，顺利通过方案审核，进入第二轮现场测试，中国交通通信信息中心自主开发了北斗里程税收费平台，完成测试车辆的北斗终端安装，也对接了交通运输部的联网联控平台和海南新能源汽车管理平台，可实现安装北斗终端的车辆在 G98 高速公路无感自由流收费。

海南省交通运输厅于 2022 年 12 月委托专业的测试单位开始对入围单位搭建的系统进行测试。平均每天约有 50 辆测试车上路测试，对车辆的交易成功率、计费正确率、计费及时率等分别进行测试。

根据最新车辆测试结果，参加测试车辆共计 180 辆，以琼海—定安（下行方向）结果为例：

（1）行程捕获率：因为海南规定的计费规则为分段计费，所以行程需按计费区间统计，人工统计的所有车辆出行的区间真值为 2166 次，北斗平台输出结果为 2163 次，北斗行程

的捕获成功率为 99.9%。

（2）计费成功率：全人工统计车辆出行行程总数为 1329 次，即应该有 1329 个账单，由全人工对车辆出行计算得出 1329 个账单的通行费为通行费真值；北斗平台计算也输出车辆行程数 1329 次，北斗平台输出的计费账单与真值账相比，计费完全正确的单数为 1325 次，北斗平台的计费正确率和计费及时率均为 99.7%。

海南里程税"揭榜挂帅"第二轮实车路测结果统计见表 3-10。

海南里程税"揭榜挂帅"第二轮实车路测结果统计　　　　　　　表 3-10

时间	测试车辆数（辆）	测试区间（琼海—定安下行方向）				G98 区间			
		车辆行程真值（次）	平台输出区间值（次）	人工统计区间真值（次）	计费正确（次）	车辆行程真值（次）	平台输出区间值（次）	人工统计区间真值（次）	计费正确（次）
2022 年 12 月 16 日	51	345	548	551	342	576	1238	1252	561
2022 年 12 月 17 日	49	350	563	563	350	631	1299	1299	631
2022 年 12 月 18 日	37	269	457	457	269	461	1037	1037	461
2022 年 12 月 19 日	43	365	595	595	364	641	1392	1392	640
合计		1329	2163	2166	1325	2309	4966	4980	2293
捕获率		99.9%				99.7%			
交易成功率		99.9%				99.7%			
计费正确率		99.7%				99.3%			
计费及时率		99.7%				99.3%			

二、北斗技术完全可以满足里程税收费的要求

为保障 G98 测试结果的公正和正确，测试小组严格统计每一辆测试车辆的每一个行程，做到每辆车有专人盯，车辆下路随时统计结果，所有出行行程和通行费的真值均为人工测算，保证真实准确。通过严格的测试结果，北斗输出的结果令人满意，车辆行程捕获率和交易成功率均达到 99.9%，计费正确率和计费及时率达到 99.7%。

可见，北斗技术完全可以满足里程税收费对计费精度和实时性的要求。

三、北斗技术的灵活性适合里程税场景的需求

从表 3-10 中可以看出，本次测试有两个测试区——琼海—定安（下行方向）和 G98 区间，原因是入围的另外 3 家是视频和 ETC 方案，需要在道路现场搭建路侧设备，由于费用原因，只在琼海—定安（下行方向）约 50km 的路段建设了外场设备，为保证对各家公平，因此正式的测试区间只有琼海—定安（下行方向）段约 50km。

　　而北斗方案不受外场设施的限制，只需平台的路线进行地图处理即可收费，所有北斗技术可对 G98 全线上行下行双方向进行计费，因此北斗方案比海南规定的测试区间多了 G98 双向区间。这也凸显了北斗技术的灵活性和优越性，在不增加费用的情况下能实现路网的大规模部署，实现对路网的收费。

　　从 G98 一条路的实施已经可以看出，对于里程税收费，北斗方案相较于视频方案和 ETC 方案已有显著的灵活性和经济性，对大面积路网而言，北斗技术更具有优势；同时，北斗技术的车辆行程捕获率和交易成功率都在 99.5% 以上，完全满足里程税的要求。

参 考 文 献

［1］ 耿蕊.公路里程税(费)理论、方法研究与制度创新及应用研究［R］.北京:交通运输部公路科学研究院,2023.

［2］ 虞明远.《收费公路管理条例》修订要点解读［J］.中国公路,2021(2):47-49.

［3］ 陈宇,郭小壮,蒋文静.关于经营期届满高速公路定价机制有关问题的思考［J］.科技和产业,2021,21(8):272-275.

［4］ 冯开.公路投融资体系研究与制度创新［R］.北京:交通运输部公路科学研究院,2020.

［5］ 张玉玲.公路里程税费改革研究与试点研究［R］.北京:交通运输部公路科学研究院,2023.

［6］ NUMRICH J, RUJA S, VOB S. Global Navigation Satellite System based tolling state-of-the-art ［J］. Netnomics Economic Research & Electronic Networking,2012,13(2):93-123.

［7］ 周崇华.瑞士基于里程卡车收费系统研究［J］.上海公路,2007(2):47-54.

［8］ 吴春耕,齐彤岩,付怀珀.德国的重载货车卫星收费系统［J］.中国交通信息产业,2006 (5):108-111.

［9］ HE X F,LAW C L,LING K V. GPS based IPS for ERP vehicles［J］. IEEE Aerospace and Electronic Systems Magazine,2001,16(9):10-14.

［10］ 刘洋,张淑芳.在智能交通系统中两种不停车收费系统的应用比较［C］∥中国航海学会通信导航专业委员会 2003 年学术年会论文集.北京:中国航海学会,2003:40-43.

［11］ 王笑京,张建通,宋向辉.国内应用基于卫星定位收费系统的可行性分析［C］∥第二届中国智能交通年会论文汇编.［出版地不详］:［出版者不详］,2006:81-86.

［12］ 王东柱,宋向辉,朱书善,等.高速公路卫星定位不停车收费试验系统的设计与实现［J］.交通信息与安全,2012,30(5):117-121.

［13］ 门小骓,柴洪峰,才华,等.基于定位技术的自由流收费系统研究［J］.交通企业管理,2021,36(5):83-85.

［14］ 王哲,于静,王聘.基于北斗卫星定位的自由流收费系统［J］.中国交通信息化,2022 (11):104-105.

［15］ 黄黎,李晶,张建通,等.基于北斗高精度定位的自由流收费云平台系统［J］.中国交通信息化,2019(2):84-87.

［16］ 杨晓寒,彭亚荣.面向 ETC 自由流的收费管理探讨［J］.中国交通信息化,2020(9):40-43.

［17］ 张北海,薛金银,尤鑫.基于位置匹配的多车道自由流电子收费技术研究［J］.公路交通科技(应用技术版),2019,15(11):261-264,271.

［18］ 张雪莲,孙琴梅.论成都中心城区实施交通拥堵收费政策的可行性［J］.智能城市,2019,5(10):17-19.